著＝日本文学アクティブラーニング研究会（吉野朋美・中野貴文・平野多恵・佐藤至子・小林ふみ子・中嶋真也・兼岡理恵）

古典を学んでよかった！と思える探究型授業のつくりかた

「文学」「国語」のためのアクティブラーニング

文学通信

目次

はじめに——「文学」「国語」のためのアクティブラーニング

▼体も使うが頭も使う！

いまさらアクティブラーニング？　教育業界ではもう当たり前だし、その手法や具体例を語る本もたくさん出ているよね。主体的・対話的で深い学びねえ……、学習指導要領にも言われているけれど、個々の生徒や学生が興味を持ったテーマを深めていく時間も余裕もないし……。そう思われる方も多いでしょう。それでもこの本を手に取ってくださった方は、きっと「文学」「国語」に特化したアクティブラーニングのやり方はないか、と日頃から考えていらっしゃる方なのではないでしょうか。日々、よりよい授業作りに奮闘なさっている教員の方かもしれませんね。もしかすると、逆に、アクティブラーニングなんて体を動かして頭を動かさない子どもだましの手法でしょ、と懐疑的に思われている方かもしれません。

私たちの考えているアクティブラーニングの授業は、単に体や手を動かして表面的に何か活動をするのではありません。①課題の設定⬇②情報の収集⬇③整理・分析・考察⬇④口頭発表・文章化という、ふだん研究するときにおこなう基本的なプロセスを取り入れ、各授業のテーマに関連する最新の研究状況も反映させながら創り上げた教材を用いて活動する探究型の授業です。そしてその活動を通して、授業に参加した一人ひとりが対象にしっかり向き合い、考察の方法を学び、深く読む楽しさを味わうことをめざしています。体も使いますが頭もちゃんと使うアクティブラーニングなのです。アクティブラーニングというと、体を動かしたり発表したりといったアウトプットの面に目が行きがちですが、そもそもアウトプットはインプットしたものがないとできませんから、結局きちんと学んでインプットする③までの過程が重要です。つまりアクティブラーニングはインプットにも大変有益なのです。

▼ワークシート付きですぐに探究型授業ができる

本書には八つの「授業」が収録されています。それらは、これまで私たちが日本文学アクティブラーニング研究会のワークショップで実践してきた内容をもとに、誰でもその授業のファシリテーター（案内・説明役）になれるよう、より汎用性をもたせたものです（↓「研究会の活動記録」〈292ページ〉参照）。紙上講義ともいうべき説明をメインに、活動内容を詳しく説明するとともに、使用するワークシートもつけています（↓「本書の特徴と使い方」〈10ページ〉参照）。

本書に収められた授業では、ほぼすべてのアクティブラーニングが個人活動とグループ活動から成り立っています。まず自分で読解し、読解をもとに考察し、その考察を支える根拠を探します。さらに、その結果を携えてグループ活動に参加し、自分の意見を発表するとともに他の人の考察や意見を聞き、解釈の揺れや表現の機微などを検討していくことで、自身の考えも作品の読解も深まるのです。その作品がどうできたのか、作家の思考が垣間見えるかもしれません。そして、それをもとに、自分たちの感性を生かして創作活動をしていきます。このプロセスは、実は研究と同じです。そしてさきほど挙げた①〜④の研究の基本プロセスは、実は文部科学省による高等学校の「探究型学習」でイメージされている過程とほぼ同じです（④が「まとめ・表現」となっています）。つまり、本書は「研究」を本分とする大学においても、「探究」の必要性が叫ばれている高校にも使えるのではないかと思います。

また、私たちのアクティブラーニング型の授業では、複数名で協同して取り組む創作活動を必ず取り入れています。創作を通して、有用性がないとも言われる文学、ことに常に必要性を問われている古典の学びが、現代の創造的活動にもつながり、諸問題考察の糸口にもなることが実感できると思います。

社会に出ると、プロジェクト達成のためのチーム活動はたくさんあります。この授業は、将来、チームの仲間と円滑に意思疎通をはかる訓練にも、インプットした知識を生かしてクリエイティブにアウトプットするヒントにもなることを目指しています。少し堅い言い方をすれば、文学を学びながらジェネリックスキル（専門性にかかわらない、汎用的な思考力やコミュニケーション力）も涵養《かんよう》しようという、欲張りな内容なのです。

本書を通読する必要はまったくありません。目にとまった授業、授業の一部、あるいはコラム、Q&Aの一つでも、楽しんで読んでいただけたり、授業の一部に取り入れたりしていただければ幸いです。

（吉野朋美）

本書の特徴と使い方

1

第1章から第8章の各単元は、教科書に掲載されている『伊勢物語』、『百人一首』、『徒然草』などの親しみやすい題材から順に掲載しています。ただし、必ずしも順におこなう必要はなく、教授者の取り組みやすい授業、授業の一部でも教材として取り入れていただければ幸いです。また、授業を受けているつもりで読んでいただくのも、おすすめです。

2

各単元は、おおむね90分授業二、三回で実践できるように構成されていますが（各回の▼**授業構成**参照）、授業で用いる場合は各自の授業時間に合わせて回数を変更したり、ワークの活動時間で調整したりしてください。

3

各回の▼**授業の流れ**は、ひと目で授業各回の全体の流れが見えるようにした表です。表の「配付物・準備するもの」欄の欄外にあるQRコードからは、授業で使えるスライド資料、配付する資料やワークシートをPDF等でダウンロードできるようにしてあります。ただし、著作権の関係からスライド資料やワークシートに載せられない画像などもあるため、実施の際には自身で補ってください。

4

▼**授業の詳細**は、読みあげればそのまま授業に使えるような〝紙上講義〟風の詳細な説明と、ワークの方法を記しています。ただし、「※」で記している部分は、教授者に向けた資料配付・ワークのタイ

ミングなどの指示やアドバイス、参考文献の提示をしているところです。算用数字の番号は**▼授業の流れ**と対応しています。

5 **▼本単元の意義——参加者の声をとおして**は、各授業のもととなったワークショップの参加者からの意見や感想をもとにまとめた、各授業の意義や学んで得られるスキルについて述べたものです。

6 **▼もっと知りたい、学びたい人のために**には、各単元に関連する比較的入手しやすい書籍、入門的な内容の書籍を中心に、簡単な紹介とともに挙げています。

「▼授業の流れ」ページ

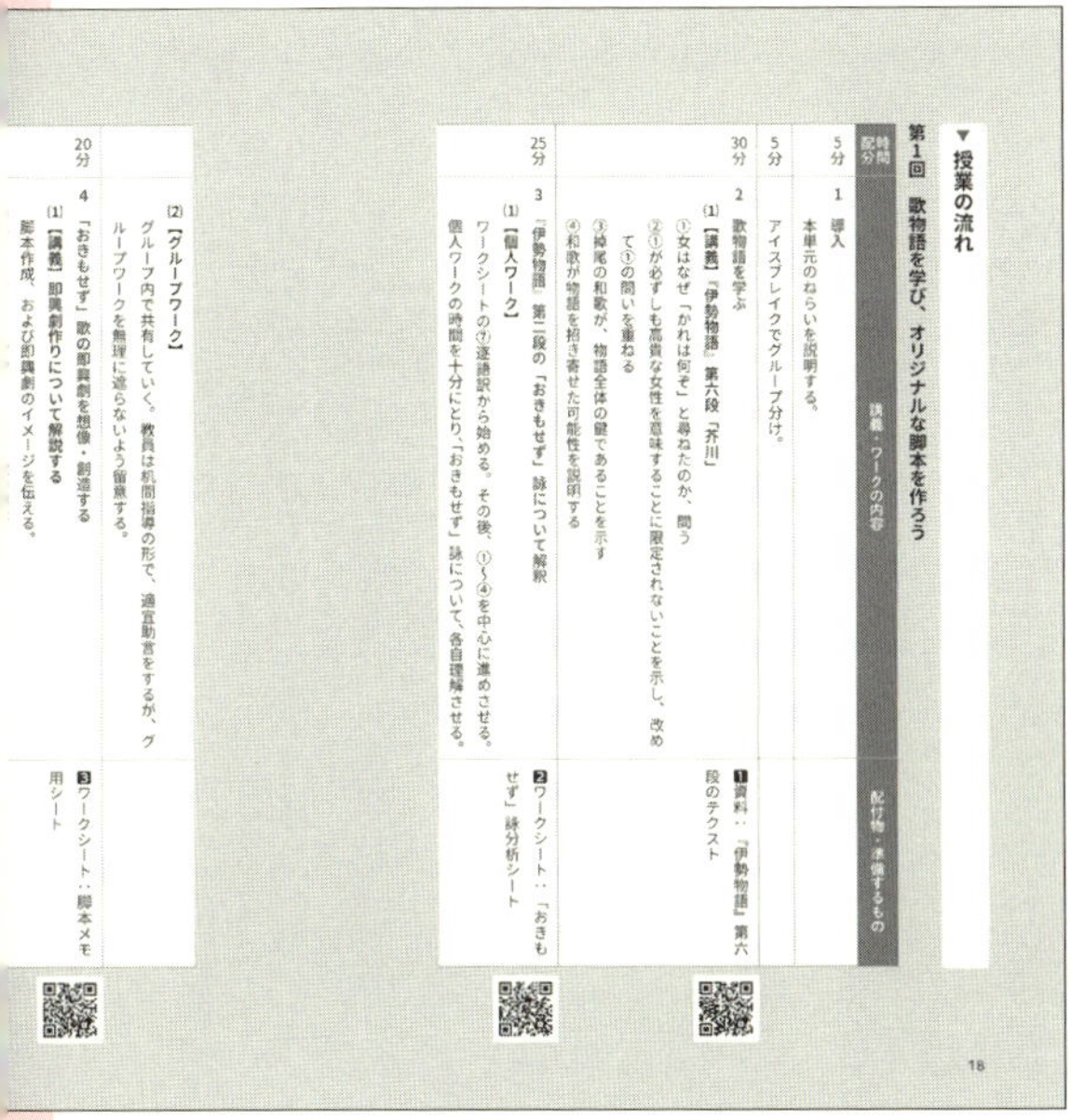

▼授業の流れ

第1回　歌物語を学び、オリジナルな脚本を作ろう

時間配分	講義・ワークの内容	配付物・準備するもの
5分	1　導入 本単元のねらいを説明する。	
5分	アイスブレイクでグループ分け。	
30分	2　歌物語を学ぶ (1)【講義】『伊勢物語』第六段「芥川」 ①女はなぜ「かれは何ぞ」と尋ねたのか、問う ②①が必ずしも高貴な女性を意味することに限定されないことを示し、改めて①の問いを重ねる ③掉尾の和歌が、物語全体の鍵であることを示す ④和歌が物語を招き寄せた可能性を説明する	1資料：『伊勢物語』第六段のテキスト
25分	3　『伊勢物語』第二段の「おきもせず」詠について解釈 (1)【個人ワーク】 ワークシートの⑦逐語訳から始める。その後、①～④を中心に進めさせる。 個人ワークの時間を十分にとり、「おきもせず」詠について、各自理解させる。	2ワークシート：「おきもせず」詠分析シート
	(2)【グループワーク】 グループ内で共有していく。教員は机間指導の形で、適宜助言をするが、グループワークを無理に遮らないよう留意する。	
20分	4 (1)【講義】即興劇作りについて解説する 「おきもせず」歌の即興劇を想像・創造する 脚本作成、および即興劇のイメージを伝える。	3ワークシート：脚本メモ用シート

18

「▼授業の詳細」ページ

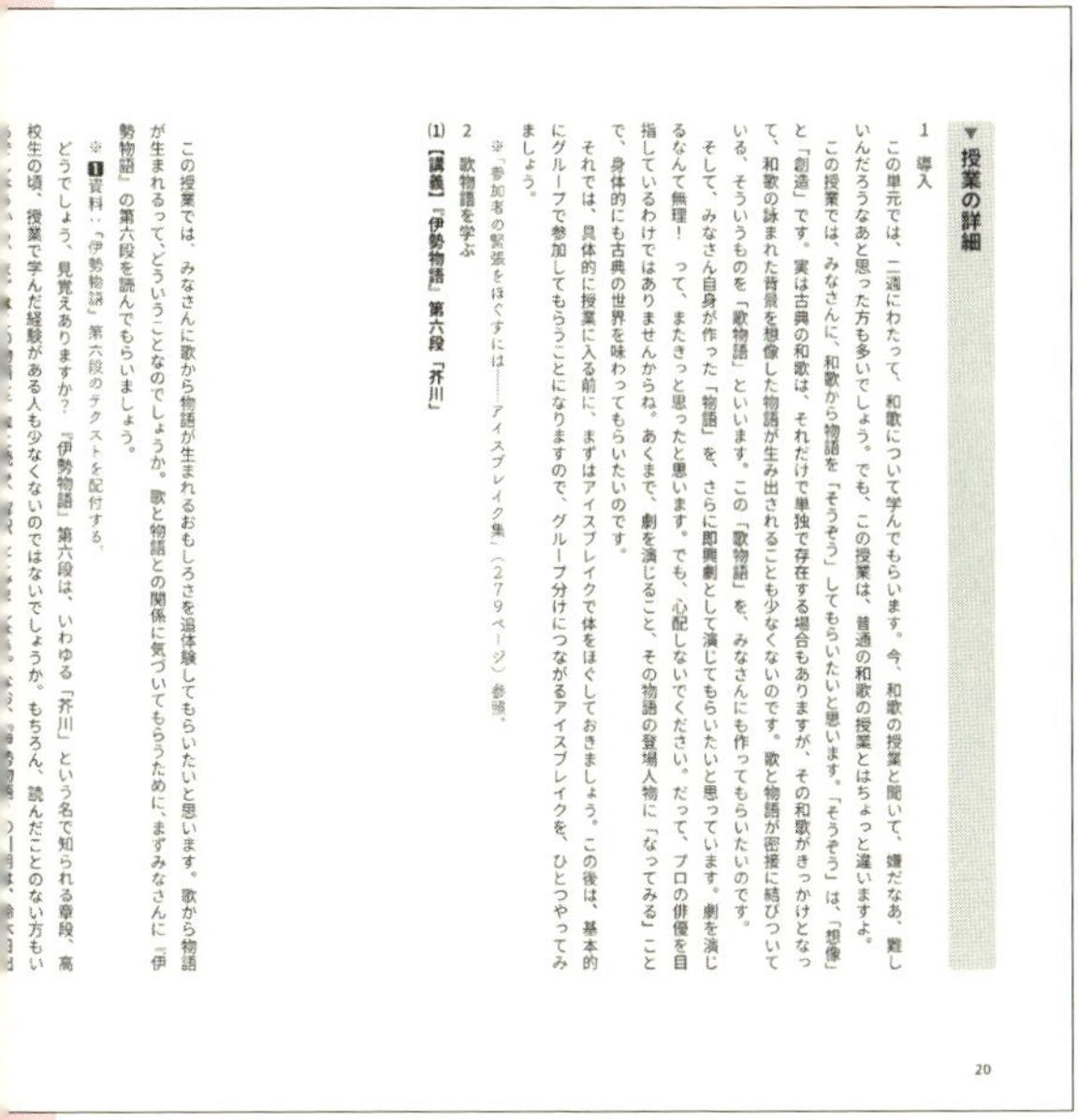

▼授業の詳細

1　導入

この単元では、二週にわたって、和歌について学んでもらいます。今、和歌の授業と聞いて、嫌だなあ、難しいんだろうなあと思った方も多いでしょう。でも、この授業は、普通の和歌の授業とはちょっと違いますよ。

この授業では、みなさんに、和歌から物語を「そうぞう」してもらいたいと思います。「そうぞう」は、「想像」と「創造」です。実は古典の和歌は、それだけで単独で存在する場合もありますが、その和歌がきっかけとなって、和歌の詠まれた背景を想像した物語が生み出されることも少なくないのです。歌と物語が密接に結びついている、そういうものを「歌物語」といいます。この「歌物語」を、みなさんにも作ってもらいたいのです。

そして、みなさん自身が作った「物語」を、さらに即興劇として演じてもらいたいと思っています。劇を演じるなんて無理！　って、またきっと思ったと思います。でも、心配しないでください。だって、プロの俳優を目指しているわけではありませんからね。あくまで、劇を演じること、その物語の登場人物に「なってみる」ことで、身体的にも古典の世界を味わってもらいたいのです。

それでは、具体的に授業に入る前に、まずは体をほぐしておきましょう。この後は、基本的にグループで参加してもらうことになりますので、グループ分けにつながるアイスブレイクを、ひとつやってみましょう。

※「参加者の緊張をほぐすには——アイスブレイク集」（279ページ）参照。

2　歌物語を学ぶ

(1)【講義】『伊勢物語』第六段「芥川」

この授業では、みなさんに歌から物語が生まれるおもしろさを追体験してもらいたいと思います。歌から物語が生まれるって、どういうことなのでしょうか。歌と物語との関係に気づいてもらうために、まずみなさんに『伊勢物語』の第六段を読んでもらいましょう。

※1資料：『伊勢物語』第六段のテキストを配付する。

どうでしょう、見覚えありますか？　『伊勢物語』第六段は、いわゆる「芥川」という名で知られる章段、高校生の頃、授業で学んだ経験がある人も少なくないのではないでしょうか。もちろん、読んだことのない方もい

20

7 各授業の内容以外に、「**コラム**」、「**参加者の緊張をほぐすには——アイスブレイク集**」、「**アクティブラーニングのためのQ&A**」コーナーを設けました。「**コラム**」は授業の内容を教える際に知っておくと役立つ豆知識を、研究者・授業担当者の視点から書いたものです。また「**アクティブラーニングのためのQ&A**」はアクティブラーニングを実施する際によくある悩みをQ&Aにしたものです。

8 各授業の題材は、日本の古典文学を研究的手法で体験的に学び、言語文化の成り立ちについて視野を広げることをねらいとして選定しています。したがって、教科書に載らない作品も対象とし、見立て、おみくじ、パロディ、ディスコミュニケーションや、漢字・仮名などの用字の工夫、修辞法といったテーマのもと、古典に見える思考や発想、言語のありようが現代の文化に息づいていることを体感できるような題材、あるいは研究の基礎となる調査方法を体験できる題材を選びました。もとより、授業によって古典のおもしろさを実感できること、さまざまなワークを通して思考力や表現力などのジェネリックスキルを養うことも考慮に入れての選定です。

9 本研究会主催のワークショップは以下の〔1〕～〔4〕の構成でおこなってきました。本書所収の各単元では〔2〕～〔4〕が基本の要素で、〔1〕のアイスブレイクは省略した場合もあります。

〔1〕アイスブレイク

学びの場の雰囲気をつくり緊張を和らげる意味で重要です。その回のテーマに関連するものを20～30分程度おこない、その後の導入にします。アイスブレイクについては279ページを参照。

〔2〕レクチャーとそれに関連するワーク

レクチャーはできるだけ新しい研究成果や手法を盛り込みながら20分以下で実施します。レクチャーでインプットしたことをワークでアウトプットすることを繰り返しながら理解を深め、次の〔3〕創作活動につなげていきます。ワークではワークシートの設計が肝心です。何をどこまで示すか、どういう活動にするか、個人とグループのバランスをどうするか、といったことに留意します。

〔3〕創作活動と成果発表

レクチャーおよび関連するワークによる学びをふまえ、参加者がグループをつくって現代の自分たちにひきつけた創作活動をおこない、成果を発表します。授業の成果として、もっとも重視するパートです。ファシリテーターとしての教員の力も試されます。参加者の学びの成果を前向きに受け止めることを意識しながら臨機応変にコメントします。

〔4〕まとめ・ふりかえり

テーマに関する発展的な内容のレクチャーをおこない、まとめとします。最後に、参加者は授業の学びを今後に生かすため、話し合いの焦点を絞るためのフレームワークである「ＯＲＩＤ」を用いたシートで、ふりかえりをおこないます。ＯＲＩＤは二〇〇五年にカナダ文化事業協会（ＩＣＡカナダ）が発表したフレームワークで、事実や現況を観察する Objective、②感情や反応を語る Reflective、③解釈を見つける Interpretive、④次の行動を決定する Decisional という四つのステップが設定されています。これを授業に応用した「ふりかえりシート」の質問は以下の四つです。

①今回の授業でもっとも印象に残ったことはなんですか。
②そのとき、あなたはどのように感じましたか。
③そのことから、なにを学びましたか。
④それを今後に役立てるとしたら、どのように役立てられるでしょうか。

「ふりかえりシート」は左記のアドレスでダウンロードできます。シートには①～④の質問の他、授業に対する質問や意見、感想を記入する欄も設けました。なお、章によっては、各回の授業内容にあわせたふりかえりを設定している場合もあります。

なお、本書で本書した引用した古典本文は、わかりやすさを重視して読みやすくあらためたり、漢字をあてたりしたところがあります。また、極力ふりがなや送り仮名などをふるようにしました。

（吉野朋美）

▼「ふりかえりシート」のダウンロードはこちら

ふりかえりシート

今日のふりかえり――授業の経験をこれからに生かすために

①今日の授業で、もっとも印象に残ったことはなんですか。

②そのとき、あなたはどのように感じましたか。

③そのことから、なにを学びましたか。

④それを今後に役立てるとしたら、どのように役立てられるでしょうか。

＊その他、質問や意見、感想などがあれば以下に書いてください。

https://bungaku-report.com/al/0.pdf

「ふりかえりシート」を含め、各章の配付物のデータを下記アドレスでまとめてダウンロードすることができます。

https://bungaku-report.com/al/0.zip

時代：中古文学

第1章

歌物語を作って即興演劇で発表してみよう！

――『伊勢物語』の成り立ちを追体験する

▼ねらい

『伊勢物語』第二段の歌「おきもせず寝もせで夜を明かしては春のものとてながめくらしつ」をもとにグループで物語をつくり、即興の演劇にして発表する。

いったい、すぐれた和歌は、詠まれた背景や詠者の想いを人々に想像させる力を持つ。それらは歌物語として結実し、『伊勢物語』以降、多くの影響を日本文学に与えてきた。

しかしながら、しばしば指摘されているように、古典の中でも和歌は特に苦手とする学生が多い。レトリックの難しさもさることながら、貴族の日常生活の中に溶け込んでコミュニケーションの要として機能する和歌のあり様が、現代を生きる学生たちにとっては、実感をともなって理解しづらいように思われる。

このワークでは、指定された和歌でもって締めくくられる物語をグループで想像・創造することで、学習者が歌物語の生成を追体験することを企図する。加えて、それらを即興劇にすることでコミュニケーション力を磨きつつ、身体的・体験的に学ぶことをめざす。

▼授業構成（90分×2回）

第1回　歌物語を学び、オリジナルな脚本を作ろう

『伊勢物語』「芥川」を例に、歌物語について理解する。「おきもせず」歌をもとに、自分たちの歌物語を想像・創造する。

第2回　歌物語の脚本を完成させ、即興劇にしよう

オリジナルの脚本を完成させる。さらに、即興劇にして演じることで、歌物語の世界を身体的に学び取る。

▼実施環境

人数

・六～三〇人程度（三、四人で一グループを構成）

パソコン・ネット環境

・不要

教室

・指定なし

▼授業の流れ

第1回　歌物語を学び、オリジナルな脚本を作ろう

時間配分	講義・ワークの内容	配付物・準備するもの
5分	**1　導入** 本単元のねらいを説明する。	
5分	アイスブレイクでグループ分け。	
30分	**2　歌物語を学ぶ** (1)【講義】『伊勢物語』第六段「芥川」 ①女はなぜ「かれは何ぞ」と尋ねたのか、問う ②①が必ずしも高貴な女性を意味することに限定されないことを示し、改めて①の問いを重ねる ③掉尾の和歌が、物語全体の鍵であることを示す ④和歌が物語を招き寄せた可能性を説明する	❶資料：『伊勢物語』第六段のテクスト
25分	**3　『伊勢物語』第二段の「おきもせず」詠について解釈** (1)【個人ワーク】 ワークシートの⑦逐語訳から始める。その後、①～④を中心に進めさせる。 個人ワークの時間を十分にとり、「おきもせず」詠について、各自理解させる。	❷ワークシート：「おきもせず」詠分析シート

	(2)【グループワーク】 グループ内で共有していく。教員は机間指導の形で、適宜助言をするが、グループワークを無理に遮らないよう留意する。	
20分	**4「おきもせず」歌の即興劇を想像・創造する** (1)**【講義】即興劇作りについて解説する** 脚本作成、および即興劇のイメージを伝える。 (2)**【グループワーク】「おきもせず」歌の脚本を考える** ワークシートをもとに、各グループですり合わせながら脚本を考えていく。 授業終了の5分前を話し合いの目安とし、積み残した部分は第2回に回すよう指示する。	❸ワークシート：脚本メモ用シート
5分	**5【講義】ふりかえり** 和歌が物語の結びになることに、改めて注意を促す。	

▼授業の詳細

1　導入

この単元では、二週にわたって、和歌について学んでもらいます。今、和歌の授業と聞いて、嫌だなあ、難しいんだろうなあと思った方も多いでしょう。でも、この授業は、普通の和歌の授業とはちょっと違いますよ。

この授業では、みなさんに、和歌から物語を「そうぞう」してもらいたいと思います。「そうぞう」は、「想像」と「創造」です。実は古典の和歌は、それだけで単独で存在する場合もありますが、その和歌がきっかけとなって、和歌の詠まれた背景を想像した物語が生み出されることも少なくないのです。歌と物語が密接に結びついている、そういうものを「歌物語」といいます。この「歌物語」を、みなさんにも作ってもらいたいのです。

そして、みなさん自身が作った「物語」を、さらに即興劇として演じてもらいたいと思っています。劇を演じるなんて無理！　って、またきっと思ったと思います。でも、心配しないでください。だって、プロの俳優を目指しているわけではありませんからね。あくまで、劇を演じること、その物語の登場人物に「なってみる」ことで、身体的にも古典の世界を味わってもらいたいのです。

それでは、具体的に授業に入る前に、まずはアイスブレイクで体をほぐしておきましょう。この後は、基本的にグループで参加してもらうことになりますので、グループ分けにつながるアイスブレイクを、ひとつやってみましょう。

※「参加者の緊張をほぐすには――アイスブレイク集」（２７９ページ）参照。

2　歌物語を学ぶ

(1)【講義】『伊勢物語』第六段「芥川」

この授業では、みなさんに歌から物語が生まれるおもしろさを追体験してもらいたいと思います。歌から物語が生まれるって、どういうことなのでしょうか。歌と物語との関係に気づいてもらうために、まずみなさんに『伊勢物語』の第六段を読んでもらいましょう。

※❶資料：『伊勢物語』第六段のテクストを配付する。

どうでしょう、見覚えありますか？『伊勢物語』第六段は、いわゆる「芥川」という名で知られる章段、高校生の頃、授業で学んだ経験がある人も少なくないのではないでしょうか。もちろん、読んだことのない方もいるでしょうから、まずはこの物語を丁寧に読み、解釈してみましょう。なお、『伊勢物語』の引用は、鈴木日出男『伊勢物語評解』（筑摩書房、二〇一三）を用いていますが、表記等に、一部改めたところがあります。

> 昔、男ありけり。女の、え得まじかりけるを、年を経てよばひわたりけるを、からうじて盗み出でて、いと暗きに来けり。芥川といふ川を率て行きければ、草の上に置きたりける露を、「かれは何ぞ」となむ男に問ひける。
>
> 行く先多く、夜も更けにければ、鬼ある所とも知らで、神さへいといみじう鳴り、雨もいたう降りければ、あばらなる蔵に、女をば奥に押し入れて、男、弓、やなぐひを負ひて戸口にをり、はや夜も明けなむと思ひつつゐたりけるに、鬼はや一口に食ひてけり。「あなや」と言ひけれど、神鳴る騒ぎにえ聞かざりけり。やうやう夜も明けゆくに、見れば、率て来し女もなし。足ずりをして泣けどもかひなし。
>
> 白玉か何ぞと人の問ひし時露とこたへて消えなましものを

昔、男がいました。ここは、簡単ですね。「女の、え得まじかりけるを」は、「の」が同格の格助詞で、「手に入れられそうにない女を」という意味です。ここでは、なぜ手に入りそうにないのかまでは、詳しい説明がないことに注意しておきましょう。「よばひわたる」は「長年、口説き続けた」。「よばふ」が「口説く」の意であることは、『竹取物語』で学んで覚えていた方もいるかもしれませんね。動詞の下に続く「わたる」は、「〜し続ける」という表現です。

「からうじて」は現代と同じ意味。男は女を盗み出して、「芥川」という川のある場所まで連れてきました。この「芥川」という川がどこにあるどのような川かは、諸説あって今も定かにはわかっていません。ただ、その後に続く文を読む限り、都からかなり離れた場所のようですね。

そこまで逃げてきたとき、「草の上」におりた「露」を見て、「かれは何ぞ」、すなわち「あれは何ですか」と男に尋ねます。男に尋ねた、とあるので、尋ねているのは「女」ですね。

その女の問いかけに、男は答えません。「行く先多く」とありますが、この「多く」は「遠く」というニュアンスでしょう。まだ、目的地（二人だけで暮らせる、都から遠い場所でしょうか）は遠く、しかも夜も更けてきました。実はこの「芥川」は続く文章で示される通り、「鬼ある所」、つまり鬼の出る恐ろしい土地だったのですが、男はそんなことは知りません、加えて、「神」これは後に「鳴る」と続いていますから、「神鳴り」すなわち「雷」のことですが、雷鳴までとどろき始め、雨もたいそう降ってきたので、とにかく雨風を防ぐのが先決とばかりに、男は女をあばら屋の「奥」に押し込んで、自分は弓と「やなぐひ」、「やなぐひ」は、矢を入れて背負う、リュックサックみたいなものをイメージしてもらえればと思います、それを背負って、あばら屋の「戸口」にまわりました。追手や盗賊、あるいは動物などがやって来たら、きっと自分が防戦するつもりだったのでしょう。

「はや夜も明けなむ」、この「なむ」は「あつらえ」の終助詞で、そうなってほしいという、相手への願望を表します。この場合は「はやく、夜が明けてほしい」。続く「思ひつつ」の「つつ」は動作の繰り返し・継続を表しますので、男はひたすら、そう願い続けていたのです。ですが、男の願いも空しく、女は鬼に「一口」で食べられてしまう。古典文学において、鬼は見えない恐怖を具現化した存在で、しばしば闇の中で人を食い殺しますが、この場合は「一口」とあって、女そのものを奪い去ってしまったように書かれています。後には何も残っていないのですから、後世の人は、ここから女は誰かに連れ戻されてしまったのだという解釈が生まれたのですが、このことは後ほどもう一度解説しますね。

鬼に食べられた女は「あなや」、すなわち「ああ」という叫び声を残しますが、それとて雷鳴にかき消されて、男の耳に届くことはありませんでした。「え聞かざりけり」の「え」は、打消しの意を表す「ざり」と組み合わせて、不可能の意味を表現します。男は、女の最期の言葉を聞くことすらできなかったのです。

さあ、最後です。「やうやう」は「だんだんと」。ようやく待望の夜明けになりましたが、あばら屋の内を見てみると、連れて来たはずの女の姿は、もはやありません。男は事態に気づき、号泣します。「足ずり」は赤子のように足をすり合わせて泣く様のことで、絶望的な心情を動作で表現したものとして、古典文学上にしばしば登場します。男は悲しみと絶望に包まれますが、もはや何もかも手遅れ、まさに「かひなし」です。そして男は、最後に歌を詠みます。簡単に訳すと、「白玉ですか何ですか、とあの人が尋ねた時に、あれは露だと答えて消えてしまえばよかったのに」。この歌の詳しい解釈については、後ほど解説することにさせてください。

①女はなぜ「かれは何ぞ」と尋ねたのか、問う

さあ、みなさん、この物語のおおよその流れはつかめましたね。では、ここで一つ私から、質問してみましょう。この物語を高校生のときに授業で学んだことのある方は、おそらく、授業のなかでこう尋ねられたのではないでしょうか。女のせりふ「かれは何ぞ」について、この言葉から、女がいったいどのような人物だとわかるでしょうか。

どうでしょう、記憶にありますか？　今日はじめてこの物語を読んだという方は、先入観なしで、ちょっと素直に考えてみてください。

実はこの質問、高校の教科書などでも、単元の最後に付けられた「学習の要点」「学習の手引き」といった項で、「かれは何ぞ」という女の言葉から、女はどのような人物であると考えられるか」（東京書籍版より引用）と明記されていることがほとんどです。そしてこの問いには、おおよそ「女が、夜露も見たことのないほど、高貴な深窓の令嬢であることを表現している」などといった答えが期待されていると思われます。どうです、やはり高校の頃、そう習いましたか？

※数名に当てて確認する。

でも、よくよく読み直してみてください。女が高貴な女性である、という答えは、そんなに唯一絶対的なものでしょうか。まず第一に、「露」は和歌にも詠まれる、古典の美を代表する景物の一つですよね。いくら大切に育てられた、身分の高い女性だからといって、この時代に「夜露」を見たことのないことなどあり得るのでしょうか。もちろん、実際の「夜露」と和歌のそれとが、すぐには結びつかなかった、あるいは夜中の時間帯、しかも見知らぬ土地であり、本当に夜露か不審に思った可能性もあるかもしれません。ですが、では次にこう考えてみてください。「それは、今聞くべきことでしょうか？」。

②①が必ずしも高貴な女性を意味することに限定されないことを示し、改めて①の問いを重ねる

今、男と女は恋の逃避行の真っ最中ですよね。追手がいつ迫ってくるかも知れません。実際、先ほど鬼が一口で食べたという箇所で触れましたが、『伊勢物語』はこの後、女は彼女の兄弟たちによって奪い返されたのだと語っています。なお、この部分は教科書には掲載されていない場合も多いようで、今回の資料でも省いてあります。

さて、それにもかかわらず、女はなぜあえて今、「かれは何ぞ」と尋ねたのでしょうか。もう一度、この問いについて考えてみてください。どうでしょう、少し時間をとるので（2分程度）、まずは一人で先ほどとは別の答えを探してみてください。

※数名に当てて発言してもらう。

あなたはどう思いましたか。「女は男に拉致されたのであり、逃げるタイミングを探していたから」。なるほど、おもしろいですね。『伊勢物語』を冒頭から順に読んでいくとまた違うのですが、少なくともこの話のみに限定した場合、この女と男が相思相愛であった根拠は確かにありませんよね。実は、男の一方的な横恋慕だった、というのも十分議論に値する解答といえます。そういえば、先ほど「女の、え得まじかりける」とありましたが、女が男の求愛をずっと拒否していたことを示した表現だったとも読めますよね。

※cf. 立石和弘『男が女を盗む話　紫の上は「幸せ」だったのか』（中公新書、二〇〇八年）。

では、あなたはどう思いましたか。「女は空気の読めない、幼い人物であったから」、なるほど、これもあり得そうな話ですよね。『源氏物語』の女三宮などをイメージしたのでしょうか、あまりに深窓の令嬢過ぎて、今がいかに深刻な場面かわからなかった、こういう解釈もおもしろいですね。

いずれにしても、女のあのせりふからは、さまざまなイメージを膨らませることが可能です。何も「女が深窓の令嬢だった」ことを表現したものと、限定する必要はないのです。実はこの説は、室町時代の連歌師で古典研究者であった肖柏《しょうはく》らが唱えたもので、女が二条の后（藤原高子《ふじわらのたかいこ》といいます）で、后となすべく兄弟たちによって連れ戻されたのだという、物語の最後に付け加えられた「史実」をふまえ、そこから導き出された解釈だと思われます。物語を一つの解釈に限定しまうことって、物語のおもしろさを奪うことになりかねない、私はそう思いますが、いかがでしょう。

さて、そのうえで、さらにもう一つの可能性を考えてみましょう。その鍵となるのが、そう、最後の和歌です。

③掉尾の和歌が、物語全体の鍵であることを示す

「白玉か何ぞと人の問ひし時露と答へて消えなましものを」、物語の最後に付せられたこの和歌を、改めて丁寧に解釈してみましょう。第五句の「消えなましものを」が示す通り、男は自分も女とともに消えてしまえばよかったと、後悔の想いを口にします。ここで男の後悔が、逃避行が失敗に終わったことではなく、女の問いかけに答えなかったことにある点に注意してください。そもそも、男は逃避行というミッションを達成することに必死だったのでしょう。そのような男の気持ちを理解しつつも、女の方はやはり男と話したかった、男と向かい合う時間がほしかったのではないでしょうか。だから、話題は何でもよかった。些細なことでよかった、いや、些細な話題こそよかったのかもしれません。一方、男はそのような女の気持ちを受け止める余裕もなく、逃避行に必死になるばかりで、問いかけに応えることができなかった。最後の和歌を重視するならば、この物語は、男女の哀しいすれ違い（ディスコミュニケーション）の物語としても読み得るでしょう。

なお、宮谷聡美さんという研究者も、「女を失った今となっては、女とのコミュニケーションの唯一の機会を無にしてしまったことが悔やまれる、その悲嘆こそがこの物語の主題なのである」と指摘しています。

※「『伊勢物語』第六段「芥河」――「白玉か」の歌をめぐって――」（『中古文学』第九九号、二〇一七年）。

④和歌が物語を招き寄せた可能性を説明する

さらに「芥川」の物語について考えてみましょう。この物語は、最後の和歌こそが鍵・肝であり、まさにこの和歌の存在を前提に、そこから逆算して物語が書き加えられている感があること、わかっていただけたでしょうか。「芥川」段は、むしろこの和歌（おそらくは、伝承されてきた古歌だったのでしょう）こそがまず先にあり、そこから物語が導き出された可能性すらあるでしょう。実は早くに、あの賀茂真淵《かものまぶち》は、「かゝる古哥の有しをとりて、詞をつくりたるにも侍るべし」、つまり「このような古歌を利用して、物語を作ったのだ」と推測してい

ます（『伊勢物語古意《こい》』）。また、「伝承された古歌であるのか、それともこの物語とともに制作されたものであるのか、明らかでないが、ただ、この物語と切り離して独立に鑑賞することは困難な歌である」との指摘もあります。

※石田穣二『伊勢物語注釈稿』（竹林舎、二〇〇四年）。

『伊勢物語』第六段だけではありません。古来、魅力的な和歌は、その歌が詠まれた背景の存在を人々に夢想させる力を持っていました。人々は和歌に接したとき、これは誰がどのようなシチュエーションで詠んだのだろうか、きっとこんなことがあって、このようなドラマがあって、それで最後あふれ出る気持ちがこのような和歌になって結実したのではないか、などと「想像」を膨らませ、そして物語を「創造」したのです。では、いよいよみなさんにも、この「想像」と「創造」にチャレンジしてもらいたいと思います！

3『伊勢物語』第二段の「おきもせず」詠について解釈

それでは、改めてこの授業のゴールを確認しておきましょう。今からみなさんに和歌一首を提示します。その歌が詠まれた背景などをイメージして、その歌が最後に付せられる、つまり物語の締めとして機能するにふさわしいと思えるショートストーリーを考えてください。さらに次の時間で、そのショートストーリーを脚本とした即興劇を演じてもらいたいと思います。まず、最初の点、歌物語の想像・創造が、今日、残りの時間のワークとなります。

※ **2** ワークシート：「おきもせず」詠分析シートを配付する。

(1)【個人ワーク】

それでは、みなさんに挑んでもらう鍵となる、和歌をご紹介します。

おきもせず寝もせで夜を明かしては春のものとてながめくらしつ

ではまず、この歌を一人で丁寧に読み解いてもらいましょう。この和歌の出典などは、調べればすぐにわかりますが、知ってしまうとどうしてもイマジネーションの邪魔になってしまうと思うので、あえて調べずにおくことをお勧めしますよ。

それでは、まずワークシートを見てください。⑦の逐語訳から取り組んでみましょう（2分）。

できましたか。現代語訳にするのは、それほど難しくないのではないかと思います。「おきもせず」は「起きることもせず」ですよね。それの反対が第二句の「寝もせで」、もちろん「寝ることもしないで」です。起きるでもなく、かといって寝てしまうこともなく、そうやって「夜を明かす」、以上が上の句の訳になりますね。

次に第四句の「春のものとて」は訳しようがない気もしますね。ただ、今でも「秋刀魚は「秋のもの」だからね」などといった言い回しがあります。そう考えてみると、ここは「春にはつきものだということで」くらいに訳せるでしょうか。では、何が「春のつきもの」なのでしょうか。その答えが第五句です。「ながめくらしつ」の「くらしつ」は「暮らしつ」で、日中を過ごした、の意の「暮らす」に、完了・強意の助動詞「つ」を続けたもの。一日中、「ながめ」をして過ごしてしまった、ということです。「ながめ」は「物思いにふける」、これは、かの小野小町の名歌「花の色はうつりにけりないたづらに我が身よにふるながめせしまに」で覚えている人も多いのでは？　だとすれば、この「ながめ」には「物思いにふける」という意の「眺（なが）め」と「長雨」が掛詞になっていると気づけるのではないでしょうか。そう、「長雨」は、しばしば「春雨」の表現として登場する、まさに「春のもの」なのです。

以上、逐語訳が終わったら、いよいよ背景の想像に移りましょう。和歌は古語で三十一文字（これを「みそひともじ」と呼びますね）、現代語訳でも五、六〇字程度の情報量しかありません。だからこそ、いつ、誰が、どのような理由でといった、いわゆる5W1Hを想像する余地が残されているのです。それではみなさん、それぞれが大いにイメージを膨らませてみてください。ワークシートの①から⑥を埋めてみましょう（10分）。

埋められたでしょうか。それでは⑧に移りましょう。ここは、意訳というか、現代の言葉のニュアンスを前面に出して構わないので、この和歌が何をもっとも伝えようとしているのか、そのコアとなるイメージを言語化してみてください。これが次に続くワーク、「物語創造」の核となります。

(2)【グループワーク】

①で作ったイメージを、グループの全員で共有し、ブラッシュアップしていきましょう。まず、順に一人ずつ、自分の書いたワークシートを用いてグループのメンバーにプレゼンテーションしてください。一通りプレゼンが終わったら、グループの物語を創造するために、誰の案を採用するか決めていきます。グループメンバー一人ひとりが示した案のなかから、どれか一つを選んでもよいし、それぞれのエッセンスを活かしながら、改めて作り上げてもよいですよ。

また、即興劇のプロットを可視化したいというグループもあると思うので、脚本のプロットとなる、いわゆる5W1Hを書きこめるシートを、各グループに一枚ずつ配付します。メモ代わりにもなるので、使ってみてください。

※❸ワークシート：脚本メモ用シートを配付する（A3判に拡大してもよい）。

※机間指導しながら、適宜助言を加える。ただし、個々のグループの自主的な話し合いをエンカレッジする程度にとどめる。

4 「おきもせず」歌の即興劇を想像・創造する

(1)【講義】即興劇作りについて解説する

はいそれでは、一度話し合いを止めて、私の話を聞いてください。ある程度、物語のイメージは固まりましたか。

ではいよいよ、脚本作成に移りましょう。といっても、みなさん、脚本作成の経験ありますか？　大学で演劇サークルに入っていたり、高校生の頃演劇部でした、という人がメンバーにいたりすると心強いでしょうが、ほとんどの方は即興劇を演じた経験もなく、脚本を書いた経験もないことでしょう。きっと少々、不安を感じている人も多いと思います。でも、大丈夫。演劇と聞くと大変な感じがしますが、今からやるのは、もう少しハードルの低いものなのです。

これは教育学の知見なのですが、実際に劇などを演じてみることで学びを深めることを、広く演劇教育といいます。この授業も、その一つです。演劇教育では、練り上げられた脚本を繰り返し練習したうえで、本格的な舞台の上で発表することを「シアター」、即興で簡単に演じることで身体的な学びへとつなげるものを「ドラマ」と呼んで、区別しています。

※cf. 渡辺貴裕『なってみる学び　演劇的手法で変わる授業と学校』（時事通信社、二〇二〇年）。

この授業が目指すのも、この「ドラマ」の方で、したがって、何度も練習する必要はまったくなく、せりふは紙に書いて持って演じてもらって全然かまいません。大事なのは、実際に体を動かして、言葉を自分の声で発してみることです。

また、全員が舞台に上がることも強制しません。ナレーションや脚本作成などでの参加でも、問題ありません。どうしても人前で演じることに抵抗感がある方もいるでしょうし、全員が何かしらの形で関わることが大事ですよね。

そもそも、なぜ即興劇にするのでしょうか。言葉は、自ら使ったときに、もっとも定着するといいます。自ら演じて言葉を発することで、この歌と歌物語を、身体的に自分たちのものにしてもらいたいのです。ですから、演技のうまい下手は一切問題になりません。大まかな脚本やせりふ作りはさすがに必要でしょうが、「その場」で、「即時的に」、「身体」をともなった言葉を発することこそがポイントなのです。

でも、脚本を書いたことがなくて不安ですか？ 先ほど、一つ例をお見せしたじゃないですか。そう、「芥川」です。あんな感じで作ってみましょう！ もちろん、設定を現代にしたってかまいません。思う存分、イメージを膨らませてください。

(2)【グループワーク】「おきもせず」歌の脚本を考える

グループでの話し合いと脚本作成は、この授業の残り5分までとします。ちょっと時間厳しいですが、未完成の残りは、次の授業の前半で仕上げます。それでは、さあ、やってみましょう！

※3の(2)のときと同様、机間指導をしながら、各グループの進捗を見守る。

5【講義】ふりかえり

では、今日の授業をふりかえっておきましょう。『伊勢物語』「芥川」では、最後の和歌がそれまでの物語の流れを締めくくる、「核」になっていましたね。「芥川」の男と女の関係には、多様な解釈の可能性がありました。ただ、最後に「白玉か」の歌が置かれることによって、女に応えることができなかった男の後悔が、物語にとって絶対に外せないポイントであったことが、ハッキリと示されたわけです。みなさんの脚本作成においても、「おきもせず」の歌が物語の結び・締めになること、改めて全員で確認しておいてください。

さあ、まだ少しだけ残り時間がありますね。チャイムの鳴るギリギリまで、みなさん話し合いを続けてください。どうしても、もっと時間がほしい場合は、次の授業が始まる前までに、各自進めておいてもよいですよ。

※即興劇創作において、本時で時間が足りないと感じた場合は、次の授業の前までに各自（各グループ）進めておくことを推奨する。

▼授業の流れ

第2回　歌物語の脚本を完成させ、即興劇にしよう

時間配分	講義・ワークの内容	配付物・準備するもの
5分	**1　導入** 前回のふりかえり。	
15分	**2　【グループワーク】「おきもせず」詠の歌物語を完成させる** 脚本を完成させる。完成したグループから、即興劇の配役決め、簡単な練習に移るよう指示する。即興劇でもあり練習のための特別なスペースは不要だが、教室の広さに余裕があれば、移動して練習させてもよい。即興劇であり、せりふを無理に覚える必要はないことを伝える。	
35分	**3　【グループワーク】アイスブレイクをしながら、劇発表の準備をする** 即興劇の実演に先立ち、体をほぐし、緊張を緩和させるためのアイスブレイクを行う。なるべく、簡単で、かつ、全身を使うものが望ましい。 **4　【発表】グループごとに、即興劇を発表する** **【個人ワーク】感想コメントを書く** **(1)各グループごとに、前に出て発表してもらう** グループ名（番号でかまわない）を名乗った後、配役、シチュエーションを先に説明してもらう。一グループの発表時間は、入れ替わりも含め5分前後	❹ワークシート：感想コメントシート

	か。グループ数によって、必要となる時間は変化することに注意する。 **(2)発表グループ以外の履修者には、発表された即興劇への感想コメントを書くよう指示する** **5** **【グループワーク】感想を共有する** 各グループの発表の感想について話し合い、シェアする。その後、全体に紹介する。	
30分	**6** **【講義】『伊勢物語』第二段を提示する** 『伊勢物語』第二段について解説する。 **7** **【講義】まとめ** 和歌が物語を生んだ例を、『百人一首』の謙徳公の歌と『源氏物語』の柏木の物語などを用いて講義する。また、新海誠監督のアニメーション映画『秒速5センチメートル』を例示し、現代にも通じることを示す。	**5**資料：『伊勢物語』第二段のテクスト **6**資料：謙徳公詠歌・『源氏物語』テクスト
5分	**8** **ふりかえり** グループへの感想コメント、および本ワーク自体への感想の二つを提出する。 各グループへの感想は、次回教員がまとめて、全員に共有する。	

▼授業の詳細

1　導入

※改めて、本授業のゴールを明示する。

2【グループワーク】「おきもせず」詠の歌物語を完成させる

みなさん、どうでしょう。そろそろある程度、脚本は煮詰まったのではないかと思います。遅くとも、あと10分くらいで完成させましょう。

脚本、そして配役もいったん決められたと思うグループは、それでは、簡単な練習に移ってください。即興劇ですから、その場でカンペを持って読み上げるだけで十分ですが、劇中で少し動きもあるような脚本を書いたグループは、そうですね、教室の後ろの方に移ってやってもらってかまいません。その方が、他のグループの目を気にせずに済むのでお勧めですよ。繰り返しになりますが、せりふを無理に覚える必要はありません。

3【グループワーク】アイスブレイクをしながら、劇発表の準備をする

はい、それでは練習を止めて、いったん私の方を見てください。場所は今、練習しているその場所のママでかまいません。これからグループごとに、即興劇の発表をやってもらいますが、その前に、少し全員で身体をほぐしましょう。一つ、身体を使ったアイスブレイクをはさみたいと思います。

まず、二人一組になってもらえますか。グループの人と組んでみてください。あなたは一人余る？　では、私とペアを組んでください。みなの模範になりますので、責任重大ですよ（笑）。ではまず、お互い向かい合ってください。次に、互いに「1」「2」「3」と交互に言い合ってください。「3」の次はすぐにまた、「1」からですよ。「1」「2」「3」「1」「2」「3」「1」「2」「3」……と掛け合い続けることになるので、「1」「3」を

言うターンと、「2」を言うターンが、それぞれ交互にくるイメージです。では、やってみましょう！

どうです？　これはできたでしょう。ここでつまずいていたら、先がおもいやられます（笑）。では次に、同じようにやるのですが、今度は「1」をクラップ（拍手）に変えてください。ちょっと、あなたとやってみましょう。クラップ、「2」「3」、クラップ、「2」……そうそう、ではみなさんやってみましょう。

どうかな？　まだ、何とかなる？　では、さらに今度は、「1」はクラップ、「2」はスタンプ、そう足踏みに変えます。クラップ、スタンプ、「3」、クラップ、スタンプ、「3」……やってみましょう！

さすがに、これは難しかったですかね。さらに最後「3」を別の動作に変えると、もっと難しくなりますが、今回はこの辺りで止めておきましょう。一つひとつの動作は単純で、やるべきこともすぐに理解できましたよね。でも、実際にやろうとする難しい。これは、理解と行動がそう簡単には合致しないことを学ぶアイスブレイクでもあるのです。

さあ、身体はほぐれたかな。それでは、即興劇の発表と参りましょう。順番は、シンプルにジャンケンで決めましょう！　それでは、まずは最初のグループ、前に出てきてください。

4【発表】グループごとに、即興劇を発表する・【個人ワーク】感想コメントを書く

(1)各グループごとに、前に出て発表してもらう

まずは、最初のグループのみなさんに発表してもらいましょう。はじめに、グループメンバー全員名乗ってください。その後、創作劇のシチュエーションを、簡単に説明してもらえると、鑑賞しやすいのでお願いします。発表が終わったら、自分たちのグループが「おきもせず」歌をどう解釈したか、それを受けてどう物語化したか、その際の工夫点などについて、簡単に（1分間くらいか）プレゼンテーションしてもらってから、席に戻ってもらいます。

(2)発表グループ以外の履修者には、発表された即興劇への感想コメントを書くよう指示する

別のグループのみなさんは、今配りましたワークシートに、各グループへの感想コメントを書いてください。後で共有しますので、印象に残った点など、できるだけよいところを見つけるように書いてくださいね。マイナスなことは極力、指摘しないようにしましょう。

※ **4** ワークシート：感想コメントシートを配付する。

※以下、各グループごとの即興劇発表。舞台を現代にうつしたもの、男女ではなく親子の物語と考えたもの等々、さまざまなシチュエーションが想像・創造されることが予想される。たとえば、以下に一例を示す。

ナレーター　四月

A　おはよう～おっ、なんかテンション高いね。

B　おっす、おはよう。いや、今日から新学期じゃん。今年こそは、授業も全出席、オールAを目指そうと思って！

C　マジで？　そんな無理に飛ばさない方がいいと思うけどね。

ナレーター　五月

A　おはよう～あれ、なんか眠そうだね。

B　いや、昨日バイトの帰りに誘われちゃって。結局、オールでカラオケ。今日の授業どうしようかなあ。

C　キツイときは、無理しない方がいいよ。でも、次の授業の先生、課題とか厳しいらしいけど。

ナレーター　六月

A　おはよう～雨は嫌だね。あれ、Bは？

C　そういや、今日もいないね。最近、授業来たり来なかったりだよね。四月から飛ばし過ぎたんじゃない？　ちょっと、連絡してみるよ。プルルルル、プルルルル、「あ、B？　今、どうしてるの」

B　「おきもせず　寝もせで　夜を明かしては　春のものとて　ながめくらしつ」

なかなか見事な現代風アレンジですね。六月の雨が春のものと言えるかは微妙ですが（笑）、そこは大目に見ることとしましょう。

5【グループワーク】感想を共有する

はい、みなさんお疲れさまでした。いずれ劣らぬ、力作ぞろいでしたね。すべてのグループの即興劇発表が終わり、個々のコメントもワークシートに書き終わりましたので、それではこれから5分程度時間を使って、まずグループのなかで、感想をシェアしてもらいたいと思います。後ほど、各グループに対して出された感想のなかで、とくに気になったコメントを一つないし二つほど選んで、紹介してもらいますので、そのつもりで話し合ってみてください。では、始めてください。

6【講義】『伊勢物語』第二段を提示する

みなさん、即興劇の作成と実演、ありがとうございました。では授業の最後に、この「おきもせず」の歌が実際に古典文学において、どのような物語を背負っていたか確認したいと思います。実はこの歌は、『伊勢物語』の第二段の最後に付せられた歌でした。本文を示しましょう。

※5資料：『伊勢物語』第二段のテクストを配付する。

昔、男ありけり。奈良の京ははなれ、この京は人の家まだ定まらざりける時に、西の京に女ありけり。その女、世人にはまされりけり。その人、かたちよりは心なむまさりたりける。ひとりのみもあらざりけらし、それをかのまめ男、うち物語らひて、帰り来て、いかが思ひけむ、時は三月のついたち、雨そほふるにやりける。
おきもせず寝もせで夜を明かしては春のものとてながめくらしつ

簡単にですが、解釈を施しておきましょう。「奈良の京ははなれ」というのは、平城京からの遷都、続く「この京は人の家まだ定まらざりける」というのは、平安京はまだ人家がまばらだったということ、つまり遷都直後、西暦八九四年からそう遠くない頃、ということですね。

「西の京」は、知っている方もいるでしょうか、土壌の問題などから、遷都の後栄えたのは東の京（左京）の方ばかりで、西の京（右京）は開発が遅れてしまいました。そういう寂しい場所が、物語の舞台として設定されます。その寂しい右京に、「女」がいました。

その女は「世人にはまされりけり」、すなわち世間一般の女性よりも優れていました、ここはおそらく、見た目のことを言っているのでしょう。ですが物語はさらに続けて、「かたちよりは心なむまさりたりける」、美貌よりも心のありさまが優れていたのだ、と語ります。普通、古典の物語であれば、女君は見た目がよいことが、何より強調されるものです。ですがこの物語は、あえて心のありさまこそが魅力だったのだと、読み手の意表を突く、もっと言えば、肩透かしを食らわせてきます。しかも、さらに続けて「ひとりのみもあらざりけらし」、独身ではなかったらしい、というのですから、ますます昔物語の女としては異例な印象を与えるでしょう。このように物語は「女」の人物造形、今風にいえば「キャラ設定」を、あえてスタンダードなものからずらしているようです。

だからこそ、その女を「かのまめ男」が、「物語らひ」つまり言い寄って情を交わし、さらにそれでは満足できず、帰宅してからも雨の中、歌を送ったことを、物語の語り手は「いかが思ひけむ」といぶかしんでいるのでしょう。ですが、そのように語り手がいぶかるからこそ余計、かえって、私たちはこの男の恋情の大きさに気づかされるのではないでしょうか。「まめ男」、つまり真面目で常識的な男が、裕福でもなく（西の京に住む女です）、絶世の美女というわけでもなく、しかも他に男がすでにいる女に惹かれてしまった、おそらくは男自身でも理解できていないであろう心の揺れに、われわれ読み手も心動かされることになるのです。情熱的で一途な恋というよりは、どこか逡巡と戸惑いを隠した、屈折した恋の物語が描かれていること、感じ取ってもらえたでしょうか。

※参考：神田龍之介「『伊勢物語』における方法としての〈語り〉」（『国語と国文学』二〇〇一年三月号）。

行動するでもなく、あきらめきるでもない、前にも進めず後ろにも戻れない感じが、最後の和歌に引き寄せられて、歌物語として完成しているわけです。みなさんの作品と比較して、味わってもらえたらと思います。

7【講義】まとめ

『伊勢物語』に限らず、古来、人々はしばしば魅力的な和歌（もっといえば、韻文・詩）に触れては、そこから物語を作り出してきました。最後に、その代表的な例を少しだけ紹介しましょう。たとえば、『拾遺和歌集《しゅういわかしゅう》』や『百人一首』にも収載されている藤原伊尹《ふじわらのこれただ》の歌を知っていますか。

※6資料：謙徳公詠歌・『源氏物語』テクストを配付する。

> あはれともいふべき人は思ほえで身のいたづらになりぬべきかな

聞き覚えのある人もいるでしょう。私のことを「あはれ（かわいそうだ）」と声をかけてくれる人を思い浮かべることもできず、我が身は死んでしまうのだなあ、といったくらいの意なのですが、この歌は、一方的に不義の契りを結んだ女三宮から、ひたすらに「あはれ」という言葉を乞い続けて死んだ、『源氏物語』の柏木の物語を生み出す源泉の一つとなったとも言われています。

※cf. 高田祐彦「あはれ」の相関関係をめぐって――『古今』『竹取』から『源氏』へ――」(『国語と国文学』一九九六年一一月号)。

このようなことは、現代においても、絶えることなく続いています。たとえばシンガーソングライターの山崎まさよしさんの「One more time, One more chance」を聞いたことがある人は多いでしょう。この歌は、後に映画監督である新海誠さんの連作短編アニメーション映画『秒速5センチメートル』と密接に結びつくことになります。ひょっとしたら、みなさんのなかに知っている人がいるかな? いれば、ちょっと説明してもらえますか。

※説明できる学生に当てる。いない場合は、自ら説明する。

『秒速5センチメートル』は、幼なじみの男女が遠距離恋愛の末に破局した後、男性がいまだ彼女の姿を追い求めている切なさを描いたもので、それに「One more time, One more chance」の歌詞とメロディーが響きあうように重ねられています。このように、魅力的な歌が物語を生み出すということは、現代の創作にも通じるものなのですね。もし、同じような例を知っている人がいたら、ぜひ、共有したいので教えてください。

※例を挙げられる学生に当てる。いない場合は、課題にしてもよい。

この単元では二回にわたって、歌が物語を生み出すことについて考えてもらいましたが、逆に、たとえば『源氏物語』がそうであるように、物語が先にあって、和歌は物語の展開のためにわざわざ生み出されることもあります。歌と物語は、互いに影響を与え合いながら、日本古典文学の史的な動態を作り上げてきました。これからも、この点に着目しながら、学び続けてほしいと思います。

8 ふりかえり

みなさん、本当にお疲れさまでした。それでは、二回にわたって行ったこの単元全体への感想を書いてもらいます。書き終わったら、先ほど書いてもらった各グループへの感想コメントと合わせて私に提出してください。各グループへの感想は、次回まとめて、みなさん全員に共有したいと思います。

※授業では『伊勢物語』の虚構性を強調したが、一方でこの作品が、在原業平が実際に詠んだ歌をもとに彼の人生を下敷きとして、一定程度の事実を伝えている側面があることも説明しておきたい。古典作品が今目の前にある形としてまとまるまでの、その過程の複雑さについて知ることも、非常に重要な学びとなろう。歌物語としての『伊勢物語』の成立・特徴について、各自で調べさせるのもよい。また、説話集等にしばしば登場する歌徳説話についての学びへと、発展学習の形でつなげることも一案である。たとえば『今物語』や『十訓抄』などから、いくつか話をピックアップして、説話の成立の背景・過程を調べさせることは、歌と物語との関係を学ぶ大きな一助となるだろう。さらに、7【講義】まとめで示したように、現代においても歌が物語を生み出す、授業で取り上げたものとは別の例を探してみることを課題としてもおもしろいだろう。学生たちの世代ならではの指摘が得られるかもしれない。

▼本単元の意義――参加者の声をとおして

まず、物語を想像・創造することの楽しさについて語る学生が目立った。「班員と意見を交わしながらの物語作成はとても楽しかった」「自分の考え、同じグループの人の考え、他のグループの考えが多様で、同じ題でも異なる意見を聞けたのが楽しかった」等々。もちろん、「短時間でグループ全員の意見をまとめることが大変だった」「おのおののこだわりが強く、一つの作品にしていくなかで、全員の納得のいくものは作れなかった」など、グループワークの難しさを訴えるものもあり、この点においては授業者による効果的な声掛けが求められよう。ただ、一方的な座学ではなく、学習者が主体的・身体的に関わることの意味は大きく、「一斉教授より、学生自ら体を動かしたり、頭を使う授業の方が、定着度がはるかに上がると感じた」といった感想も得られた。

ワークのメインとなった即興劇を演じることは、学生たちにとってかなりのチャレンジだったと思われるが、たとえば「人前で劇をしたのは初めてだったが、役になりきる楽しさを発見した」など、ポジティブにふりかえる声が目立った。また、和歌は古典学習にあってとくに難しく、苦手意識を持ちやすいジャンルだといわれる。本ワークのようなやり方は、「歌の心情を捉えるうえで新しいアプローチで新鮮だった」という感想に見える通り、抵抗感を減らす効果もあるのではないか。

さらに、「社会で役立たないのではなく、役立つことを自分で見つける学問だということを実感した」という感想も見られた。アクティブラーニングによって、古典は現代を生きる私たちのものだという感覚を身につけてもらうことこそが肝要であること、改めて強調しておきたい。

▼もっと知りたい・学びたい人のために

・田中貴子『検定絶対不合格教科書古文』(朝日新聞出版　二〇〇七)　先行研究に目を配りながら新たな視点を示して、高校までの古典教育を相対化する。『伊勢物語』「芥川」の段も取り上げている。

・鈴木日出男『伊勢物語評解』(筑摩書房　二〇一三)　『伊勢物語』全段を、表現の一つ一つをおろそかにすることなく精緻に読み直して解釈を施している。

・渡部泰明『和歌とは何か』(岩波新書　二〇〇九)　和歌がなぜ詠まれ続けたかという問題関心から、和歌の技法を丁寧に整理しながら、その本質を解き明かしている。

・鈴木健一『伊勢物語の江戸』(森話社　二〇〇一)　『伊勢物語』が江戸文学にいかに受容されたか、またその過程でいかに多くの作品を生み出したか明らかにしている。

(中野貴文)

時代：古代・中世・近世文学

第2章 百人一首でディベート&和歌占いをしてみよう！

——正解は一つじゃない

ねらい

中学や高校で和歌を学ぶ場合、いわゆる「正しい」現代語訳が示される。そのため、和歌解釈の正解は一つだと思われがちだが、実際は解釈が定まらず複数の説がある歌も少なくない。そのわかりやすい例が『百人一首』だ。『百人一首』は歌が詠まれた事情を示す詞書や題から切り離され、和歌のみで享受される秀歌撰である。その性格上、歌の解釈に揺れが出やすく、いまだ学界で定説のない歌もある。

和歌を学問的に検討していくと妥当性のある解釈はおのずと絞られてくるが、それでも時代により、人により、社会状況により、その解釈は変わる。どんなに調べても解釈の揺れが残る歌がある。

本単元では、教科書や注釈書の現代語訳が絶対ではないことを知るアカデミックな経験を味わいながら、『百人一首』を素材に議論やディベート、和歌占いのテキスト作りや占い師の体験をして、和歌が多様に解釈される余地をもつことを学ぶとともに、和歌や古文の理解力、批判的思考力、表現力、共感力、想像力、創造力、コミュニケーション能力を磨くこともめざす。

▼授業構成（90分×3回）

第1回　和歌解釈の多様性を知ろう

『百人一首』の在原業平「ちはやぶる」歌を例に、和歌の解釈に揺れがあり、時代によって解釈が変わることを理解する。

第2回　百人一首でディベートに挑戦しよう

『百人一首』の「奥山に」歌の二つの説をめぐってディベートをおこない、根拠に基づいて主張する力を磨く。

第3回　和歌占いをやってみよう

『百人一首』の歌を素材に和歌占いのテキストを作成し、それをもとに占いを実践し、和歌を柔軟かつ多角的に読み解く力を身につける。

▼実施環境

人数

・八～三〇名程度（一グループ三、四人で活動）。三〇名以上の場合は、発表するグループ数を絞るなどして実施可能。

パソコン・ネット環境

・不要

教室

・グループワークに適した可動式の机と椅子のある教室。

▼授業の流れ

第1回　和歌解釈の多様性を知ろう

時間配分	講義・ワークの内容	配付物・準備するもの
5分	**1　導入** 本単元および第1回授業のねらいを説明。	
5分	**2　【講義】『百人一首』の概要と在原業平「ちはやぶる」歌の解釈** 『百人一首』について説明し、「ちはやぶる」歌の解釈を確認。	❶資料：和歌解釈の多様性
25分	**3　古注釈の内容理解** (1)【個人ワーク】古注釈A～Dのうち自分の担当箇所を読解 (2)【グループワーク】所定のグループで担当箇所の内容を確認してまとめる (3)【発表】各グループによる発表	❷ワークシート：和歌解釈の多様性 ●A３判以上の紙、太めのペン
20分	**4　賀茂真淵《かものまぶち》『宇比真奈備《うひまなび》』の内容理解** 個人でワークシート記入後、グループで話し合ってまとめる。 (1)【個人ワーク】『宇比真奈備』原文の内容をまとめて記入 (2)【グループワーク】各自の理解を共有し、その要点と、賀茂真淵の「くくる」説が定説化した理由をまとめる (3)【発表】各グループの発表	●A３判以上の大きさの紙、太めのペン

15分	**5 【講義】賀茂真淵の戦略と「ちはやぶる」の解釈の変遷** 賀茂真淵の「括る」説が定説になった理由と「ちはやぶる」詠の解釈の変遷を説明。先行研究を紹介し、業平がこの歌をどのような意図で詠んだかにも触れる。	
15分	**6 和歌の解釈に諸説が生まれる理由を考察** (1)【個人ワーク】【ペアワーク】「和歌の解釈に諸説が生まれるのはなぜか」について考え、ペアで話し合う (2)【発表】いくつかのペアによる発表	
5分	**7 ふりかえり** ふりかえりを記入し、クラスで共有する。	ふりかえりシート

▼授業の詳細

1 導入

「百人一首」と聞いたら何を思い浮かべますか。小学校や中学校のときに覚えたとか、お正月にカルタで遊んだとか、アニメや映画にもなった人気マンガ『ちはやふる』で描かれたような競技カルタを体験したことがあるとか、何かのかたちで『百人一首』に触れたことがあると思います。内容については、お気に入りの歌があるという人もいれば、同じような歌ばかりで難しいと感じる人もいるかもしれません。

ただ、いずれにしても、『百人一首』の歌の現代語訳は定まっていて正解があると思っている人がほとんどではないでしょうか。テストで和歌の意味を問われたときに選択肢を一つ選ぶように、正しいとされる解釈は一つだと思われがちです。しかし、本当にそうでしょうか。

実は『百人一首』には、現代に至るまでさまざまな説が出され、解釈のわかれる歌がいくつかあります。今回はその例として、『百人一首』の中から在原業平の「ちはやぶる神代も聞かず龍田川から紅に水くくるとは」を取り上げます。この歌は『百人一首』が編まれた鎌倉時代から現代に至るまで、いろいろな解釈がなされてきました。その解釈の揺れや変遷についてワークをとおして理解しながら、和歌解釈の多様性を学んでいきましょう。

一首をめぐって、歌が詠まれた当時はどのような意味が込められていたのか、それが後世どのように理解され、享受されていったかを調査したり分析したりすることは、古典文学の研究でもおこなわれています。今回の授業をとおして、そんな研究の入り口も体験してもらいたいと思います。

2 【講義】『百人一首』の概要と在原業平「ちはやぶる」歌の解釈

まず『百人一首』について確認しておきましょう。『百人一首』は、百人の歌人から一首ずつ秀歌を選んでまとめたアンソロジーです。鎌倉時代の歌人藤原定家（一一六二〜一二四一）が奈良時代から定家自身の生きた鎌倉時代までの約六〇〇年間の一〇〇人の歌を勅撰和歌集から選んだ『百人秀歌』をもとに作られたものです。後世には歌道入門書として読まれ、注釈書も多く作られました。江戸時代になると絵入りの歌カルタにもなって大いに流行し、現在まで広く親しまれています。

まず、今日のテーマである在原業平の歌を現代語訳とともに見てみましょう。紅葉の名所、奈良県北西部を流れる龍田川に流れる紅葉を詠んだ歌です。

ちはやぶる神代《かみよ》も聞かず龍田川《たつだがは》から紅《くれなゐ》に水くくるとは　『古今和歌集』秋下／百人一首17

（不思議なことがさまざまにあったという神代にも聞いたことがない。龍田川の水を真っ赤にくくり染めにするとは。）

右の訳は現在の注釈書の多くに見られるような一般的なものですが、このなかに解釈のわかれる部分があります。どこだと思いますか。それは五句目の「水くくるとは」です。右の訳にあるように「水をくくり染めにする」というのが現在の一般的な訳ですが、「くくり染め」と言われてもピンとこないかもしれませんね。水を織物に見立てて、水に浮かんだ紅葉を「くくり染め」の模様に見立てた歌です。

ここで「くくり染め」とは何かを確認しておきましょう。日本最大の国語辞典『日本国語大辞典』には「くくり染め」の語義が次のように書かれています。

くくり-ぞめ【括染】　布を部分的に、つまんで糸でくくって染め残しをつくり、いろいろの模様を染めること。また、そのように染めたもの。絞り染。くくしぞめ。くくし。（『日本国語大辞典　第二版』）

この説明でわかりますか。着物の「絞《しぼ》り染《ぞめ》」と言えば理解しやすいかもしれません。図1をご覧ください。これは京都国立博物館所蔵「正倉院裂紫地目結文纐纈綾《しょうそういんぎれむらさきじめむすびもんこうけちあや》」、奈良・平安時代の宝物を収蔵する東大寺の正倉院にあったくくり染めの布の例です。布の一部を糸でくくったものを染料につけると、糸でくくられた部分は染料が浸みこまないので白いままですが、それ以外の部分には色がつきます。それによって文様をあらわす染めの技法が「くくり染め」です。

図1　正倉院裂紫地目結文纐纈綾（京都国立博物館蔵、出典：ColBase〈https://colbase.nich.go.jp〉）

実は「水くくる」を「水をくくり染めにする」とする解釈は、江戸時代半ばになって初めて出てきました。国学者で歌人の賀茂真淵《かものまぶち》（一六九七〜一七六九）が唱えはじめ、それが定着して現代まで継承されているのです。それ以前、この歌の「水くくる」は「くくる」に濁点を付けた「くぐる」で解釈されていました。なぜこのように解釈されるのでしょうか。現代の文章には最初から濁点が付いていますが、『百人一首』が編まれた鎌倉時代には文章を書くときに濁点を表記する習慣がなく、濁点の有無は読む人が文章の意味に応じて判断していたからです。

では、この歌が実際にどう解釈されていたかについて、『百人一首』の古注釈を取り上げて見ていきましょう。

3　古注釈の内容理解

古注釈というのは、その名の通り古い注釈書です。現代でも『百人一首』の注釈や解説書は多くありますが、室町時代から多くの注釈が作られていました。これから配付する資料とワークシートは室町時代から江戸時代までの『百人一首』の注釈書から「ちはやぶる」の歌の解釈部分を抜粋したものです。

※❶資料：和歌解釈の多様性と❷ワークシート：和歌解釈の多様性を配付。

(1)【個人ワーク】古注釈A～Dのうち自分の担当箇所を読解

まず一人で取り組む個人ワークからはじめましょう。資料のワーク1にA『百人一首宗祇抄《そうぎしょう》』、B『色紙和歌《しきしわか》』、C『経厚抄《けいこうしょう》』、D『百人一首師説抄《しせつしょう》』の注釈書四点の該当箇所を掲載していますのでご覧ください。資料が多くて驚いたかもしれませんが、安心してください。グループで分担して読解するので、一人で担当するのは、このA～Dのうち一つだけです。

※出席者にA～Dを割り振る。座席の場所、1～4の番号の繰り返しなど、決め方は自由。

自分の担当はわかりましたか。ワークシートのワーク1【1】に「A～Dのうち担当する番号に○を付け、『　』に書名を記入し、その内容をまとめましょう」とあります。所定の場所にA～Dの番号と注釈書の書名を記入して、内容の要点をまとめましょう。古注釈の原文に脚注をつけてありますので、それを参考にして読んでみましょう。

※❷ワークシートのワーク1記入。

(2)【グループワーク】所定のグループで担当箇所の内容を確認してまとめる

自分なりに読解できましたか。では、同じ箇所を担当するメンバーで集まって、理解したことを共有して内容を確認しましょう。たとえばAの担当なら、Aを担当する人だけで集まって、内容を確認します。一グループ三、四人が目安です。他の人と意見交換することで理解が深まります。ワークシートのワーク1【1】に「グループで注釈の内容を確認した後、補足や訂正があれば、それも書き加えてください」と書いておきました。補足や訂正があれば、それもワークシートに記入してください。意見がまとまったら、配付した紙に内容をまとめましょう。文章で要点をまとめるだけでなく、必要に応じて図などで示してもかまいません。この後、各グループ2分ずつ発表してもらいますので、そのつもりで準備してください。

※各グループに要点まとめ用のA3用紙と太めのペンを配付。大きい紙のほうがグループで作業しやすいので模造紙などを配付するのもよい。ペンは裏うつりしない水性の太字ペンがおすすめ。

※A〜Dの同じ部分の担当者で三、四人のグループをつくり、理解を確認し、要点をまとめる。全体で10分程度が目安だが、参加者の様子を見ながら時間配分する。なお、この活動は知識構成型ジグソー法をアレンジしたもの。詳しくは「アクティブラーニングのためのQ&A」のQ6（286ページ）を参照。

※教員は話し合いの様子を観察し、発表グループを選んでおく。グループの数が少なければすべて発表とするが、グループが多い場合、A〜Dからそれぞれ一組に代表として発表してもらう。

(3)【発表】各グループによる発表

では、A〜Dの内容について一グループ2分で発表してもらいます。発表を聞きながら、ワークシートのワーク1【2】に要点をメモしておいてください。聞いたことの要点をメモする力は、社会に出てからも大切です。日ごろの講義でも聞いた内容をメモする習慣をつけると要約力が養われますよ。積み重ねによって身につく力ですが、まず内容を把握しながらメモしようという意識でやってみましょう。

※A〜Dグループの発表。

ここで『百人一首』の注釈書について説明しておきましょう。『百人一首』には数多くの注釈書が作られました。その背景として、鎌倉時代における「和歌の家」の存在があります。『新古今和歌集』の撰者をつとめ、当時を代表する歌人であった藤原定家の死後、その息子・為家の子どもたちのあいだで相続争いなどが起こり、二条為氏《にじょうためうじ》の二条家、京極為教《きょうごくためのり》の京極家、冷泉為相《れいぜいためすけ》の冷泉家の三つにわかれました。そのうち長男であった為氏の血筋である二条家が主流ですが、これらの家は和歌の世界における主導権をめぐって対抗し、それぞれの流派で和歌の注釈書が多くつくられたのです。

A『百人一首宗祇抄』は室町時代初期の一四〇六（応永一三）年までに成立した注釈書です。連歌師として活躍した宗祇の注として二条家の流派から尊重されました。原文を解釈していきましょう。「心は、秋の暮れ、又神無月など、龍田川の水も無きまで散りしきたる木の葉に、……かかる事は聞かずといへり」とありますが、「心は……といへり」というのは、「歌の意味内容は……ということである」という意味です。ここでは「秋の暮れや、神無月（旧暦の一〇月ごろ、今の暦だと一一月ごろ）に、龍田川の水がないように見えるくらい木の葉が散り敷いて、水がただひたすら紅葉の落ち葉で紅色になっている水面をくぐって流れている興趣、つまり趣のあるすばらしさを、こんなことは神代にも聞いたことがない」と言っています。つまり、「水くぐる」で解釈しているということです。

B『色紙和歌』は室町時代中期頃に成立したもので、冷泉家流の注釈です。冷泉家は先ほど説明した冷泉為相の血筋になる和歌の家で、現在も京都市内の京都御所の北川に屋敷があり和歌の家が継承されています。この本では「龍田川の紅葉が紅色になって、水をくぐっていく景色は、錦の織物を川にさらしているようだ。中国古代の国・蜀の成都には蜀江《しょっこう》の錦といって、蜀江という川に錦をさらす場所があって有名だが、その景色も、龍田川の景色には及ばないだろう。このようなおもしろい景色は、昔の神々の時代にもあるとは聞いたことがない、と誉めているのである」と言っています。こちらも、紅葉の下を川の水がくぐっていく様子が川に錦の織物をさらしているように見えるというのですから、「水くぐる」で解釈していることがわかります。

C『経厚抄』は一五三〇（享禄三）年、室町時代の末に書かれた鳥居小路経厚《とりいこうじつねあつ》による『百人一首』の講義にもとづく注釈書です。穏当な説が多く、Aの『百人一首宗祇抄』と別系統で尊重されました。この本では、まず「神代も聞かずとは、神代に神変神通神力《しんぺんじんつうじんりき》の有りし時も、かやうに水の紅に流るるをばいまだ聞かずと云ふなり」と言って、神々の時代に人知を超えた神の不思議な神通力があったときも、このように、水が紅色に流れるのを聞いたことがないと解釈しています。つづいて「水くぐる」について、山全体が紅葉になっている下を流れる水の様子を言うので、「くぐる」という表現を使っているのだと説明しています。これは、川面に浮かぶ紅葉の下を水がくぐるように流れていると解釈するA・Bに対して、Cは全体が紅葉で真っ赤に色づいた山と山の間を川が流れていると解釈しているわけです。ここで注目したいのは、同じ「くぐる」説でも解釈が異なっていることです。

D『百人一首師説抄』は江戸時代前期の注釈書です。明暦四（一六五五）年に不動院佑海《ふどういんゆうかい》によって書かれました。書名に「師説」とあるように、宗祇や三条西公条《さんじょうにしきんえだ》の古注釈の内容を取捨選択して師伊藤栄治《いとうえいじ》の説を加えてまとめられたものです。この注釈書では「二説」が提示されています。一つ目の「木の葉のから紅を水がくぐる」というのは注釈書A・Bと同じでしょう。もう一つは「水がから紅になりてくぐる」という説で、これは師の秘説だと書いています。水が紅になってというのは不思議なので、神々の時代にも聞いたことがないという表現にぴったりだと言っています。「水がから紅になる」は理解しにくいですが、水そのものが紅になっているということであれば、不思議で奇抜な表現ともいえるでしょう。

ここからわかるのは、室町時代初期から江戸時代前期まで、どの注釈書も「水くくる」ではなく、「水くぐる」と濁点をつけて解釈していることです。さらに、「水くぐる」の解釈も一つではなく、「紅葉が散り敷く下を川の水が流れる」という説と、「山の木々が紅葉する下を川が流れる」という説にわかれていました。

なお、この歌はもともと『古今和歌集』秋下に収められたものです。歌には「二条の后の春宮の御息所と申しける時に、御屏風に竜田河に紅葉流れたるかたをかけりけるを題にて詠める」という詞書《ことばがき》がついており、龍田川に紅葉が流れる様子を書いた屏風絵を題に詠まれたものだったことがわかります。

「くぐる」説は『古今和歌集』の注釈でも確認できます。平安時代末期から鎌倉時代初期に活躍した歌人であり歌学者である顕昭《けんしょう》は、『古今和歌集』の注釈書の『古今集註』で、この歌について「水くぐるとは、紅の木の葉の下を水のくぐりて流るるといふ也。潜の字をくぐると読めり」と書いています。藤原定家もその歌論書『顕注密勘《けんちゅうみっかん》』で、この説を踏襲しています。こうした事実やA～Dの古注釈から、定家以前に「くぐる」説が主流であったことは明らかです。

4 賀茂真淵《かものまぶち》『宇比麻奈備《うひまなび》』の内容理解

(1)【個人ワーク】『宇比真奈備』原文の内容をまとめて記入

では、現在は主流となっている「水くくる」という説は、いつ、どのようにして広まったのでしょうか。「水くくる」が定説となるきっかけとなった賀茂真淵の注釈『宇比麻奈備』を読んでみましょう。

資料とワークシートのワーク2を見てください。原文と脚注をあげた『宇比麻奈備』は、江戸時代中期の一七六五（明和二）年に成立した賀茂真淵による『百人一首』の注釈書です。賀茂真淵は国学者であり歌学者としても知られ、紀伊徳川家の歌道師範をつとめ、古典和歌や『伊勢物語』、『源氏物語』などの講義や注釈の執筆に尽力しました。

では、ワーク2の『宇比麻奈備』原文を読んで、ワークシートのワーク2【1】に、その内容をできるだけわかりやすくまとめてみましょう。難しそうなところには脚注を付けてありますので参考にしてください。

※各自**2**ワークシートのワーク2【1】記入。

(2)【グループワーク】各自の理解を共有し、その要点と、賀茂真淵の「くくる」説が定説化した理由をまとめる

そろそろ書けたでしょうか。では、グループにわかれて、理解したことを一人ずつ話しながら、内容理解を深めてください。解釈の違うところがあったら辞書も調べながら確認しましょう。内容が確認できたら、賀茂真淵の「くくる」説が定説化した理由についても話し合いましょう。10分後に発表してもらいますので、内容の確認ができたら、発表の準備もお願いします。

※三、四人のグループにわかれて話し合い。A3用紙あるいは模造紙とペンを配付。学生に番号を振るなどして、はじめて話す人とグループになると、コミュニケーション力を高める練習になる。人数が多い場合は、うまくまとめられているグループを指名して発表してもらう。

(3)【発表】各グループの発表

では、一グループ2分程度で発表お願いします。

※発表数は時間に応じて調整。時間がない場合は代表一グループでよい。

5【講義】賀茂真淵の戦略と「ちはやぶる」の解釈の変遷

『宇比真奈備』における賀茂真淵の主張を改めて確認しておきます。原文冒頭の「紅葉のむらむら流るるかたにて、白波もひまひま立ちまじりつつ見ゆらんを、紅のゆはたと見なして、いとめづらしければ、行く水を纐纈《こうけち》にする事よ、神代よりかかる事はまだ聞かざりけるといふなり」を解釈してみましょう。龍田川に紅葉があちこち群がって流れているあいだあいだに白波がまざって見えるようなのを、紅の「ゆはた」、つまり紅色の「くくり染め」と見なし、それがとてもめずらしいので、その様子を、流れゆく水を括り染めにすることは神の時代から聞いたことがないと詠んだのだとしています。そして、続いて「これは或る家の古き説に、この「くくる」は泳にはあらで絞なりとあるによれり」とあるのは、ある家の古い説にこの「くくる」は「泳（くぐる）」ではなく「絞（くくる）」とあるのに依拠しているという意味です。

さらに、その後に「くくる」説の論拠としてあげているのが次の二点です。

①纐纈（くくり染め）は古代の律令や式（令の施行規則）にも見える、古くからあるもの。今で言う絞り染

めと同じである。
②『古今和歌六帖《ろくじょう》』の霜の部に「木の葉みなから紅にくくるとて霜の綾《あや》にも置きまさるかな」（木の葉はみな真っ赤なくくり染めにしようとして、白い霜の跡に置いていっそう際立っているなあ）という歌があり、これはくくり染めを詠んだものである。

つまり、①「くくり染め」が古代の律令や式といった朝廷の法律や規則に見え、②テーマごとに和歌が分類され、和歌を学ぶ人に多く詠まれた平安時代の和歌集『古今和歌六帖』にも「くくり染め」を詠んだ歌があると言っているのです。これは、律令や『古今和歌六帖』の例をあげて、「くくり染め」が古くから公に存在し、平安時代から歌に詠まれてきたということです。さらに、「くくり染め」説は「或る家の古き説」によるものだと前置きしたうえで、この二つの例を論拠としてあげることで、真淵の「くくり染め」説は説得力のあるものとして受け入れられました。以後、「水くくる」は「くくり染め」説が定説となり、現代の注釈でもこれが採用されています。

しかし、近年、この定説に反論が出されました。森田直美さんの論文「水は括られたのか――在原業平「唐紅に水くくるとは」の清濁――」（『都留文科大学研究紀要』八九号、二〇一九年三月／『平安朝文学と色彩・染織・意匠』新典社、二〇二三所収）です。古注釈や歌論書、和歌の用例や染色史の研究成果をふまえ、「水くくる」と「水くぐる」の解釈、そして業平がこの歌をどういう意味で詠んだのかについて実証的に迫っています。研究論文を検索できるオンラインデータベースCiNii Researchで論文をダウンロードできますので、ぜひじっくり読んでもらいたいですが、ここではごく簡単に要点をご紹介しましょう。

森田さんは、業平は「くぐる」で詠んでいたと考えています。さきほどのワークで確認した真淵以前の古注釈で「くぐる」説がとられている点に加えて、その根拠としてあげているのが以下の三点です。

（1）鎌倉時代から江戸時代前期までに業平の「ちはやぶる」詠を本歌取りした歌は「水くぐる」として本歌取りしている。
（2）真淵が引用する『古今和歌六帖』の歌は歌句が異なるバージョンが多く存在し、平安時代に「くくり染め」が詠まれていた論拠とするには弱い。
（3）業平の時代の括り染めは簡素な着物に用いられた地味な文様で、紅葉の形容にはあわない。

とくに（3）については、江戸時代前期から「雛形」と呼ばれる小袖の図案集に龍田川を流れる紅葉が絞り染めとわかるように描かれており［図2　浅井了意『新撰御《しんせんお》ひいながた上』一六六七〈寛文七〉年刊］、紅葉の図案の指示書きには「くくる」や「かのこ」といった絞り染めを意味する語が散見するといいます。こうしたことから、真淵が活躍した一八世紀半ばには絞り染めを用いた豪華な小袖が流行しており、「水くくるとは」を「くくり染め」に見立てるという発想は、豪華な絞り染めの着物が流行していた時代から生まれたものではないかというのです。

ここで絞り染めの流行について少し補足しておきましょう。図3の東京国立博物館蔵「帷子　黒麻地流水紅葉模様」は龍田川の紅葉をあらわした裏地のない単衣仕立ての小袖です。注目したいのが、摺匹田《すりびった》と呼ばれる、型を使って絞りのような模様を摺り技法で紅葉がかたどられていることです。平安和歌に見られるモチーフを鹿子絞りのような型染めと刺繍であらわす技法は、江戸時代中期の元禄時代に流行したものです。このような技法が流行したのは、当時、それほど絞り染めが流行していたということでしょう。

さらに森田さんは、業平の詠んだ「唐紅に水くぐる」は、先ほどから古注釈で見てきた「紅葉の下を水が潜る」

ではなく、「紅葉が流れる龍田川を「紅の水」に見なした」という意味ではないかと述べています。「紅葉が流れる龍田川を「紅の水」に見なした」という説は、藤原定家が『顕注密勘』で「業平は紅葉の散りつみたるを紅の水になして竜田河を紅の水くぐる事は昔も聞かずとよめるか」と考えたことによっています。先ほどのワークで読んだ『百人一首師説抄』の師の秘説「水が唐紅になりてくぐる」もこの説に近いかもしれません。森田さんは定家の考えに導かれて平安時代の和歌を分析し、業平の時代の「くぐる」は「流れる」という意味で詠まれることが多く、河の岩や石の間を縫って水が流れる様子を表現するものであったことを明らかにしました。そして、この歌の意味を「神代にも聞いたことがない。龍田川に深紅の水が（岩間をすり抜けて）流れるとは」と解釈しています。

ここまで、『百人一首』の業平詠の解釈について見てきました。近現代の『古今和歌集』や「百人一首」の諸注釈書では、業平は川を布に見立てて「くくる（括る）」と詠んだのを、定家らが「くぐる(潜る)」と解釈し、真淵が「括る」と正しく解釈したというのが定説になっていましたが、ど

図２　新撰御ひいながた（国立国会図書館デジタルコレクション）

図３　帷子黒麻地流水紅葉模様（東京国立博物館蔵、出典：ColBase〈https://colbase.nich.go.jp〉）

うやら必ずしも定説が正しいわけではないことがわかってきました。「くぐる」自体も「潜る」と「流れる」の二つの解釈があり、検討が必要です。このように、『百人一首』のような有名な歌でも、今も解釈が揺れているのです。

6 和歌の解釈に諸説が生まれる理由を考察

⑴【個人ワーク】【ペアワーク】「和歌の解釈に諸説が生まれるのはなぜか」について考え、ペアで話し合う

今回の授業のまとめとして、和歌の解釈にさまざまな説が生まれるのはなぜか、その理由を考えてみましょう。ワークシートのワーク2【3】に記入してください。

記入後、その理由を隣の人と話し合いましょう。3分ほど時間をとります。

⑵【発表】いくつかのペアによる発表

※ペアワークと発表は時間があればおこなう。時間がない場合は教員がまとめる。

和歌の解釈に諸説が生まれる理由として以下の四点が考えられます。

①三十一文字という短さ　②濁点の有無　③社会状況の変化　④和歌以外の情報の有無

まず、①三十一文字という短さがあげられます。和歌の定型は五七五七七、三十一文字ですが、このなかで何かを伝えたいと思うと、やはり短いのです。三十一文字ではすべて言い尽せないから、一語に二重の意味をこめる「掛詞」のような技法が発達しました。たとえば、「まつ」だったら、人を「待つ」と木の「松」が掛けられます。このように重層的な意味を含むことばがあるというのは、見方を変えれば、そのことばが歌の解釈に幅をもたらすということでもあります。

②濁点の有無については、本来、仮名の文章では濁点が表記されず、濁点の有無は読む人が判断したため、そこから違いが生じたという事情があります。

③社会状況の変化は、今回学んだ通りです。「くくり染め」の流行に伴って、「くくる」の解釈が主流になったように、社会状況の変化にともない和歌の解釈も変わることがありました。

④和歌以外の情報の有無について、この「情報」とは、歌集などで和歌の前につけられる「詞書《ことばがき》」や、和歌が並べられた順番、すなわち配列などです。『百人一首』は和歌と作者名だけの秀歌撰として詞書などが省略され、和歌だけで流布したために、いろいろな解釈が生まれました。「ちはやぶる」の歌の場合も、もとは『古今和歌集』に収められており、そこには屏風絵に添えられた歌であることを示す詞書が付いていました。歌を解釈するときには本来どのような歌とともに配列されていたかも重要な情報ですが、『百人一首』では、そうした情報と歌が切り離されてしまいました。そして和歌と作者だけが流布することで、『百人一首』の歌はさまざまな解釈を生むことになったのです。

7　ふりかえり

最後に今回の授業をふりかえりましょう。

※ふりかえりシート配付。

5分ほどとりますので、ふりかえりシートに記入してください。書き終えたら、隣の人とふりかえりを共有しましょう。

※時間があれば、ペアでふりかえりを共有するか、何人か指名して発言してもらう。適宜、発言された内容をふまえてコメントする。時間がない場合は教員がまとめる。

授業では定説のみの紹介で終わってしまいがちですが、複数の解釈を比較することは批判的に考察できることがわかったでしょうか。根拠に基づいて考え、それを検証する姿勢で追究していくことは、批判的な思考力を養うことにつながります。真偽の明らかでない情報があふれる世の中で、自分で情報を吟味し、定説とされているものが正しいのかを批判的に考えることは、これからますます大切になっていきます。今回の授業では定説とされてきたことが、必ずしも正しくないかもしれないという事例から、こうしたことも学んでもらいました。

次回は、解釈が二説にわかれる『百人一首』の歌を取り上げて、それぞれの説にわかれてディベートをおこないます。ディベートといっても難しくないので安心してください。むしろ、論を戦わせるという臨場感が、理解しようというモチベーションにつながると思います。どうぞお楽しみに！

COLUMN

「ちはやぶる」の二次創作
――和歌から落語へ

第2章第1回では在原業平の「ちはやぶる神代も聞かず龍田川から紅に水くくるとは」の解釈が時代と共に変化する様子を見ました。じつはこの歌には、その後があります。江戸時代のこじつけ解釈の世界で新しい命が吹き込まれたのです。徒然草のパロディで『吉原徒然草』（第3章）が生まれたように、江戸時代には古典のパロディ、現代で言えば二次創作が流行していました。『百人一首』も同様で、歌の解釈に諸説が存在したことを背景に、別の設定でこじつけ解釈したものがおもしろがられました。

その典型が「ちはやぶる」。あらすじはこうです。歌枕を訪ねて東国に下った在原業平は隅田川の近くに住み吉原に通っていました。「ちはや」という遊女に一度も逢うことなく振られ、太鼓持ちの紙屋与兵衛《かみやよへえ》に仲介を頼みますが、見向きもされません。行き詰まった業平が心機一転して豆腐屋「龍田川」を営むと、それが大繁盛。そこに落ちぶれたちはやがおからをもらいにきますが、店主が業平と気づいて、恥ずかしさから川に身を投げたという筋立てです。

この珍解釈は、一八世紀半ばに『百人一首虚講釈《うそこうしゃく》』の著者が夜話として語って広め、それを『百人一首虚講釈』に収めたものといいます。それが江戸の小咄本『鳥《とり》の町《まち》』（一七七六年刊）に収められ、その後、山東京伝《さんとうきょうでん》の『百人一首和歌始衣抄《はついしょう》』（版元は蔦屋重三郎《つたやじゅうざぶろう》）で脚色が加えられ、相撲取りの「龍田川」が遊女の「ちはや」とその妹分の「神代」に振られたという設定になりました。

さらに初代桂文治《かつらぶんじ》（一七七四～一八一六）が落語「在原業平」をつくり、現代でも「ちはやぶる」の題でよく知られています。落語の世界では、今も噺家によって少しずつ新たな脚色が加えられているのです。

こじつけ講釈から生まれた落語は他にもあります。陽成《ようぜい》院《いん》の歌「筑波嶺の峰より落つる男女川《みなのがわ》恋ぞつもりて淵となりぬる」による落語「陽成院」は、京都の陽成院という寺の前で相撲取りの「筑波峰」と「男女川」が取り組みをする設定です。このような珍解釈は、もとの歌を知っていると、よりおもしろく感じられます。ぜひ楽しんでみてください。

（平野多恵）

▼授業の流れ

第2回　百人一首でディベートに挑戦しよう

時間配分	講義・ワークの内容	配付物・準備するもの
5分	**1 導入** 授業のねらいとディベートの意義を説明する。	
20分	**2 【個人ワーク】『百人一首』「奥山に」歌の理解** 現代の注釈・古注釈の二説（A・B）を理解してまとめる。	❸資料：「奥山に」歌の解釈
20分	**3 各説の理解とディベートの準備** (1)「奥山に」A・Bチームにわかれる (2)【個人ワーク】自分が担当する説について、その説の根拠と対立する説への反論を考える (3)【グループワーク】チームで話し合い、理解を深める	❹ワークシート：ディベート
5分	**4 【講義】簡易ディベートの手順とポイントの解説** スライド提示し、授業用の簡易版ディベートの手順とポイントを説明。	
20分	**5 【発表】ディベート** 「奥山に」A説・B説のディベートを実施する。	

	一対戦につき10分（A説・B説の主張各2分、検討時間2分、各説の主張各2分）。	
15分	**6　投票** アンケートフォームなどを使って、A・Bどちらの説に納得したかを投票する。 **⑴発表チーム以外の人は、A説・B説のどちらが勝ちかについて投票** **⑵結果の集計と発表** **⑶投票結果をふまえ、教員の講評を解説**	●オンラインの投票フォームあるいは投票用紙 ●オンライン投票の場合、投票用のスマートフォン ●結果発表用のPC・スクリーン
5分	**7　ふりかえり** **⑴ふりかえりの内容をペアで話し合い** **⑵全体で共有する**	

▼授業の詳細

1　導入

前回の授業では在原業平の歌「ちはやぶる……」を例に、その解釈が時代によって変わり、諸説が生まれたことを学びました。今回は『百人一首』の「奥山に紅葉踏み分け鳴く鹿の声聞くときぞ秋は悲しき」を取り上げて、室町時代・江戸時代の古注釈から現代の注釈まで、その解釈の違いを理解したうえで、二チームにわかれてディベートをおこないます。解釈が二説にわかれる歌を題材にしてディベートをおこなうことで、文献の読解力や論理的な思考力を養うとともに、根拠に基づいて自分の意見を伝える力を鍛えることを目指します。

2　【個人ワーク】『百人一首』「奥山に」歌の理解

「奥山に……」の歌は、鎌倉時代に成立した『百人一首』では猿丸大夫の歌とされていますが、平安時代の勅撰和歌集『古今和歌集』では「読人しらず」の歌として収められています。

奥山に紅葉踏み分け鳴く鹿の声聞くときぞ秋は悲しき 『古今和歌集』秋上／百人一首5

この歌は『古今和歌集』の注釈でも解釈が二説にわかれているので、それをA説・B説とします。次にA説を代表する注釈として小沢正夫・松田成穂校注・訳『古今和歌集』（新編日本古典文学全集・小学館）、B説の代表として高田祐彦訳注『古今和歌集』（角川ソフィア文庫）の現代語訳と語釈・解説の基本となる部分をあげましたので、❸資料：「奥山に」歌の解釈とあわせてご覧ください。なお、本文の引用にあたっては表記の統一のため改めたところがあることをお断りしておきます。

【A説】小沢正夫・松田成穂校注・訳『古今和歌集』
現代語訳：奥山で紅葉《もみぢ》した落葉を踏み分け歩いていると、どこからか鹿の声が聞えてくる。そんな時こそ、秋の悲しさがひとしお身にしみるのだ。
・「奥山に」はすぐ下の「紅葉踏み分け」にかかる。「踏み分け」の主語は歌の作者または一般の人である。

【B説】高田祐彦訳注『古今和歌集』
現代語訳：奥山にもみじを踏み分けて鳴く鹿の声を聞くときこそ秋は悲しいものだ。
○踏み分け　主語が鹿か人か、両説あるが、鹿ととる。人だと、続く「鳴く」との間で主語が転換して不自然。

同じ歌の注釈ですが、解釈の違いに気づいたでしょうか。注釈というと絶対的なものと思われがちですが、訳注を施した人によって少しずつ解釈が異なっていて、時には独自の説をあげる人もいます。注釈は定説に準じて書かれることが多いですが、その内容を丹念に読んでいくと、注釈書によって解釈が異なることがあるのに気づきます。注釈書の背後にはそれを作った人物がいて、その人の考えが注釈の内容に反映されますから、そこで違いが生まれるのです。

では、5分ほど時間を取りますので、右のA説とB説の違いを考え、ワークシートの「❺A説（B説）を一言でいうと？」の下に要点を書いてみましょう。

※**4**ワークシート：ディベートを配付。記入する様子を見て時間を調整する。

そろそろ書けましたか。A説とB説は、どのような点で異なっているでしょうか。

※時間があれば、隣の人とペアになり、それぞれの考えを2分程度で話した後、何人かに指名して、クラスで共有する。

結論から言うと、A説とB説で異なるのは、紅葉を踏み分けたのが、「人」なのか「鹿」なのか、です。詳しいことはグループで話し合ってもらいますので、ここでは、まず基本的なところを押さえておきましょう。【A説】は現代語訳に「奥山で紅葉した紅葉を踏み分け歩いて行くと、どこからか鹿の声が聞こえてくる」とあり、注釈の一つ目に「踏み分け」の主語は歌の作者または一般の人であるとあります。いずれにしても主語は「人」です。

それに対して、【B説】の現代語訳では「奥山にもみじを踏み分けて鳴く鹿の声を聞くとき」とあり、「○踏み分け」の語釈に、「主語が鹿か人か、両説あるが、鹿ととる」とあります。さらに、「鹿」説を採用する理由として、主語が人だとすると、「続く「鳴く」との間で主語が転換して不自然」とも書かれています。これは、「奥山に紅葉踏み分け鳴く」のは「鹿」まで一続きで解釈するのが自然で、A説のように、人が「奥山に紅葉踏み分け」、鹿が「鳴く」と解するのは不自然だと言っているのです。

このように、【A説】新編日本古典文学全集の小沢正夫さん・松田成穂さんは「奥山に」の歌の主語を「人」、【B説】角川ソフィア文庫の高田祐彦さんは「鹿」と解釈し、現代の注釈でも解釈がわかれています。実はこの二説は江戸時代の『百人一首』の古注釈でも取り上げられています。資料に【A・B両説併記】としてあげた古注釈『百人一首改観抄《かいかんしょう》』をご覧ください。『百人一首改観抄』は江戸時代前期の歌人・国学者である契沖《けいちゅう》による『百人一首』の注釈書で一六九二（元禄五）年に成立したものです。当時の注釈の代表としてよく読まれ、後の注釈へも大きな影響を与えました。

内容を見てみましょう。「「紅葉踏み分け」とは、これ二つの心あるべし」ではじまり、二説をあげています。次に「常は鹿の踏み分くると心得きたれり」とありますから、通常は鹿が踏み分けると解釈していたことがわかりますね。さらに、「菅家のこの歌についての御詩に」と続けて、菅原道真が撰んだ『新撰万葉集』で、この「奥山に」の歌に添えられた漢詩を紹介しています。そして、その漢詩の第三句に「勝地尋来」、つまり景勝地を尋ねて来るとあることから「人」が踏み分けたのではないかと述べています。最後に「いづれにてもかなふべし」とあるのは、どちらの説もそれぞれに理があるということです。つまり、紅葉を「踏み分け」たのが「鹿」か「人」かの説は、一つには決めがたいということですから、その決着は、みなさんのディベート次第ということになります。

3　各説の理解とディベートの準備

ディベートを始める前に、A説・B説をしっかり理解しておきましょう。

(1)「奥山に」A・Bチームにわかれる

A説・B説の担当を決めます。教室の右半分に座っている人がA説、左側に座っている人がB説とします。

※A・Bがほぼ同数になるところでわける。一チーム二～四人程度。

(2)【個人ワーク】自分が担当する説について、その説の根拠と対立する説への反論を考える

資料をご覧ください。【A説資料】としてA1～A4を、【B説資料】としてB1～B4の各四点を載せています。各書名の後に編著者や成立時期、特徴などが書いてありますので、どういう性質のものかを理解したうえで文章を読んでください。解釈の難しそうなところには補助的な訳を添えてあります。先ほど確認した現代の注釈やAB両説併記の古注釈の内容も参考になりますので読み返すことをおすすめします。では、15分ほど時間を取りますので、各自で資料を読み、ワークシートの「❸資料から各資料の内容や出典を書き出し、説の根拠となりそうな部分を考えよう」の下に記入してください。先に自分の担当する説について記入してから対立する説について記入しましょう。

※担当する説の資料A1～A4とB1～B4を読み、その内容をまとめる。10～20分ほどを目安とするが、学生の様子によっては時間を延長してもよい。全員がすべて書き終えるまで待つ必要はなく、過半数の学生が書き終えていれば話し合いに入る。

(3)【グループワーク】チームで話し合い、理解を深める

一通り目をとおせたでしょうか。では、10分ほど時間をとりますので、チームに分かれて、それぞれの理解を共有し、各説の主張に対する理解を深めてください。共有できたら、何を根拠として説を主張するかを相談しましょう。時間があれば、対立する説の主張にも目配りしておきましょう。

※二～四人のチームに分け、10分ほど時間を確保する。学年が混在するクラスなら学年がばらけるようにするとよい。番号などを振ってランダムに分け、初めての人と話せる工夫をするとコミュニケーション力を磨ける。

ディベートの前に手順とルールを説明しておきます。限られた時間でおこないますので、授業用にアレンジした簡易的なものです。

4【講義】簡易ディベートの手順とポイントの解説

この授業のためにアレンジした簡易版ディベートの手順とポイントを説明します。

ディベートの手順は次の①～⑥の通りです。

①A説・B説の「立論」（各2分）……A説・B説の順で根拠に基づき意見を主張
②作戦会議1（2分）……相手方の論に対する反論を検討
③相手の主張への反論（各2分）……B説・A説の順で反論
④作戦会議2（2分）……最終弁論の準備

⑤最終弁論（各2分）……相手の意見をふまえて弁論。A説・B説の順はくじ引きで決定
⑥判定……投票により勝敗を決定

まず、①A説・B説の「立論」です。根拠に基づいて担当する説についての意見を主張します。各説の資料を読んで、根拠になる部分をしっかり押さえておいてください。それぞれの意見を2分ずつ主張した後は②作戦会議1です。相手方の主張を聞いて、それに対する反論や自分たちの担当する説について補強できるところがないか考えます。つづいて、③相手の説に対する反論です。2分ずつ述べます。相手の主張にあいまいな点、納得できない点、矛盾点などを指摘し、疑義を呈してください。相手の反論を聞いたら、それをふまえて、④作戦会議2です。指摘された意見に反論する、自分たちの説のもっとも強い部分を強調する、追加で説明する等、その場の状況に応じて作戦を練ってください。いよいよ⑤最終弁論です。A説・B説の順番はくじ引きなどで公平に決めてください。最後に⑥判定です。どちらのプレゼンテーションにより説得力があったかを基準に、クラスで投票して勝敗を決めます。

※クラスの人数が多い場合は、A説・B説を一チームずつ選ぶ。投票は、Google や Microsoft などのアンケートフォーム機能をつかう、紙を配付して提出させるなど、人数や環境に応じておこなう。

次に、自分たちの考えを主張するときのポイントについてお話しします。ポイントは次の四つです。

- 全員発言する
- 根拠に基づいて主張する
- 相手に敬意を払いつつ、相手の主張のあいまいな点・納得できない点を指摘する

・どちらが正しいかを判定するのではなく、プレゼンテーションに説得力のあったほうを評価する

今回のディベートの経験をとおして伸ばしたいのは、論理的に話す力です。話すのが苦手という人もいると思いますが、それも慣れの部分が大きいものです。授業は練習して成長する場なので、一つ目のポイントとして全員発言することをあげました。チーム全員が役割分担してディベートの場で話すことを心がけてください。二つ目は、根拠に基づいて主張することです。自分たちの考えが、何を根拠にしているかを常に意識しましょう。三つ目は、相手に敬意を払い、その意見をよく聞くことです。自分たちの説を主張するだけではなく、相手の主張のあいまいな点や納得できない点を指摘しましょう。四つ目は、投票に関連するポイントです。「奥山に」の歌は江戸時代から二説が存在し、どちらとも決めがたい歌なので、どちらが正しいかというより、根拠に基づき、より説得をもって話せているかという視点で評価を考えるようにしましょう。

ディベートをおこなうのははじめてという人も多いと思いますので、最初の各説の主張を練習してみましょう。これから5分測りますので、タイマーで2分設定して話す練習し、役割分担などを決めてください。はい、どうぞ。

※ディベートの練習。

やってみて、どうでしたか。時間が足りなかったり、途中で言うことがなくなってしまったりした場合は、話すことを整理したり、追加の内容を考えたりしておきましょう。

5【発表】ディベート

では、ディベートをおこないます。全員に練習してもらいましたが、時間の制約がありますので、今回は各説を代表して一チームに出てもらいます。進め方は4で説明した通りです。対戦一回につき、①A説・B説の立論（各2分）、②作戦会議1（2分）、③相手の説への反論（各2分）、④作戦会議2（2分）、⑤最終弁論（各2分）

で、20分です。準備はよいでしょうか。各説について根拠に基づいて意見を主張することを心がけてくださいね。

※一対戦20分。A説・B説を代表して一チームが対戦。代表チームは教員が机間巡視しながら充実したディベートができそうなチームを指名する。時間に余裕がある場合は、何回か対戦してもよい。

では、A説からはじめましょう（2分）。次にB説お願いします（2分）。

①最初の立論が終わりましたので、②一回目の作戦会議です。相手の説への反論を考えてください（2分）。

では、③相手への反論です。次はB説からお願いします（2分）。続いてA説です（2分）。

④二回目の作戦会議です。相手の反論をふまえ、最終弁論での主張を相談してください。

いよいよ⑤最終弁論です。くじ引きで決まったチームが最初です。ではどうぞ（2分）。

最後の弁論をどうぞ（2分）。

以上で論戦は終了です。両チームのみなさん、お疲れさまでした。

6　投票

(1)発表チーム以外の人は、A説・B説のどちらが勝ちかについて投票

みなさんは、どちらの説により納得したでしょうか。A説・B説のどちらかを選び、どのような点を評価したかも書いて提出しましょう。

(2)結果の集計と発表

※共有や集計が即座にできる点ではGoogleやMicrosoftなどのアンケートフォームを利用すると便利だが、紙を配付して記入するのでもよい。

(3)投票結果をふまえ、教員の講評を解説

資料をご覧ください。まずA説から説明していきます。A1『古今和歌集打聴《うちぎき》』は、賀茂真淵《かものまぶち》による『古今和歌集』

の注釈書です。秋が悲しいのは、いつでもそうだが、自分が落葉を踏み分けて鹿の声を聞いたときこそ、本当に秋の悲しさの極みなのであって、これを鹿の落葉を踏み分けると解釈するのはよくないと言っています。そして、「人」説の根拠を二つあげています。一つは、下句に「声聞く時ぞ」と言うのは人が聞くのだということです。もう一つは、「我踏み分けて」の意味として、『新撰万葉集』でこの歌が収められており、そこに添えられた漢詩に「勝地に尋ね来たりて遊宴する処、朋無く酒無く猶ほ冷たし」とあって人が訪ねているのだから、この歌は人が山路を踏み歩いたという意味なのだと述べています。第1回の「ちはやぶる」の解釈でも、賀茂真淵の『宇比《うひ》麻奈備《まなび》』は根拠を提示して論じることに長《た》けていました。この『古今和歌集打聴《うちぎき》』でも『新撰万葉集』を根拠としており、根拠を重視する真淵の姿勢は同じです。

賀茂真淵が「人」説の根拠とした漢詩は、資料のA2にあげてあります。菅原道真の『新撰万葉集』については、先ほど紹介した契沖によるA・B両説併記の注釈書『百人一首改観抄』でも言及されていました。『新撰万葉集』は『古今和歌集』の選歌材料とされた『寛平御時后宮歌合《かんぴょうのおおんときさいのみやうたあわせ》』や『是貞親王歌合《これさだのみこ》』の歌を中心とする二二八首を漢字で表記し、それぞれに七言絶句の漢詩を添えたものです。日本には文字がなかったため、『万葉集』の時代には漢字で日本語を表記しました。それを「万葉仮名」と言います。「奥山に」の歌も「奥山丹《オクヤマニ》　黄葉蹈別《モミヂフミワケ》　鳴麋之《ナクシカノ》　音聴時曾《コヱキクトキソ》　秋者金敷《アキハカナシキ》」とすべて漢字で書かれています。万葉仮名については「第5章　枕詞を作ってみよう!」で学びますから、ぜひそちらをご覧ください。『新撰万葉集』はその書名からもわかるように、平安時代の和歌を『万葉集』にならって漢字で書きあらわした集で、和歌の後には各歌の内容にあう漢詩が添えられています。そのため、賀茂真淵は、その漢詩の内容が和歌の意味をあらわしていると考えたのです。

A3は本章第1回でも取り上げた江戸時代前期の注釈書『百人一首師説抄《しせつしょう》』です。この歌の「秘説」として、「踏み分くる、と句を切りて見るなり」をあげ、その意味は「我紅葉を踏み分け、また鳴く鹿の声を聞く自分が秋が至りて悲しきとなり」ということだと言っています。第三句の「紅葉踏み分け」で歌が切れ、自分が紅葉を踏み分けるのだという解釈です。

Ａ４は藤原定家の歌集『拾遺愚草員外《しゅういぐそういんがい》』に載る歌です。『百人一首』の母体である「百人秀歌」を編纂した藤原定家が「奥山に」の歌を本歌取りしたもので、「秋山は紅葉踏み分けとふ人も声聞く鹿の音に泣きぬる」と詠んでいます。この歌に「紅葉を踏み分けとふ人も」とあることから、本歌の「奥山に」も紅葉を踏み分けて山を訪れたのは「人」が主語なのだろうと考えられます。ただ、本歌取りは、もとの歌をふまえつつ新しい世界を生み出す技法です。そう考えると、定家の歌で紅葉を踏み分けたのが「人」であったからといって、「奥山に」の歌の主語も同じ「人」と考えてよいかは議論の余地がありそうです。

次にＢ説について説明します。Ｂ１『百人一首三奥抄《さんおうしょう》』は江戸時代前期の歌人・下河辺長流《しもこうべちょうりゅう》（生年未詳〜一六八六）による『百人一首』の注釈書です。「鹿」説を主張するために、鹿の生態を詳しく説明しています。具体的に解釈しておきましょう。鹿は冬は山深く住むもので、春は若草が生えるときから野に出て、草むらで草を食べて夏を過ごし、秋の末になって草も枯れるころには、また木の実を食べようとして山の奥に入るものであり、秋山にいるときに木の葉が積もっているのを「踏み分くる」のだと言っています。鹿の生態から考えて、秋に鹿が木の葉をふみわけるのは自然だというわけです。

Ｂ２『宇比麻奈備』は本章第１回でも紹介しました。「ちはやぶる」歌の「水くくる」について「くくり染め」説の定着に大きな役割を果たした、賀茂真淵による百人一首注釈です。ここでは、ごくシンプルに、「踏み分け」は、鹿の踏み分けて鳴くと理解するのが、「歌のつづけ」つまり、歌ことばの続けかたが素直なのだと主張しています。

真淵のいう歌の続けかたが素直ということに関してより詳しく述べているのが、Ｂ３の江戸時代後期の歌人香《か》川景樹《がわかげき》による百人一首注釈『百首異見《いけん》』です。香川景樹は、人が踏み分けるというのなら、「奥山に」ではなく、

「奥山の」でなくてはならないと主張しました。そして「奥山に」であれば、「鹿」に掛かっていると考えて間違いないと断言しています。さらに、A説で賀茂真淵が根拠としてあげた『新撰万葉集』を意識しながら、「紅葉踏み分けなく鹿の」というのは山のなかで鹿を目の前に見ている様子で、「奥山」といい、「声聞くときぞ」というのは人が外から聞いている様子だと言います。となると、上句は山のなかで鹿を見ており、下句は山の外から鹿の声を聞いていることになり、これでは上句と下句の筋、つまり立場が違ってしまうので、『新撰万葉集』では鹿の声を聞く人が「踏み分くる」という解釈をしたのではないかと考えています。つまり、上句と下句の矛盾を解消するため「人」説が生まれたと推測することで、「人」説に反論しているわけです。

最後のB4は飛鳥井雅経《あすかいまさつね》（一一七〇～一二二一）の歌集『明日香井集』所収の歌です。飛鳥井雅経は藤原定家と同時代の歌人で、定家と同様、『新古今和歌集』の撰者でもあります。A説で定家の「奥山に」の本歌取り歌を紹介しましたが、ここにあげた「秋はただなほ奥山の夕まぐれ紅葉踏み分くる鹿の音も憂し」という歌も「奥山に」の歌の本歌取りです。雅経の歌は「秋はただ、やはり奥山の夕暮れに紅葉を踏み分ける鹿の声もつらい」という意味で、紅葉を踏み分けるのは「鹿」です。同時代の定家は「人」が紅葉を踏み分けると詠み、雅経は「鹿」が紅葉を踏み分けると詠んでいるのです。ここで気になるのが、A4の定家の歌の「紅葉踏み分けとふ人も」とB4の雅経の「紅葉踏み分くる鹿の音も」に共通する「も」の存在です。とくに定家の「紅葉踏み分けとふ人も」の「も」は、紅葉を踏みわける「人」以外のものが存在することを示します。ここではやはり、「鹿だけでなく人も」ということになるのではないでしょうか。つまり、紅葉を踏み分けるのは、人でもあり、鹿でもあったということを暗示すると考えられるのです。

今日は和歌の解釈に複数の説があり、解釈が一つに定まりきらない歌があることをディベートの形で体験してもらいました。最初に紹介したBの「鹿」説を採用している高田祐彦さんの注釈は『古今和歌集』の歌の例をあげ、「踏み分く」には人の訪問への期待と諦めを表す例があり、この歌も、初二句に人の訪問を連想させながら、それが鹿であったことによって一層孤独感が深まると書いています。

ここからさらに考えられるのは、この歌は「紅葉踏み分け」で人を想起させながら「鳴く鹿の」と続くことで、紅葉を踏み分けたのが、人なのか鹿なのか、その境目があいまいになっているということです。もしかすると、このように人間と自然、主体と客体が溶け合っていく感覚自体に、この歌の魅力があるのかもしれません。

7 ふりかえり

※ふりかえりシート配付。

最後にふりかえりです。ふりかえりは授業の経験を今後に活かすきっかけになるものですから、自分に向き合う気持ちで取り組みましょう。

(1) ふりかえりの内容をペアで話し合い

ふりかえりの内容を隣の人と2分ほどで共有してください。

(2) 全体で共有する

いま二人で話してもらいましたが、何人かに話してもらいたいと思います。

※指名して、ふりかえりを共有し、教員が適宜コメントする。時間がない場合はふりかえりシートの記入で終わりとし、次の時間によいものを紹介する。

今回は、和歌の解釈に揺れがあり、その解釈をめぐって現代まで研究が続いていることを学び、「奥山に」歌のディベートをとおして、その論戦に参加してもらいました。

次回は、和歌の多様性、AにもBにも解釈できるという特徴を活かして和歌占いに挑戦してみましょう。

▼授業の流れ

第3回　和歌占いをやってみよう

時間配分	講義・ワークの内容	配付物・準備するもの
5分	**1　導入** 授業のねらいを示し、和歌占いによって養われる力について説明する。	
10分	**2　【講義】和歌占いの概要と歴史**	
5分	**3　【講義】和歌解釈ワークシートの記入方法と占い例** 「みかの原」歌を題材にワークシートの記入例を説明する。	5 資料：和歌解釈ワークシート記入例
30分	**4　歌占解釈ワークシートの記入と共有** (1) ワークシートを配付し、自分の担当歌を確認 (2)【個人ワーク】ワークシートに、現代語訳、占いとしての解釈、プラス解釈、マイナス解釈を記入 (3)【ペア・グループワーク】記入したワークシートを見せ合い、意見交換して解釈を広げる	6 和歌解釈ワークシート
20分	**5　歌占の実践** (1)【個人ワーク】各自が占いたいことを決めて占いワークシートに記入	7 占いワークシート

	(2)【ペアワーク】占い師と客にわかれて占いあう	
10分	6　【個人ワーク】占いワークシート記入、和歌解釈ワークシート加筆・修正 占ってみた経験をふまえ、自分の担当した歌の和歌解釈ワークシートに加筆修正する。 ※和歌解釈ワークシートは最後に提出させ、全員分を集約して歌占集としてまとめ、後日配付する。時間が確保できるなら、歌占集を用いて占ってみるのもよい。	
10分	7　ふりかえり (1)歌占を経験して気づいたことをペアで話し合う (2)全体で共有する	

▼授業の詳細

1　導入

「和歌占い」を知っていますか？　和歌で結果が示される占いです。江戸時代までは和歌占いの本が何種類も出版されていました。今日は多様な解釈ができる和歌の特性を生かして、『百人一首』で和歌占いのテキストを作り、占いに挑戦してみましょう。和歌占いのコツは、質問にあわせて和歌を読み解くことです。そのためには、相手の話をよく聞き、それと和歌の内容をすりあわせていく必要があります。この経験をとおして和歌の理解が深まるだけでなく、人の話を聴いて理解する傾聴力やコミュニケーション力も養われますよ。占いを楽しみながら、一生役立つ力を伸ばしていきましょう。

2【講義】和歌占いの概要と歴史

和歌占いのテキストを作る前に、その歴史について簡単にお話しておきましょう。

神社のおみくじに和歌が書いてあるのを意識したことはありますか？　おみくじの歌は神さまからあなたへのお告げです。

和歌占いは「歌占《うたうら》」と言われ、本来、神のお告げを和歌で受け取り、それを願いや悩みにあわせて解釈するものでした。それが今の和歌みくじのルーツの一つです。現在のおみくじと異なるのは、神さまと人をつなぐ存在として、巫者《ふしゃ》、いわゆるシャーマンがいたことです。平安時代には、人の求めに応じて巫者が神がかりして神の歌を伝え、その意味を解釈していました。神のお告げの歌はその都度異なるものでしたが、後には歌占のための歌があらかじめ用意されるようになり、そこから一首を選ぶようになりました。くじ形式の歌占です。

室町時代につくられた謡曲「歌占」は、室町時代初期、能楽を大成した世阿弥《ぜあみ》の長男とされる観世元雅《かんぜもとまさ》（生年未詳〜一四三二）が作ったお能の台本です。歌占をおこなう男巫《おとこみこ》が主人公で、和歌の短冊が結ばれた弓を携えていました。占いをする人は一番はじめに手に触れた短冊を一枚選び、巫者がそこに書かれた和歌を解釈します。江戸時代に出版された伊勢神宮に参拝するための名所ガイド『伊勢参宮名所図会《いせさんぐうめいしょずえ》 巻之五』には、その様子が描かれています［図1］。歌占に弓を用いるのは、弓に神が宿ると考えられていたからです。

江戸時代になると、和歌の数が増え、歌占が本として出版されるようになりました。『百人一首』の流行を受けて、『百人一首』の歌占も作られました。その一つに『百人一首倭歌占《やまとうたうら》』（一八四三〈天保一四〉年刊）という本があります。その占いの方法は当時流行していた易の八卦《はっけ》占いに『百人一首』をあてはめたものでした。「当たるも八卦、当たらぬも八卦」ということわざがあるように、「八卦」は易占いの根幹となる八つのシンボルで、昔の占いの代表といえるものです。今日は八卦はひとまず置いて、これまで学んできた多様な解釈が可能な和歌の特徴を活かして『百人一

図1　歌占の図
（『伊勢参宮名所図会 巻之五』1797〈寛政9〉年刊、国立国会図書館デジタルコレクション）

首』で歌占をつくってみましょう。

3 【講義】和歌解釈ワークシートの記入方法と占い例

いきなり『百人一首』で占いをと言われても戸惑うと思いますので、まず例をお見せします。

※ 5資料：和歌解釈ワークシート記入例を配付。

いま配付した和歌解釈ワークシート記入例を見てください。たとえば、歌占で次の歌を引いたとしましょう。

> **みかの原わきて流るる泉川いつ見きとてか恋しかるらむ**
> （みかの原を分けて、湧きかえり流れる泉川、その名に「いつみ」とあるように、いつ見たというので、こんなにも恋しいのだろうか。）

紫式部の曽祖父、藤原兼輔《ふじわらのかねすけ》の歌です。上句の「みかの原わきて流るる泉川」は「いつ見」を引き出す序詞です。「泉」と「いつ見」で「いつみ」という音が共通し、泉のように湧き出して流れる川の水の様子に相手を思ってあふれ出す気持ちが重ねられています。「いつ見き」の「見」は、まったく見たことがないのか、ちらっと見たことがあるのか、一度は逢って結ばれたことがあるのかなど、「見」の意味をめぐって解釈がわかれています。

次に、この歌を例に、後で配付する6和歌解釈ワークシートの記入方法を説明します。記入例には、あらかじめ和歌と現代語訳が記入してありますので、まずは、それをよく読んで内容を理解してください。和歌の下に「担当占い師（署名）」とありますね。ここに、自分の占い師名を記入します。これからのワークは、ここに書いた名前でおこないますから好きな名前をつけてください。

次に、同じく下段の「★キーワードと連想」を記入してみましょう。キーワードは和歌から重要だと思うことばや表現を抜き出します。たとえば、初句の「みかの原」は山城国の歌枕で、現在の京都府木津川市を流れる木津川北岸を指します。奈良時代、聖武天皇のときに恭仁京《くにきょう》が置かれた場所です。漢字では「瓶の原」と書きます。都があったということから「大切な場所」「中心地」というイメージが湧いてきますし、「瓶」の字を当てることから瓶や入れ物の連想もできますね。言葉の意味や関連事項を調べるときは、辞書などを大いに活用してください。

次に「わきて流るる」からは、分ける、湧き出る、流れる、勢い、フレッシュさといったものが連想できるでしょう。「泉川」は泉とありますから、清らかさや癒やしのイメージでしょうか。下の句の「いつ見きとてか」の「いつ」からは時間や記憶、「見き」からは面影や逢瀬、親しさ、目撃、思い出、「いつ〜か」は疑問ですから、あいまいで夢や妄想のような連想もできるでしょう。五句目の「恋しかるらむ」は、恋の気持ちはもちろん、現在推量・原

5資料：和歌解釈ワークシート記入例

記入例　**和歌と現代語訳**

27 みかの原わきて流るる泉川いつ見きとてか恋ひしかるらむ

（みか瓶の原を分けて、わきかえり流れる泉川の、その名に「いつみ」とあるように、いつ見たというので、こんなに恋しいのだろうか。）

○プラス解釈

思いが募ってあふれ出るように勢いがある。
自分の気持ちを信じて行動してみるとよい。

●マイナス解釈

心の中で現実味のない想像をしている。
根拠のない妄想がふくらんでいる。

担当占い師（署名）　いちこ

★キーワードと連想

・みかの原……瓶、容器、都（奈良時代に恭仁京があった地）、大切な場所
・わきて流るる……分ける、湧き出る、水、勢い、フレッシュ、別れ
・泉川……泉、清らかさ、癒やし
・いつ見きとてか……時間、記憶、妄想、面影、あいまい、逢瀬、親しさ、姿を見る、目にする、思い出、夢
・恋しかるらん ……疑問、推測、原因、恋心、切実さ、理解不能、自問自答

☆恋愛・学問・金銭・仕事・旅行などの運勢（　　）内に自由に記入。

・（　恋愛　）運
相手への思いが高まりやすい状態。二人の距離を縮めるためにはどうしたらよいかと現実的に考えてアプローチしよう。感情を素直にあらわすと吉。

・（　学問　）運
モチベーションが大切。具体的な計画を立てて実行すると目標が達成できる。

因推量の「らむ」が使われていますから、疑問や推測、原因、自問自答、理解不能などが引き出せます。歌占のポイントは歌のキーワードから連想を広げて解釈を考えることです。発想を生かして思いつくかぎり書き出しておきましょう。

次に、和歌全体の意味から、記入例上段の前向きな「プラス解釈」と要注意の「マイナス解釈」を考えます。この歌の場合、泉川から清らかな水があふれて流れているわけですから、プラス解釈は「思いが募ってあふれ出るように勢いがある」ということになりますし、純粋な恋心を生かすなら「自分の気持ちを信じて行動してみるとよい」というのもあげられそうです。マイナス解釈としては、自分の思いが勝手に湧き出て見も知らずの人を好きになっているという内容から、「心のなかで現実味のない想像をしている」「根拠のない妄想がふくらんでいる」といった解釈ができるでしょう。

最後に記入例下段左側の「★恋愛・学問・金銭・仕事・旅行などの運勢」を記入してみましょう。（　）運の（　）内は自由に決めてかまいません。おみくじにも願望や病気、旅行などの項目ごとの運勢が書いてありますよね。それをヒントにするとよいでしょう。「〜すると吉」などとすると、占いの文章らしくなります。

たとえば、この歌はあふれる恋心を詠んだものですから、恋愛運であれば「相手への思いが高まりやすい状態。二人の距離を縮めるためにはどうしたらよいかと現実的に考えてアプローチしよう。感情を素直にあらわすと吉」のように書けます。学問運では、プラス解釈のあふれる思いとマイナス解釈の勝手な妄想にならないようにという点をふまえて「モチベーションが大切。具体的な計画を立てて実行すると目標が達成できる」のように書けるでしょう。

ワークシートが記入できたら、次は占いです。何か占いたいことはありませんか。「今年の恋愛運を教えてください」「将来幸せになれますか」といった漠然としたものをあげがちなのですが、具体的な質問のほうが和歌からメッセージを引き出しやすくなります。

たとえば、大学生の就職活動が年々早くなっていて、一、二年生のうちからインターンに行く人も増えています。活動が本格化すると、いつ内定をもらえるのかが気になるところでしょう。しかも、就職活動の進捗は友だちには相談しにくいという声をよく聞きます。そんな状況をふまえて、「一ヶ月以内に内定が出るかどうか」で歌占を引いたとしましょう。解釈するといっても、相手の状況を知らないと適切な解釈ができませんから、お客さんがどういう状況かを確認することも大事です。状況を把握し、お悩みについて対話しながら、和歌の解釈を深めていくのも歌占のコツです。相手のことを尋ねたり、状況に合わせて和歌を解釈したりすることは、質問力やコミュニケーション力、理解力を鍛える経験にもなります。

たとえば、まだ一つも内定が出ていない場合、「いつ見きとてか恋しかるらん」は、いつ、誰とという特定の相手がいるわけではないのに、とにかく内定したいという気持ちが先行していることを示しているのかもしれません。そうだとしたら、どこでもいいから内定がほしいと思って手当たり次第にエントリーするのではなく、ここで働きたいという気持ちがあふれだすくらい、その企業について知るのが先決ではないでしょうか。企業研究をしないで、やみくもに受けているだけではよい結果は期待できません。このようにアドバイスできると思います。

もしすでに内定をもらった企業があるけれど、第一志望の企業が他にあるという場合は、泉川から流れ出す水が歌に詠まれていることから、その企業で働くことに対する純粋な気持ちを前面に出してアプローチしてみてはどうか、というアドバイスができます。その際、企業に対する想いが強すぎるあまり、自分本位にならないように気をつけたほうがよいという注意喚起もできるでしょう。

※可能であれば占い師役とお客さん役にわかれてロールプレイをしてみせるとわかりやすい。その場合、占い師役は教員、お客さん役は希望者を募るか人前で話すことが得意そうな学生を指名するなどする。

4　和歌解釈ワークシートの記入と共有

(1) ワークシートを配付し、自分の担当歌を確認

※ ❻和歌解釈ワークシート配付。

先ほどの説明で歌占についてイメージできましたか。今回の授業のために、一〇〇首のなかでも多様な質問に対応しやすい占い向きの和歌を選びました。和歌解釈ワークシートには次にあげる五首のうち、どれかが書いてあります。これから配付するワークシートに記載された歌があなたの担当です。占い用の歌は作者から離れて歌の表現や意味内容から占うのが基本ですので、作者の情報はひとまず脇に置いて大丈夫です。歌占に慣れてきたら、作者の情報から解釈を広げてみるのもよいと思います。

占い用に選んだ五首と現代語訳・作者をあげておきます。歌の前にある番号は『百人一首』の歌番号です。

11　わたの原八十島《やそしま》かけて漕ぎ出《い》でぬと人には告げよ海人の釣舟（参議篁／小野篁）
（ひろびろした海原に、数多くの島々へめがけて舟を漕ぎ出してしまったと、人には告げてくれ、海人の釣り舟よ。）

14　陸奥《みちのく》のしのぶもぢずり誰ゆゑに乱れそめにし我ならなくに（河原左大臣／源融）
（陸奥のしのぶもじずりの乱れ模様のように、私の心は乱れている。いったい誰のために乱れはじめたのだろう。私のせいではないのに。）

15　君がため春の野に出《い》でて若菜つむわが衣手《ころもで》に雪は降りつつ（光孝天皇）
（あなたのために春の野に出て若菜を摘んでいる私の袖に、雪が降りかかっている。）

23　月見れば千々にものこそ悲しけれわが身ひとつの秋にはあらねど（大江千里）
（月を見ると、様々にものごとが悲しく思われる。わたし一人のための秋ではないのだけれど。）

33　ひさかたの光のどけき春の日にしづ心なく花の散るらむ（紀友則）
（光のどかな春の日に、なぜ落ち着いた心もなく花が散るのだろう。）

(2)【個人ワーク】ワークシートに、現代語訳、占いとしての解釈、プラス解釈、マイナス解釈を記入

「みかの原」の例を参考に、自分の和歌解釈ワークシートを記入してみましょう。10分ほどとりますので、必要に応じて辞書やインターネットを調べながら、歌のことばや内容から連想を広げて記入してください。

※❻和歌解釈ワークシート記入。

(3)【ペア・グループワーク】記入したワークシートを見せ合い、意見交換して解釈を広げる

記入できましたか。思いつかないところがあった人もいるかもしれませんが、これから隣の人とワークシートを見せ合ってアイデアを交換しますから、それを聞いたあとで加筆できると思います。では、隣にいる人とペアになり、記入済のワークシートを交換してください。書いたものを読んで思いついたことをメモしましょう。

そろそろ書けましたか。では、交換していたワークシートを戻しましょう。これから5分ほどの時間をとります。まず、自分のワークシートの内容を2分ほどで説明しましょう。ペアの人はその説明を聞いて、付け加えられそうな解釈を共有したり、わかりにくかったことを質問したりしてください。意見交換してワークシートの内容を充実させましょう。では、右側に座っている人から自分のワークシートに書いた内容の説明をはじめてください。

次に左側の人が説明する番です。5分とります。

お互いの意見を聞いて加筆が終わったら、和歌解釈ワークシートの作成はいったんここまでです。

5　歌占の実践

では、いよいよ歌占の実践です。占い師と客になって歌占をやってみます。

(1)【個人ワーク】各自が占いたいことを決めて占いワークシートに記入

※ 7占いワークシート配付。

まず、占いワークシートの「質問者名」の欄に和歌解釈ワークシートに書いた名前を記入してください。どんな名前で呼ばれるか、どんな名前を名乗るかで人との距離感は変わります。下の名前やニックネームだと親しみやすくなりますし、占い師を意識して「綺羅《きら》」のように神秘的な名前もいいですね。ちなみに、私が占いをするときは「いちこ」と名乗っています。「いちこ」は青森の恐山で降霊をおこなうイタコの語源とも言われますが、歌占の巫女も名前に「壱」や「市」がつくことが多く、それにちなんだものです。「いちこ」という名前を付けると、自分が歌占の巫女になった気がします。占いのときに気分が盛り上がる名前を書いてくださいね。

名前が書けたら占いワークシートの「【1】（質問者記入）占ってもらいたいことをできるだけ具体的に質問のかたちで書いてください」の欄に、占いで知りたいことを書きましょう。たとえば、「カフェのアルバイトで苦

7占いワークシート　　占い師名

【1】（質問者記入）占ってもらいたいことをできるだけ具体的に質問のかたちで書いてください。

【2】（占い師記入）結果の歌と現代語訳を記入してください。

【3】（占い師記入）【2】の歌を解釈して【1】の質問にアドバイスしてください。

【4】（質問者記入）自分自身に向き合いながら【2】の歌を解釈してください。

【5】（質問者記入）歌占を体験してみて、どうでしたか。気づいたことを書いてください。

手な同僚がいて憂鬱です。どうしたらうまくやっていけますか」や「サークルで気になっている先輩と付き合えるでしょうか」というように、具体的なほうが和歌を読み解くときに充実した内容になります。できれば具体的な質問をおすすめしますが、とくに思いつかないときは、「いまの自分にふさわしいメッセージやアドバイスをお願いします」としておきましょう。では、質問を記入してください。5分ほど時間を取ります。

※ 7占いワークシート【1】の質問を記入。記入時間は学生の様子を見ながら調整する。

(2)【ペアワーク】占い師と客にわかれて占いあう

先ほどのペアとは意見交換をしていますから、占いでは違う人とペアになりましょう。今のペアで右側に座っている人はそのまま着席し、左側の人は他の席に移動してください。

※ペアを変える。席を前方か後方に一つ移動する程度にするとスムーズにおこなえる。

新しいペアが作れましたか。では、さきほど決めた名前で自己紹介してください。名前の由来なども話してみましょう。

※2分ほどで自己紹介。

自己紹介が終わったら占いです。お互いがそれぞれ相手の占い師でありお客さんです。

まず、占いワークシートを交換しましょう。交換したら相手のワークシートの「【2】（占い師記入）結果の歌と現代語訳を記入してください」の欄に、自分が作成した和歌解釈ワークシートの歌と現代語訳を記入します。それがお客さん役の人にとって、自分が引いた結果の歌ということになります。もしかしたら、同じ歌の人同士がペアになることがあるかもしれません。その場合も各自の悩みは異なりますから、それぞれの悩みに合わせて歌を解釈してみましょう。

続いて和歌解釈ワークシートを参考にしながら「【3】（占い師記入）【2】の歌を解釈して【1】の質問にア

ドバイスしてください」の欄を記入してください。和歌の内容を質問にどう関連づけるかがポイントです。質問と和歌を何度も読んで考えてみましょう。5分ほど時間を取ります。

※7占いワークシート【2】【3】記入。参加者の様子を見て時間を調整。

占いワークシートが記入できたら、ペアの相手に占いの解釈を説明します。では、まず右側の人が占い師として、和歌を解釈しながら相手の質問にアドバイスしてください。占い師役の人は一方的に解釈を伝えるだけでなく、相手の状況を知るために質問をはさみ、和歌をとおして対話を楽しんでくださいね。占い師とお客さんの間に和歌というクッションがあることで、質問に対してお互いほどよい距離感で話せると思います。5分経ったら、役割を交代しましょう。

6【個人ワーク】占いワークシート記入、和歌解釈ワークシート加筆・修正

占ってみて、どうでしたか。対話をとおして、新たに気がついたこともあったのではないでしょうか。自分の占いワークシートの「【4】（質問者記入）自分自身に向き合いながら【2】の歌を解釈してください」を記入しましょう。占い師の解釈に納得した人もいると思いますが、自分の悩みに対して、自分だったらこう解釈すると思った人もいるでしょう。自分を取り巻く状況をわかっているのは、なにより自分だと思います。自分の置かれた状況をふまえて和歌を解釈するとどうなるでしょうか。自分に向き合う気持ちで和歌を解釈してみてくださいね。結果的に【3】の占い師の解釈と近くなるようでしたら、それでかまいませんし、違う切り口からの解釈ができそうなら、それを書いておきましょう。

それが書けたら、「【5】（質問者記入）歌占を体験してみて、どうでしたか。気づいたことを書いてください」を記入します。

さらに、自分の和歌解釈ワークシートを見直して、加筆修正してみましょう。おそらく、実際に占ってみると、

もっと書きたいところや調整したいところが出てくると思います。この歌占解釈ワークシートは授業後に提出してもらいます。みなさんのシートをまとめて特製の「百人一首歌占集」として後日お渡ししますので、ぜひ内容を充実させてください。

※ワークシートの記入時間は参加者の状況に応じて調整する。

※**6**和歌解釈ワークシートは全員分を集め、後日、歌占集として配付するとよい。時間が確保できれば、その歌占集をもちいて占ってみるもよい。

7 ふりかえり

最後にふりかえりです。

※時間がなければ**7**占いワークシートを授業後に回収し、翌週、ふりかえりの内容を共有する。

(1)歌占を経験して気づいたことをペアで話し合う

占いワークシート【5】に歌占を経験して気づいたことを書きましたね。その内容についてペアの人と話してください。時間は3分です。

※ペアで気づきを共有。

(2)全体で共有する

では、全体で共有しましょう。気づいたことを全体で話してくださるかたいませんか。

※挙手を待つ、あるいは何人かに指名。教員は発言をふまえて適宜コメントする。

今までただの文字でしかなかった歌が自分のなかで立体的になったと感じた人もいるのではないでしょうか。これは歌占をとおして、和歌が自分にとって生きた存在になったということです。授業で和歌を解釈するというと、その意味内容や技法などが重視され、唯一の正解があると思っていた人も多いだろうと思います。でも歌占の歌は違います。一つの歌に対して質問の数だけ解釈が生まれ、受け取った人それぞれのなかで意味をもちます。たとえ『百人一首』のように昔のすごい歌人が詠んだ名歌であっても、歌占の歌として解釈するときは、これからを導くメッセージを示す、自分のための歌なのです。だからこそ、特別な歌になり、立体的なものとして迫ってくるのでしょう。

占いの時間は一人たった5分でしたが、みなさんの顔が心なしか明るくなったように見えます。歌をとおして自分の心の一部を相手にひらいたことで、新しい気づきがあったのではないでしょうか。和歌を介して自分について話したり、相手のことを知ったりするのが楽しいと思ってもらえたら、今回の占い体験は大成功です。話す力やコミュニケーション力も自然に高まっていると思います。

後日、和歌解釈ワークシートをまとめた歌占集を配付しますので、それを使って友だちや家族を占ってみるのもおすすめです。和歌占いをとおして日常で和歌を活用してもらえたらうれしく思います。

▼本単元の意義——参加者の声をとおして

第1回では「ちはやぶる」歌で時代による解釈の変遷を知り、第2回は「奥山に」歌をめぐる二説でディベートをおこない、第3回は解釈に幅のある和歌の特性を生かして歌占に挑戦した。これらの全三回で、『百人一首』を題材として和歌解釈の多様性を実践的に学んだわけである。

以下、ワークショップ参加者の声を紹介しながら、この授業から期待される学びの成果をまとめておきたい。

全三回をとおして、ペアやグループで話し合う時間を随所に設けた。これに関連して「一人で思いつかなかったことが、他人と話すことで見つかって共有する大切さを感じ」たという声があった。ディベートでは「人にわかりやすく伝える技術が自分にない」、「人を説得させるための根拠を説明するのは難しい」といった意見も見られた。自分の考えを言語化することの難しさを経験することは、もっと説得力のある説明できるようになりたいというモチベーションにもつながってくる。

根拠に基づいて議論するディベートと和歌を自在に解釈する歌占は対照的な活動だが、「根拠をもとに解釈することも、自由な発想で考えることも楽しかった」という声が示すように、論理的な思考と創造的な発想の両方を体験することが、和歌について多角的に理解するきっかけになったともいえよう。

歌占の活動では、一人で解釈を考えた後、ペアで話しながらアイデアを追加したが、これについては「一人で考えることでアイデアは生まれるが、それにとどまらず、他者とシェアしていくことで和歌は深まり生きていくことを学んだ」という声があった。協働することで思考が深まる経験をしたことがうかがえる。一方で、「誰かと共同で解釈するという経験自体がまれだったので、他者の意見を自分の解釈に取り入れていく」のが大変だったという意見もあり、共同で考えを深めるという新たな経験は参加者にとって容易ではないものの、その分やりがいのあるものであったようだ。「一つのことばの後ろにたくさんのイメージがあって、場面や占い相手の悩みによって、自在にそのイメージを引っ張り出して解釈に使えるのがおもしろい」という意見もあった。これは和歌の背後に多様なイメージが広がっていることを参加者が感じ取ったことを示すものだろう。

本単元が目指す和歌解釈の多様性の理解については、「いろんな解釈ができるからこそ、和歌はおもしろい。一つの正解を出さないのもおもしろい」という声が象徴的である。さらに、「ただ覚えるのではなく自分で正解のない課題に取り組むことで、真の学びとなり、知識を自分のものとして活用できる」という声もあり、本単元が正解のない課題に対して知識を活用して取り組む経験になったことがうかがえる。

歌占では、自分のための歌が心に響いたようで、「歌には人の心を動かす「力」がある」「文学は人の心を救う」という声も寄せられた。これらは、『古今和歌集』仮名序冒頭に書かれる和歌の機能、つまり「力をも入れずして天地《あめつち》を動かし、目に見えぬ鬼神《おにがみ》をもあはれと思はせ、男女のなかをもやはらげ、猛《たけ》き武士《もののふ》の心をもなぐさむるは歌なり（力を入れずに天地を動かし、目に見えない心霊を感動させ、男女の仲を打ち解けさせ、勇猛な武士の心を慰めるのが歌である）」にも通じている。歌占をとおして和歌に心を動かされた経験は、相手の状況を思いやる想像力や新しい物語を生み出す創造力を鍛える機会にもなるのではないだろうか。「古典が苦手な人にも和歌の楽しさが伝わるワーク」であり、「古典が苦手な自分にとって、他の参加者の意見を聞きながら考えを深めていくことができて、無理なく楽しく参加できた」という声もあった。ぜひ授業で試してほしい。

▼もっと知りたい・学びたい人のために

◆百人一首

・有吉保『百人一首全訳注』（講談社学術文庫　一九八三）江戸時代までの主要な注釈の説を紹介。

・鈴木日出男『百人一首』（ちくま文庫　一九九〇）訳・文法解説が的確。

・島津忠夫訳注『新版　百人一首』（角川ソフィア文庫　二〇〇一）定家がどう解釈・鑑賞したかの視点で解説。

・谷知子編『百人一首解剖図鑑』（エクスナレッジ　二〇二〇）絵や図、地図が多く、歌の内容、人物像や時代背景、人間関係や文化まで詳しく解説。

・渡邉裕美子監修『イラストで楽しくわかる　ときめく百人一首図鑑』（ナツメ社　二〇二四）歌の背景、時代状況、作者の人物像、関連人物から百人一首の最新研究まで反映した入門書。

・田渕句美子『百人一首――編纂がひらく小宇宙』（岩波新書　二〇二四）百人一首がどう編纂されたかについて最新の説を提示。

・ピーター・J・マクラミン『謎とき百人一首：和歌から見える日本文化のふしぎ』（新潮選書　二〇二四）歌の

英訳付きで英語と日本語の違いを意識できる。「奥山に」歌の主語の問題をはじめ、疑問形式で興味を喚起する。

◆**歌占**

・平野多恵『歌占カード　猫づくし』（夜間飛行　二〇一六）江戸時代までの歌占をカードで体験できる。

・渡部泰明・平野多恵・出口智之・田中洋美・仲島ひとみ『国語をめぐる冒険』（岩波ジュニア新書　二〇二一）第2章「第二章　言葉で心を知る」で百人一首を和歌占いとして読む方法を説明。

・平野多恵『くずし字がわかる　あべのせいめい歌占』（柏書房　二〇二四）江戸時代の和歌占い本『せいめい歌占』を書籍化。和歌占いを楽しみながら、くずし字が読めるようになる。

・平野多恵監修『カードで引く千年和歌みくじ』（KADOKAWA　二〇二四）武蔵野坐令和神社（埼玉県所沢市）のオリジナル和歌みくじ六四首のカード版。解説小冊子付。

（平野多恵）

文学の力

私たちは基本的に言葉によって、他者に何かしらの意味を伝えています。しかし一方で、言葉というものは非常にゆらぎの大きい曖昧なものです。第7章で見る通り、同じ言葉でもお互いが属する環境の相違によって、生じる意味は変わってしまいます。同じ意味でも、文脈によってはニュアンスが変わります。「元気なお子さんねえ」という発言は、賞賛の場合もあれば皮肉の場合もあるでしょう。

意味とニュアンスが同じでも、発言の意図と結果がずれてしまう場合もあります。『宇治拾遺物語《うじしゅういものがたり》』「稚児《ちご》の空寝《そらね》」では、夜食を楽しみにしていた稚児が、その気持ちを見透かされては恥ずかしいと、寝たふりをします。そこにかけられた「な起こしたてまつりそ」という言葉は、やさしい気遣いからのものでしたが、内心、起こして欲しい稚児にとっては余計なお世話でした。「食い違いの呼び起こすおかしみ」（森正人「宇治拾遺物語の発見した笑い」『日本文学』二〇二四年一二月号）が、この話の肝だったわけです。

このように、言葉はその意味を本質的には決定できません。もしもこれがプログラミング言語なら、使い物にならないでしょう。ですが、文学ならどうでしょうか。たとえば十代の頃に読んでいた小説を、大人になってから読み返してみると、まったく違う感想になることは珍しくありません。読み手の人間的な成長・変化にともない文脈が変わったことによって、別の解釈が引き出されたわけです。

古典を読む楽しさも、実は同じでしょう。『源氏物語』も『徒然草』も、これまで何千何万もの人に読まれてきました。時代が変わるたびに新たな文脈に置かれて、それまでにない新しい読みが、そしてその読みに基づく新たな二次創作が生まれてきました。言葉によってつむがれた文学もまた、本質的に多義的なものだからです。

第1章の、夜露がわからない女への理解のように、誰かが読みを一つに固定してしまうのならば、もはや読み直す必要はないに違いありません。なぜならそこには自由がなく、遊びがなく、ゆえにおもしろくないからです。文学の力とは、かかる文学の豊饒さのことではないでしょうか。

（中野貴文）

時代：中世・近世文学

第3章

『徒然草』のパロディを作ってみよう！

――古典の論理で現代を捉え直す

▼ねらい

この単元では『徒然草』とそのパロディ作品である『吉原徒然草』を読み比べ、パロディがどのように作られているかを理解し、それをふまえて『徒然草』のパロディ創作に取り組む。

『徒然草』のパロディ作品は複数あるが、江戸時代に作られた『吉原徒然草』は『徒然草』のすべての章段をたくみにもじっている点で他の作品と一線を画す。グループワークでは、『徒然草』のいくつかの章段とそれぞれに対応する『吉原徒然草』の章段とを丹念に比較し、わかったことを互いに伝え合いながら、パロディの技法について理解を深める。

『徒然草』のパロディ創作では、参加者の身の回りにあるものや現代の現象を題材とし、「当世徒然草《いまようつれづれぐさ》」と題して現代版の『徒然草』を作る。テーマの設定、題材の選択、文章の創作を共同で行うことを通じて、コミュニケーション力や創造力、表現力を養う。

パロディを作ることが単に言葉を置き換えてゆく作業ではなく、『徒然草』の論理を借りて現代の事象を捉え直す行為であることを実践的に理解する。

▼授業構成（90分×2回）

第1回　パロディの技法を知ろう

『徒然草』と『吉原徒然草』を読み比べ、『吉原徒然草』のパロディの技法について理解する。

第2回　「当世徒然草」を創作しよう

『徒然草』一三七段のパロディ作品「当世徒然草」を創作する。

▼実施環境

人数

・一六〜四〇人程度（四、五人で一グループを構成）

パソコン・ネット環境

・パソコン、プロジェクター、スクリーンが用意できる場合は、「当世徒然草」のプレゼンテーション時に利用する（必須ではない）。

・インターネットへの接続ができる場合は、創作時にオンライン上で共同作業できるスライドを利用する（必須ではない）。

教室

・グループワークに適した可動式の机と椅子のある教室。

第3章

授業の流れ

第1回　パロディの技法を知ろう

時間配分	講義・ワークの内容	配付物・準備するもの
5分	**1　導入** 本単元のねらいと全体の流れ、第1回の流れを説明する。	
10分	**2　【講義】江戸時代における『徒然草』の受容** (1)「正徹本《しょうてつぼん》」を紹介する。兼好に関する研究成果を紹介する (2)江戸時代の『徒然草』注釈書とパロディ作品について紹介する	
15分	**3　【講義】『吉原徒然草』の解説** (1)『吉原徒然草』の概要と作者について説明する (2)『徒然草』序段と『吉原徒然草』一段を比較し、古典の世界を当世の俗な世界に転換していることを説明する	
50分	**4　『徒然草』と『吉原徒然草』の読み比べ** (1)参加者を四つのグループにわける 『徒然草』と『吉原徒然草』の対応する章段を組み合わせた「章段セット」A~Dを用意し、一つのグループに一種類のセットを割り当てる。 資料：章段セットA~D： A　『徒然草』五一段（亀山殿の御池に……）・『吉原徒然草』五二段（奥大名の子小姓に……）	❶資料：章段セットA~D ❷ワークシート：比較シート

B 『徒然草』五二段（仁和寺にある法師……）・『吉原徒然草』五三段（赤坂にあるおやぢ……）

C 『徒然草』九二段（ある人、弓射ることを……）・『吉原徒然草』九三段（ある女、定まれる夫を……）

D 『徒然草』二四三段（八つになりし年……）・『吉原徒然草』下巻一一五段（八つになりし年……）

(2)**【個人ワーク】**

割り当てられた章段セットを読解する。ワークシートに『徒然草』『吉原徒然草』の対応する箇所を書き出し、『吉原徒然草』の工夫について記入する。

(3)**【グループワーク】**

個人ワークの成果をグループ内で共有する。

(4)グループを組み替える。A～Dのそれぞれを担当した人が必ず一人以上入るようにして、新たなグループを作る

(5)**【グループワーク】**

①『徒然草』と『吉原徒然草』を読み比べてわかったことを一人ずつ話す。

②A～Dの『吉原徒然草』の章段におけるパロディのあり方について全員で話し合う。

10分

5 【発表】『吉原徒然草』のパロディの工夫

『吉原徒然草』ではパロディを作る上でどのような工夫がなされているか、各グループの代表者が発表する。

▼授業の詳細

1 導入

※参加者をグループ（一グループ四、五人）にわけた状態で授業を開始すると、この後の「4 『徒然草』と『吉原徒然草』の読み比べ」をスムーズに始められる。

この単元では、『徒然草』と江戸時代に作られたパロディ作品である『吉原徒然草』を読み比べて、パロディをおもしろく作るこつを学びます。それをふまえて、現代版の『徒然草』を作ります。名付けて「当世徒然草」。「当世」は「今」という意味です。

今日は第1回です。今日のゴールは、『徒然草』と『吉原徒然草』の章段を比べて、『吉原徒然草』ではパロディを作るうえでどのような工夫がなされているかを把握することです。ワークに入る前に、まずは、そもそも『徒然草』とはどんな作品で、江戸時代にはどのように読まれていたのか、簡単におさえておきましょう。

2【講義】江戸時代における『徒然草』の受容

(1)「正徹本《しょうてつぼん》」を紹介する。兼好に関する研究成果を紹介する

『徒然草』は鎌倉時代の末期、一四世紀の前半の成立と推定されています。著者の兼好自身の手になる『徒然草』は残っておらず、現存する『徒然草』は兼好の自筆本を書き写した本です。それらのなかでもっとも古いものの一つが「正徹本」と呼ばれる写本です。正徹本の筆者である正徹は、室町時代の歌人で、『徒然草』の他にもさまざまな古典籍を書写した人物として知られています。正徹本には一四三一（永享四）年に記されたことがわかる奥書《おくがき》（本の最後に書かれている文章で、その本の成立事情や書き写された年代などが示されている）があります。これは、兼好の自筆の本が成立したと推定されている時代から約一〇〇年後にあたります。

著者の兼好は、「吉田兼好」と呼ばれることがありますが、出家する前の兼好の苗字は「卜部《うらべ》」であり、「吉田」ではありません。苗字が「吉田」であるとするのは、室町時代に作られた説です。これについては、研究者の小川剛生氏が『兼好法師　徒然草に記されなかった真実』（中公新書、二〇一七年）のなかで詳しく述べています。

(2) 江戸時代の『徒然草』注釈書とパロディ作品について紹介する

江戸時代になると、印刷の技術が普及し、『徒然草』をはじめとする古典文学の注釈書が出版されるようになりました。古典文学が民間に流布し、教養として浸透したことは、古典のパロディ作品が生み出される土壌となっていきます。『徒然草』も、秦宗巴《はたそうは》による『寿命院抄《じゅみょういんしょう》』をはじめとして、多くの注釈書が作られました。

※江戸時代における『徒然草』の読まれ方については、川平敏文『徒然草　無常を超えた魅力』（中公新書、二〇二〇年）に詳しく述べられていることを紹介する。

さて、江戸時代に作られた『徒然草』のパロディには、一七世紀に出版された『犬《いぬ》つれづれ』や『新吉原常々《つねづね》草《ぐさ》』といった作品があります。『吉原徒然草』はこれらより少し後の、一七〇四年から一七一六年頃に成立した作品です。

ちなみに、他の古典文学のパロディ作品としては、『枕草子』のパロディである『尤之双紙《もっとものそうし》』や『犬枕《いぬまくら》』、『伊勢物語』の全章段をもじった『仁勢物語《にせものがたり》』などがあります。『古今和歌集』を模倣した作品には、狂歌集の『吾《ご》吟我集《ぎんわがしゅう》』があります。『吾吟我集』という題名からして、『古今和歌集』のもじりになっています。

3【講義】『吉原徒然草』の解説

(1)『吉原徒然草』の概要と作者について説明する

次に、『吉原徒然草』について簡単にまとめておきましょう。愛知県西尾市の岩瀬文庫に所蔵されている『吉原徒然草』の奥書によれば、作者は江戸の吉原遊廓の結城屋来示《ゆうきやらいじ》という人物です。結城屋は吉原の遊女屋であることがわかっています。
※参考文献として上野洋三校注『吉原徒然草』（岩波文庫、二〇〇三年）を紹介する。

『吉原徒然草』の特色は、『徒然草』のすべての章段をもじっているところにあります。書名に「吉原」ということばが入っていますが、『吉原徒然草』で取り上げられている話題は遊廓に関わる事柄にとどまらず、同時代のさまざまな事象に及んでいます。書名の「吉原」は、「雅」や「古代」の対極にある「俗」や「当世」、つまり「今の世の中」の話題を扱った本であることを端的に示す表現として解釈することもできるでしょう。

(2)『徒然草』序段と『吉原徒然草』一段を比較し、古典の世界を当世の俗な世界に転換していることを説明する

それでは『徒然草』と『吉原徒然草』を読んでみましょう。本文は木藤才蔵校注『徒然草』（新潮日本古典集成）と上野洋三校注『吉原徒然草』（岩波文庫）に拠り、表記の一部を改めて引用します。

『徒然草』序段
つれづれなるままに、日ぐらし、硯にむかひて、心にうつりゆくよしなしごとを、そこはかとなく書きつくれば、あやしうこそものぐるほしけれ

『吉原徒然草』一段冒頭部分
つれづれなるままに、日ぐらし、硯にむかひ、心にうつりゆく好色のよしあしごとを、そこはかとなく書きつくれば、おかしうこそ物ほしけれ

『徒然草』序段は「つれづれなるままに、日ぐらし、硯にむかひて、心にうつりゆくよしなしごとを、そこは

かとなく書きつくれば、あやしうこそものぐるほしけれ」。よく知られた文章ですね。では、『吉原徒然草』一段の冒頭部分も読んでみましょう。「つれづれなるままに、日ぐらし、硯にむかひ、心にうつりゆく好色のよしあしごとを、そこはかとなく書きつくれば、おかしうこそ物ほしけれ」。どうでしょうか、比べてみると、『徒然草』の序段で「心にうつりゆくよしなしごとを」とある箇所は、『吉原徒然草』では「心にうつりゆく好色のよしあしごとを」となっています。もとの文の「よしなしごと」は、たわいもないこと、脈絡のない事柄といった意味ですが、これが「好色に関する良し悪し」という、俗っぽい内容のものに置き換えられています。

また、『徒然草』の序段で「あやしうこそ」とある箇所は、『吉原徒然草』では「おかしうこそ」となっています。「あやしうこそものぐるほしけれ」は、不思議なほどに狂おしい気分になる、といった意味に解釈できますが、「おかしうこそ物ほしけれ」は、笑ってしまうくらいに何か欲しい気分になる、といったところでしょうか。『徒然草』の方は、笑いの要素はとくにありませんが、『吉原徒然草』の方は滑稽さが加わっています。

4 『徒然草』と『吉原徒然草』の読み比べ

(1)参加者を四つのグループにわける

ここから、グループにわかれて『徒然草』と『吉原徒然草』を読み比べる作業をします。『徒然草』からピックアップした章段と、それに対応する『吉原徒然草』の章段を組み合わせたセットを四種類用意しました。各セットにはAからDの記号を付してあります。今から、一グループあたり一種類の章段セットを配ります。

※各グループに❶資料：章段セットA～Dのいずれかを割り当てて配付する。❷ワークシート：比較シートも配付する。

(2)【個人ワーク】

※エキスパート活動を始める。詳しくは「アクティブラーニングのためのQ&A」のQ6(286ページ)参照。

まずは個人で作業してみましょう。各自、手もとに配られた章段セットを読んでください。『徒然草』と『吉原徒然草』の章段を比較して、表現などが対応している箇所をワークシートに書き出してください。そして、『吉原徒然草』ではパロディを作るうえでどのような工夫が見られるか、箇条書きで書いてみてください。10分くらいでやってみましょう。

※終了時間を指示する。

(3)【グループワーク】

できましたか？　では、ワークシートに書いた内容をグループ内で話し合ってください。時間は10分程度です。

※終了時間を指示する。10分は一グループが四、五人であることを想定した時間配分。グループの人数に合わせて時間を調整する。グループの全員が話し合いに参加できているか、机間をまわって確認する。

(4)グループを組み替える。A〜Dのそれぞれを担当した人が必ず一人以上入るようにして、新たなグループを作る

グループ内で情報共有できましたか？

では、ここでグループを組み替えます。現在のグループは解散し、今度はA・B・C・Dの各章段セットの担当者が全員含まれる新しいグループを作ります。一グループの人数は四、五人とします。新しいグループを作って着席したら、代表者を決めてください。

※同一の章段セットを担当したグループ内で、メンバーに1、2、3、4などの番号を割り当てて解散し、同じ番号を持つ人どうしが集まるようにして新しいグループを作ると、おのずと四種類の章段セットの担当者がすべて集まるグループができる。

(5)【グループワーク】

最初のグループでは、グループのメンバー全員が同じ種類の章段セットを読み、わかったことをグループ内で共有しました。これによって、みなさんはそれぞれの章段セットの「エキスパート」になりました。いま結成した新しいグループは、A～Dの章段セットの「エキスパート」が集まっている状態です。これから、一人ずつ、自分が担当した章段セットについて、わかっていることを他のメンバーに説明していただきます。

この活動のゴールは、A～Dの章段セットからわかったことを総合して、『吉原徒然草』のパロディにどのような工夫が見られるか、整理することです。グループの代表者は、『吉原徒然草』のパロディの工夫について、発表できるようにまとめてください。作業時間は約20分です。
※終了時間を指示する。

5【発表】『吉原徒然草』のパロディの工夫

それでは、グループごとに、『吉原徒然草』ではどのような工夫がなされているか、発表してください。
※発表内容について、グループに独自の点や他のグループと共通する点などを拾ってコメントする。文章の骨格は『徒然草』と変わらないのに取り上げられている話題はまったく異なるものになっていること、そのギャップがおもしろさを生んでいることなどが、発表内容として想定される。これらが指摘されない場合は、教員の側で補足的にコメントするとよい。
『吉原徒然草』では、どのようにパロディが作られているかが見えてきたかと思います。今日はここまでです。

次回の授業では、今日わかったことを活かして、実際に『徒然草』のパロディを作ってみましょう。
※他のグループの発表について感想をまとめる課題を出してもよい。

▼授業の流れ

第2回「当世徒然草」を創作しよう

時間配分	講義・ワークの内容	配付物・準備するもの
5分	**1 導入** 全体の流れを再確認し、第2回の流れを説明する。	
25分	**2 『徒然草』一三七段（前半部分）の読解** (1)【個人ワーク】『徒然草』一三七段（前半部分）を読解し、ワークシートに記入する (2)【グループワーク】記入した内容を共有し、一三七段（前半部分）の特徴について話し合う	❸ワークシート：読解シート
50分	**3 「当世徒然草」を作る** (1)【グループワーク】『徒然草』一三七段（前半部分）のパロディ作品「当世徒然草」を創作する (2)【発表】創作した「当世徒然草」を各グループの代表者が発表し、工夫した点について説明する	❹メモ用シート ●下書き用紙
5分	**4 【講義】パロディの作り方のポイント・パロディを作るとはどういう行為なのか**	

	⑴各グループの発表にコメントする ⑵『徒然草』一三七段冒頭と『吉原徒然草』下巻一段冒頭を例に、パロディの作り方のポイントについて解説する ⑶『徒然草』のパロディを作ることは『徒然草』の論理を借りて対象を捉え直すことである、という点について解説する	
5分	**5 ふりかえり** パロディの技法についてふりかえる。	

▼授業の詳細

1 導入

※第1回の終了時点と同じグループにわかれて着席した状態で授業を開始する。

今日は2回目の授業です。前回の授業では、『徒然草』の章段と『吉原徒然草』の章段とを読み比べて、『吉原徒然草』ではパロディがどのように作られているかを発表してもらいました。今日は、みなさん自身で『徒然草』一三七段（前半部分）のパロディ作品を作ってみましょう。完成した作品は「当世徒然草」として、授業の最後に発表していただきます。

2 『徒然草』一三七段（前半部分）の読解

(1)【個人ワーク】『徒然草』一三七段（前半部分）を読解し、ワークシートに記入する

※❸ワークシート：読解シートを配付する。

まずは一三七段の前半部分を読んで、文章の構成を把握しましょう。

> 花はさかりに、月はくまなきをのみ、見るものかは。雨にむかひて月を恋ひ、たれこめて春のゆくへ知らぬも、なほあはれに情けふかし。咲きぬべきほどの梢、散りしをれたる庭などこそ、見どころ多けれ。歌の詞書にも、「花見にまかれりけるに、はやく散り過ぎにければ」とも、「さはる事ありてまからで」なども書けるは、「花を見て」といへるに、劣れる事かは。花の散り月の傾くを慕ふ習ひはさる事なれど、ことにかたくななる人ぞ、「この枝かの枝、散りにけり。今は見どころなし」などは言ふめる。

この文章は、五つの文で構成されています。これらを第一文、第二文～第四文、第五文の三つにわけて分析してみましょう。ワークシートに書き込むかたちで、次の三つのワークに取り組んでください。

◆第一文（花はさかりに……）

この文は、

（　A　）は（　a　）に、（　B　）は（　b　）をのみ、見るものかは。

という構成になっている。AとBを例として挙げ、その良さ(見どころ)がaとbだけではないと主張している。

この文を、次の文と比較してみよう。

（　A　）は（　a　）のほかにも、（　B　）は（　b　）のほかにも、見どころあるものなり。

二つの文の印象の違いについて、気づいたことを書いてみよう。

◆第二文（雨にむかひて……）から第四文（歌の詞書にも……）まで

ここでは、具体的な例が六つあげられている。それらにはどのような特徴が見いだせるか、気づいたことを書いてみよう。

◆第五文（花の散り……）

「かたくなる人」のものの見方はどのようなものか、説明してみよう。

まずは、個人で作業してみましょう。時間は10分程度です。

※終了時間を指示する。

(2)【グループワーク】記入した内容を共有し、一三七段（前半部分）の特徴について話し合う

できましたか？　では、ワークシートに書き込んだ内容をグループ内でシェアしましょう。一人ずつ、他のメンバーに説明してください。全員が説明し終わったら、この文章の特徴について気づいたことを話し合ってみてください。時間は15分程度です。

※終了時間を指示する。机間をまわり、話し合いの様子を確認する。一三七段（前半部分）の文章は、ある対象についての一般的な見方（花は満開の時、月は曇りのない状態を見るのがよい）をあえて否定し（第一文）、別の見方（見ることのかなわない状態で月や花を思う、咲きそうな枝や散った後にも見どころがある、和歌の詞書にもそれがわかる例がある）を指摘し（第二文〜第四文）、「かたくなる人」（風流を解さない人）は一般的な見方にとらわれてその他の見どころに気づけないこと示す方をするか示す（第五文）という構成になっている。これらについて、理解できているかどうか注意する。

3　「当世徒然草」を作る

(1)【グループワーク】『徒然草』一三七段（前半部分）のパロディ作品「当世徒然草」を創作する

パロディの創作にとりかかりましょう。作業時間は、約40分です。○時○分までに作品を完成させてください。

※終了時間を指示する。**4** メモ用シートを配付する。

まずは各自でアイデアを書き出してみましょう。メモ用シートを見てください。『徒然草』一三七段の前半は「花」「月」がテーマです。みなさんは何をテーマにしますか？　題材は、自分の身の回りにあるもの、現代のさまざまな現象、流行などから選んでください。思いついたテーマをどんどん書いてみましょう。そのテーマについて、「かたくなる」人だったら、どんなものの見方をするでしょうか？　これも思いついたことをどんどん書いてみましょう。ひとまず5分間、一人で考えて書いてください。

※5分たったところで声をかける。

書けましたか？　では、テーマのアイデアをグループ内でシェアしましょう。また、それぞれのテーマについて「かたくななる人」ならどのような見方をするか、話し合ってみてください。全員がアイデアについて話し終えたら、テーマを絞って、一三七段のパロディの文章を書いてみましょう。文章の下書き用の紙を配付します。発表の際は、完成した文章を朗読した後、工夫した点について説明していただきます。○時○分から発表を始めます。

※下書き用紙（A4判の白紙など）を配る。机間をまわって進み具合を確認する。終了5分前になったら「あと5分。文章を完成させてください」などの声かけをする。下書き用紙ではなくオンライン上で共同作業のできるスライドを用いる場合は、グループ別に書き込みができるスライドをあらかじめオンライン上に用意しておく。

(2)【発表】創作した「当世徒然草」を各グループの代表者が発表し、工夫した点について説明する

それでは、発表の時間です。グループごとに、完成した「当世徒然草」を発表してください。まず、作成した文章を朗読し、次に、工夫した点について説明してください。

※パソコン、プロジェクター、スクリーンを用意できる場合は、各グループが作成した文章をスクリーンに映しながら朗読してもらう。

ワークショップ参加者の作例

文学はベストセラーを、音楽は紅白出場アーティストをのみ見るべきだろうか。

雨に向かって路上で歌っているのも、部屋に閉じこもって書かれたWEB小説も、それぞれに魅力があるのだ。ブックオフで一〇〇円で売られている知らない作家の文庫本にも、武道館に届かず行き詰まっているバンドの曲にも、見どころはあるはずだ。Amazonレビューに感想が全く寄せられない本も、YouTubeのコメント欄に「解散する前に知りたかった…」とある曲も、「感動した!!!」と書かれている作品に劣ることがあるのだろうか。

人気があるものが魅力的なのはもちろんそうであるが、ことに頑なな人は「マイナーなものはクソだ」としか言えないのである。

4 【講義】パロディの作り方のポイント・パロディを作るとはどういう行為なのか

(1) 各グループの発表にコメントする

※すべてのグループの発表が終わってから、各グループの作品について適宜コメントする。

(2) 『徒然草』一三七段冒頭と『吉原徒然草』下巻一段冒頭を例に、パロディの作り方のポイントについて解説する

実際にパロディを作ってみて、どうでしたか。パロディの創作のこつがわかってきたでしょうか。ここで、ポイントとなる点を確認しておきます。

パロディを作るときのポイントは、①もとの文章の骨格を維持すること、②細部を対照的なもの、ギャップのあるものに変えること、の二点です。例として、『徒然草』一三七段の冒頭と、これに対応する『吉原徒然草』下巻一段の冒頭とを比べてみましょう。

『徒然草』一三七段冒頭

花は｜さかりに、｜月は｜くまなきをのみ、｜見るものかは。

『吉原徒然草』下巻一段冒頭

女郎はとしまに、｜若衆は｜兄分なきをのみ、｜いふものかは。

比べると、「……は……に、……は……なきをのみ、……ものかは」という文の骨格が維持されていることがわかります。

一方で、「……」の部分に入るものは大きく変えられています。『徒然草』の方は、「花」と「月」という自然の風物について述べた文章ですが、『吉原徒然草』の方は、「女郎」つまり遊女と、「若衆」と「兄分」つまり男性同士の関係における少年と年長者という、世俗的な題材について述べた内容になっています。骨格が維持されているからこそ、こうした細部の変更、表現の違いが際立ち、おもしろさが生まれるのです。

(3)『徒然草』のパロディを作ることは『徒然草』の論理を借りて対象を捉え直すことである、という点について解説する

では、パロディを作ることで、私たちは何を知ることができるのでしょうか。『徒然草』のパロディを作ることは、単に、もとの文章の言葉を別の言葉に置き換えてゆく行為ではありません。みなさんは創作を通じて、身の回りにあるさまざまなものに目を向け、「かたくななる人」だったらどのようにそれを捉えるか、ということを考えたと思います。それは、言いかえれば、もとの『徒然草』の文章が持っている論理をたどり、その論理の枠組みを借りて、自分たちの考えや認識を表現する、ということです。

このように、古典のパロディを作ることは、新たなものの見方に気づいたり、世界の捉え方が変わったりするきっかけを私たちにもたらしてくれます。これもまた、古典の学び方の一つであると言えるでしょう。

5　ふりかえり

ここまでをふりかえって、どのようなことに気づいたか、ペアで話し合ってみてください。

※2分程度で終了の声かけをする。

話し合いができましたか。では、全体で共有しましょう。わかったことについて、簡単に述べてください。発言してくださる方は挙手してください。

※挙手した参加者に話してもらう。または、教員が何人かを指名して話してもらう。

ありがとうございました。実際に作ってみたことで、パロディの技法がよりよく理解できたかと思います。他のグループが創作した「当世徒然草」についての感想は、後ほど書いて、提出してください。

※提出方法を適宜指示する。

※『吉原徒然草』下巻一段の全文を読み、感想をまとめる課題を出してもよい。創作する体験をした後であらためて『吉原徒然草』を読むことにより、この作品の持つおもしろさについて、さらに理解を深めることができる。

▼本単元の意義――参加者の声をとおして

『徒然草』を取り上げたことについては、「授業で何度か触れたことのある題材で親しみやすかった」（高校生）との感想が寄せられた。教科書などを通じて広く読まれている古典を教材としたことで、取り組みやすい活動になったことがわかる。パロディを創作するというワークに関しては、「自らの頭でこれはどんな作品なんだろう？

これをパロディ化するにはどんな工夫をしたらいいんだろう、と考えることによって、作品に対する理解度が深まった」（大学生）との声があり、パロディの材料として作品に向き合うというスタンスが古典への理解を深めるいとぐちになることが確かめられた。グループワークについては、「自分では絶対に思いつかなかった発想などに驚かされ、互いに学び合うよさを実感できた」（大学生）との声があった。

▼もっと知りたい・学びたい人のために

・木藤才蔵校注『徒然草』（新潮日本古典集成　一九七七年）『徒然草』の本文と注釈。
・上野洋三校注『吉原徒然草』（岩波文庫　二〇〇三年）『吉原徒然草』の本文と注釈。
・小川剛生『兼好法師　徒然草に記されなかった真実』（中公新書　二〇一七年）兼好の実像にせまり、『徒然草』を再検討する。
・中野貴文『徒然草の誕生——中世文学表現史序説』（岩波書店　二〇一九年）『徒然草』の内容と文体を先行のテクストとの関連から分析する。
・川平敏文『徒然草　無常観を超えた魅力』（中公新書　二〇二〇年）江戸時代における『徒然草』の読まれ方を論じる。
・水谷隆之「古典をもじり浮世をえがく　『仁勢物語』『吉原徒然草』」（長島弘明編『〈奇〉と〈妙〉の江戸文学事典』文学通信　二〇一九年）江戸時代に作られた古典のパロディについて論じる。

（佐藤至子）

古典文学の普及
——出版の力

江戸時代になって古典文学はぐっと身近な存在になりました。中世まではたいていの書物が一点ずつ人手で書写されただけに、その享受者は身分や階層的に限られていました。それが江戸時代を迎える頃に木版印刷による商業出版が発達し、多くの古典文学がその対象となって多くの人の目に触れるようになったのです。もちろん書物は高額でしたが、本を背負って得意先を回るような貸本屋が広がりをみせ、書物の入手は困難ではなくなっていきます。

たんに書物が出版され、多くの人の手に入るようになったというだけではありません。庶民教育の場として手習所（上方《かみがた》では寺子屋）が開かれるようになり、元禄期前後にあたる一七世紀末頃から京都・大坂・江戸などの大都市を中心に拡大しはじめます。一八世紀が終わる寛政期以降になると広く地方でも普及が進んでいきました。江戸時代の識字率については非常に高かったとする俗説はさておき、正確な統計はありません。実態としては地域差・性差が大きく、文字種や文体といった「識字《しきじ》」の内実にも幅があったようです（大戸安弘・八鍬友広編『識字と学びの社会史』二〇一四年、思文閣出版）。それでも江戸時代を通じて識字率が高まり、本を読む層が拡大したのはたしかでしょう。

古典文学が出版されたといっても、原文だけならば多くの読者には手が届きません。古典で規範となった平安時代のことばは、江戸の人びとにとって五〇〇年ないし一〇〇〇年近くも昔のもので、日常の言語とは大きく隔《へだ》っていたことは今と変わりません。それだけに江戸時代には多くの作品に挿絵が付けられ、読解を助けました。さらに学者による注釈書の他、解説書、あらすじ本、当世化した翻訳や翻案が出される作品もありました。中世以来作られてきた古典に取材する能楽が、謡《うた》うための「謡曲」として庶民にも広まり、その作品世界が親しまれ、人形浄瑠璃や歌舞伎にとり入れられてさらに近しい存在になりました。江戸文学の随所に古典文学が息づいているのはそのためなのです。

（小林ふみ子）

時代：近世文学

第4章

古くからある発想法〈見立て〉で創作してみよう！

――江戸時代の「見立絵本」の可能性

▼ねらい

「見立て」とは、類似点を介して、異なる二つの事象を結びつける概念操作のこと。その発想を縦横に活かして遊んだ江戸戯作の見立絵本に触れることによって、古来用いられてきた「日本的」といえる特徴的な「見立て」の発想法のさらなる可能性を考える。

桜を白雲に、涙を草の露になぞらえるように、「見立て」はもともと古典和歌で発達し、近世文芸の重要な発想法として議論されてきた。現代人にとっては「見立て」という語こそなじみが薄いものの、実は本単元で紹介するように今日の生活の場面やサブカルチャーにも見られ、今後にも生かし得るユニークな発想法といえる。「見立て」が古くより日本文化のなかで発達したことを学び、その発想法を体感することによって、こうした想像力を介した概念操作を、今後、創造的に活かす可能性に気づき、おかしみを生む構造を概念的に理解して戦略的に構想することを学ぶことをめざす。

この発想によって作られた近世の「見立絵本」と呼ばれる作品群は、古典文学をはじめ既存の作品に立脚して作られることも多い。本単元では、また古典の知識を確認しつつ、その権威をちゃかす作品に触れ、古典との距離感にゆさぶりをかけ、相対的に見つめ直す体験をしてもらう。

二〇二〇年代の学生が幼少期に親しんだであろう「妖怪ウォッチ」が、困ったものごとを怪異に「見立て」たものであったことなど、現代の作品との共通点も概念的に理解しつつ、作品読解のペア・グループワーク、作品創作のワークを通じて、読解力、コミュニケーション力、発想力、表現力を磨く機会としたい。

第4章

▼授業構成（90分×2回）

第1回 見立て・見立絵本の基本を理解しよう

「見立て」の発想法が古典和歌や絵画に幅広く見られることを学んだうえで、江戸時代の「見立絵本」の代表作からその基本的なつくられ方を理解する。

第2回 見立絵本がいかに作られているか、理解を深めよう

見立絵本がいかに作られているか、江戸時代によく知られていた貝の絵本をパロディ化した作品を読解し、その創作方法を分析する。

第3回 現代の見立絵本を創作しよう

前回の作品読解によって把握した「見立て」作品創作のコツをふまえて、現代のコンテクストで作品創作を試みる。

▼実施環境

人数

・一〇～六〇名程度

＊これ以下なら第2回で読解する「貝」の種類を減らして最低限二人組を作れるようにして対応。これを超えた場合でも第3回の発表グループを絞るなどして対応可能（～一〇〇名超）。

パソコン・ネット環境

・作品の原本のデジタル画像を見せるため、教卓のPCにネット環境へのアクセスがあることが望ましい。

教室

・二～四人で用紙を用いて作業できる仕様のある教室。

▼授業の流れ

第1回　見立て・見立絵本の基本を理解しよう

時間配分	講義・ワークの内容	配付物・準備するもの
5分	**1　導入** 本単元のねらいを説明する。	❶資料：第1回の授業の流れと資料
15分	**2　見立ての概念を学ぶ** (1)**【講義】日常的な例から「見立て」の基本概念を確認する** 富士山かき氷やダムカレー、そうめん滝の写真を見せて、何に「見立て」＝擬えているか考えさせる。類似の事例はないか発問する。 (2)**【講義】歴史的な事例** ①『百人一首』「山川に〜」「白露に〜」の歌を現代語訳とともに提示して何を・何に「見立て」ているか考えさせる ②「仏涅槃図」（東博）、若冲「果蔬涅槃図」（京博）を見比べる ↓視覚的類似を見いだすことで、あるもの**【を】**別のもの**【に】**なぞらえることを「見立て」ということを確認する。	
45分	**3　見立絵本の元祖『絵本見立百化鳥』を読む** (1)**【講義】基本情報と背景**	

時間	内容	備考
	最初かつ代表的作例として概要紹介。デジタル画像でもとになった狩野《かのう》派絵本と『百化鳥』を見比べる。 **(2)【講義】『絵本見立百化鳥』（一七五五〈宝暦五〉年刊）A～Dの読解** 各例の挿絵・原文を提示、背景となる風俗・習慣を説明したうえで「毛色取り合わせ次第」（口鳥）とはどういうことか、「花は朝夕さく」（連木）とは、などと発問・対話。「何を・どのように」木や鳥らしく説明しているか把握させる。	
10分	**4【ペアワーク】発想ゲーム** 語末に「き」「とり・ちょう」の付く言葉をあげて、どのように木や鳥にするか、どう組みあわせるかを考えさせる。	
15分	**5【講義】まとめ** **(1)近世文芸と挿絵** 近世文芸においては挿絵が重要な役割を果たすことを説明。 **(2)別の作例紹介** 『風流准仙人』を仙人名と挿絵のみ紹介、この種の本が多く出されたことを説明。	ふりかえりシート

▼授業の詳細

1　導入

江戸時代の文学といって、どんな作品や作者が思い浮かびますか。『好色一代男』で有名な井原西鶴、『おくのほそ道』の芭蕉、あるいは『雨月物語』の上田秋成でしょうか。

それら江戸文芸のうちでも、「戯作《げさく》」は、みなさんにとってなじみが薄いかもしれません。この単元ではそのなかでも、とくに知る人ぞ知る、しかしとてもユニークで現代にも通じる作品群に取り組んでみましょう。

「戯作」とは、「戯」の字が「たわむれ」と読まれるように、江戸時代のなかごろにあたる一八世紀以降、江戸で流行した、文字通りふざけた読み物です。そこでは、「見立て」という、現代では耳慣れない発想法が随所に生かされています。実はこの発想、あとで述べるように現代の日常場面、またサブカルチャーのなかでも活かされています。実は平安時代、あるいはさらにその前の時代の和歌にさかのぼる江戸文芸の発想からのつながりを知り、さらに今後に活かすきっかけにしてほしいと思います。

2　見立ての概念を学ぶ

(1)【講義】日常的な例から「見立て」の基本概念を確認する

「見立て」ということば、これまで聞いたことがあるでしょうか。

「見立て」とは、あるものごとを形態的類似によって別のものと組み合わせる発想です。たとえば京都盆地の東にはなだらかな山があって東山と呼ばれますが、江戸時代の俳人で芭蕉の門人だった嵐雪《らんせつ》はこれを「布団着て寝たる姿や東山」（一七六三〈宝暦一三〉年刊の『俳諧古選《はいかいこせん》』などで知られる）と詠んでいます。つまり東山のかたちに、人が布団をかぶって寝ているすがたとの共通点を見いだした「見立て」の句です。

この発想は実は現代日本の日常生活のなかにも生きています。たとえば、「そうめん滝」と呼ばれる滝が全国にあるようです。

※ネット検索で提示する。

滝の見た目が白いそうめんのようだと、滝の水流をそうめんに「見立て」た命名です。

「鹿の子《かこ》」という、小豆《あずき》の和菓子を見たことがあるでしょうか。子どもの鹿には白い斑点があって、小豆をその斑点と見なすことからこの名前がつけられたようです。小豆を鹿の斑点に「見立て」ているのです。あるいはお店によってはかき氷を富士山のかたちにして出しているところもあるようです。

※ネット検索で鹿の子や富士山かき氷の画像を提示する。

これもかき氷を富士山に「見立て」ているといえます。また、各地のダムのレストランでダムカレーというのを提供しているのは聞いたことがあるでしょうか。

※ネット検索でダムカレーの画像を提示する。

その名もダムカレー、ご飯で堤防を作ってカレーを貯水のようにして提供し、決壊させて食べるという遊びです。

みなさん、他に同じような例は身近にありませんか。

※学生に発言を促す。（自然の形態による）おにぎり山、飯盛山、鏡が池、また食物の形態的類似では（メロンが使われていなくても）メロンパン、キャラ弁、あるいはおかめ蕎麦（具材をお多福＝おかめの顔になぞらえた）など、発言が出てくれれば。難しければ教員から提示してよい。

「見立て」、なんとなくわかったでしょうか？　似たことばとしては「見なす」「なぞらえる」がありますね。もしかしたら「なぞらえる」はあまりなじみがないかも知れませんが、どうでしょうか。

とにかく、まずは基本として、二つのものの類似点を発見する、あるいはかたちをうまく似せることで、何かを何かと見なすことができる状況をつくる。その前提として、作り手と受け手が同じイメージを共有している必要があります。そのうえで作り手のメッセージを受け手が理解するというコミュニケーションを楽しむ。これが「見立て」です。

自然にもともと似ているところを発見するのが、奈良時代以来の古典和歌に多く見られる伝統的な「見立て」なのですが、江戸時代には無理やり似ている状況を作る、まるで似ているかのようにこじつけることでおかしみを生む作品が作られます。それをこれから見ていきましょう。

まずはまともな、笑いの文芸ではない、歴史的な「見立て」の例からみてみましょう。

(2)【講義】歴史的な事例

①『百人一首』「山川に〜」「白露に〜」の歌を現代語訳とともに提示して何を・何に「見立て」ているか考えさせる

山川に風のかけたるしがらみは流れもあへぬ紅葉なりけり　春道列樹
（山間を流れる川に風が架けた「しがらみ（柵）」は、流れてもいかない紅葉《もみじ》の葉だったのだ。）

この歌の詠《よ》み手は、山から流れてくる渓流の川面に何かが「しがらみ（柵）」のように引っかかっている状況に目をとめます。それがよく見ると、風に吹き落とされ、流れていかずに川面にとどまっている紅葉だったという発見を詠んでいるのです。「なりけり」によってその発見の驚きが強調されています。

（川面にとどまる）紅葉【を】 ↓ しがらみ（柵）【に】見立てる

もう一首みてみましょう。

白露に風の吹きしく秋の野はつらぬき留めぬ玉ぞ散りける　文屋朝康
（白い露のおいた草葉のうえを風が吹きすさぶ秋の野原は、まるで糸でつないでいない真珠が散らばっているかのようだ。）

風が激しく吹きすさぶ秋の野原で草葉についた露が散る。その様子を糸でつないでいない「玉」つまり真珠が散らばる様子に喩えています。これも係助詞「ぞ」と気づき、助動詞「けり」の連体形の結びで発見の驚きが表現されています。

（秋の野の草花の）露【を】↓「玉」（真珠）【に】見立てる

見た目の類似点を見つけて何かを何かと見なす、「見立て」の発想、わかってきたでしょうか。

もうひとつ、今度は絵画の例を挙げましょう。

②「仏涅槃図」（東博）、若冲「果蔬涅槃図」（京博）を見比べる

みなさん、「涅槃図」という、仏教の教えを描いた絵を知っているでしょうか。釈迦が亡くなったとき、人間も動物もこぞってそのなきがらを囲んで悲しみにくれる様子を描いたもので、伝統的な画題として多くの絵が作られました。たとえば各地の博物館には一二世紀、つまり院政期から鎌倉時代初期以来のさまざまな「仏涅槃図」があります。よく絵柄を覚えておいてください。

※ジャパンサーチ（https://jpsearch.go.jp/）で「仏涅槃図」を検索してみせる。

ではつぎのこれはどうでしょう［図1］。

図1　伊藤若冲「果蔬涅槃図」（京都国立博物館蔵、ColBase〈https://colbase.nich.go.jp〉より）

※ジャパンサーチ（https://jpsearch.go.jp/item/cobas-5738）より画像を見せる。

伊藤若冲《いとうじゃくちゅう》という、一八世紀の京都を代表する個性的な絵師の「果蔬《かそ》涅槃図」（京都国立博物館）です。

亡くなった釈迦のようにまんなかに横たわっているのが大根。先が二またにわかれていて人の足のようです。

多くの野菜類がこれを取り囲み、心なしか悲しげで、まるで死を悼むかのようです。

この絵は野菜類【を】↓釈迦とその死を悲しむ弟子や鳥獣【に】見立てているのです。

以上の例からわかるように、視覚的な類似がある／類似させ得ることをもって、あるもの【を】まったく別のもの【に】なぞらえる／と見なすことを「見立て」といいます。

ここまでで基本概念は押さえられたでしょうか。

3　見立絵本の元祖『絵本見立百化鳥』を読む

(1)【講義】基本情報と背景

さて、「見立て」がどのような発想であったかをだいたい理解したところで、「見立絵本」に迫ってみましょう。「見立絵本」というジャンルができるきっかけを作ったのが、一八世紀のちょうどまんなかあたりに江戸で出された『絵本《えほん》見立《みたて》百化鳥《ひゃっかちょう》』でした。今日は、これをみてみましょう。

(2)【講義】『絵本見立百化鳥』（一七五五〈宝暦五〉年刊）A～Dの読解

※以下の図像を見せる。

東北大学附属図書館蔵本（https://doi.org/10.20730/100440301）。

作者は、亀成《かめなり》という筆名を用いていた江戸の俳諧師、現代でいう俳句の先生です。俳句というと今では風流を追い求める高尚な詩歌という印象があるかと思いますが、当時は、日本や中国の古典籍の知識をふまえ、それをちゃかして笑いをとるような知的な遊びの発想をもつこともあった文芸ジャンルでした。

この作品にも元になっている本があります。幕府や各藩の御用絵師を務めた狩野派の絵手本に基づいて出版されて広く用いられた花鳥絵本『画図《がず》百花鳥《ひゃっかちょう》』（狩野探幽《かのうたんゆう》原図・石仲子《せきちゅうし》守範《もりのり》画、一七二九〈享保一四〉年刊、国文学研究資料館国書データベースを書名で検索し、たとえば東京藝術大学附属図書館蔵 https://doi.org/10.20730/100266090 を提示）です。一ページに木と鳥と一種類ずつ組にした絵本です。

その形式を用いて、「木（き・もく）」「鳥（とり・ちょう）」の音を語末にもちながら、木や鳥ではないものを、木や鳥に「見立て」て、つまりまるで木や鳥であるかのように描くとともに、同じくまるで木や鳥であるかのような説明を付ける作品が『絵本見立百化鳥』なのです。

この授業ではこれから四組の例をみてみましょう。

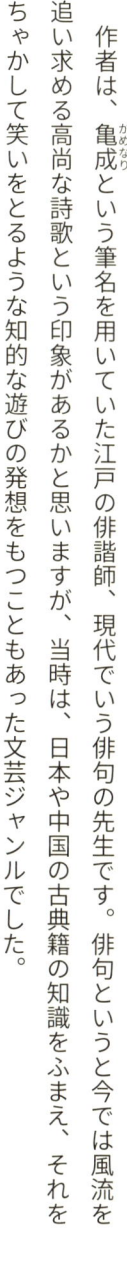

※解釈にあたって、学生に「どんな意味でしょう」などと発問する。／気づく学生がいれば江戸時代には必ずしも歴史的仮名遣いが守られないことに注意を促してもよい。

A　さかづ木・口とり【図2参照】

木はさかづ木（盃）。日本酒などを飲むための皿状の器で、お祝いの席などで使いますが、みたことはありますか。

※「盃」がわかるか確認、わからなければ画像提示。

絵でもたしかに浅い盃のかたちをした葉が付いた木として描かれています。

文章を読んでみましょう。

花は祝儀の座に咲き、実は上戸になる。

どういう意味でしょうか?

この木の「花」はお祝いの宴席で咲くといいます。「花」は華やかな出番、というくらいの意味でしょう。「実」が上戸になるというのは飲んだ結果として酔っ

図2『百化鳥』さかづ木（東北大学附属図書館狩野文庫蔵）

【翻刻】

さかづ木　花は祝儀の座に咲き、実は上戸になる。

口とり　酒の間へ出てさへづる。毛色取り合わせ次第。

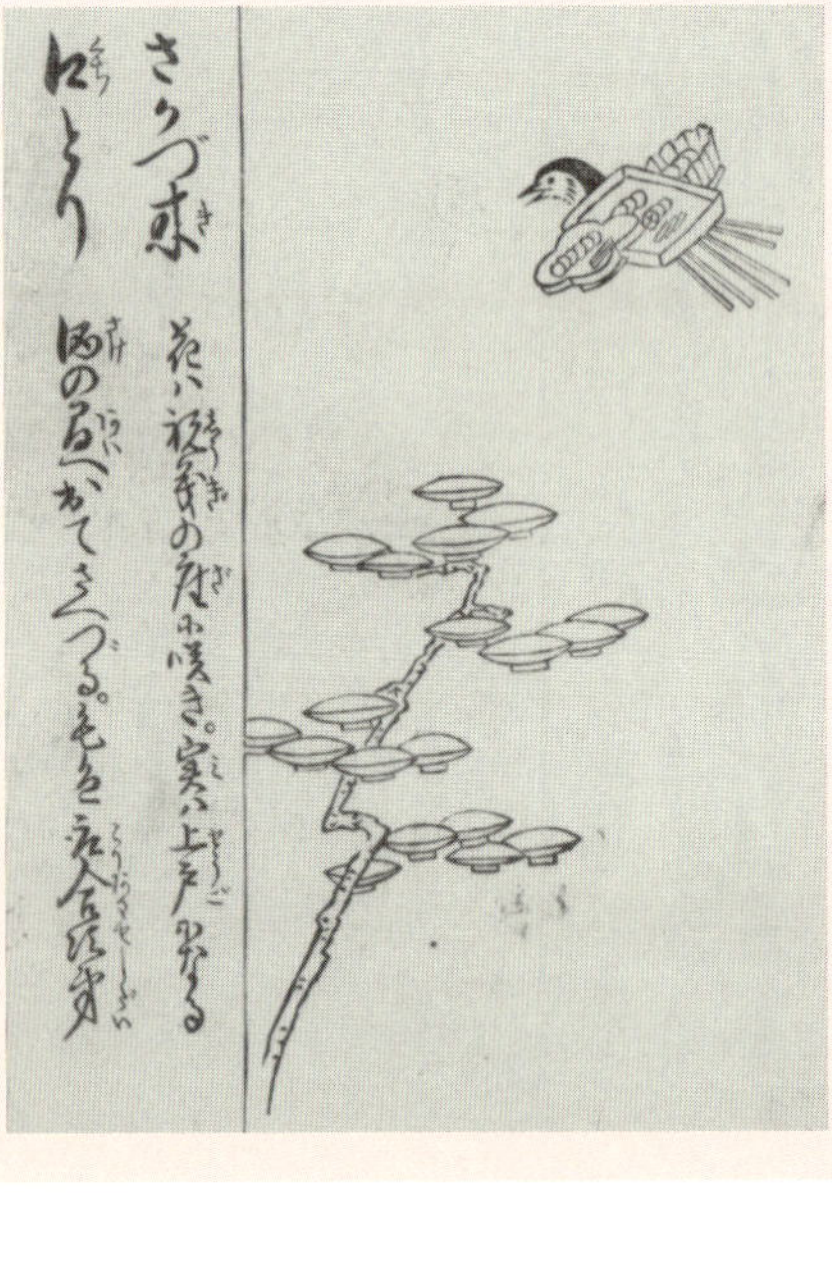

ぱらいとなる、ということでしょう。

鳥の方を見てみましょう。四角のお盆のようなもの（硯蓋《すずりぶた》といいます）に何かが載っているのが胴体です。何でしょうか。現代でも和食のコース料理などで最初に出てくるちょっとした料理の盛り合わせを「口取り」と言います。「口取り肴《さかな》」の略で、左右の羽根も小鉢や皿に入った肴でしょう。この鳥の尻尾は箸のようで、全体に口取り肴を鳥らしく描いていることがわかります。

本文を見てみましょう。

> 酒の間へ出てさへづる。毛色取り合わせ次第。

この鳥は酒の席の合間に出て囀《さえず》る、つまり存在感を発揮する。毛色（＝種類）は料理の組み合わせ次第でいろいろある。たしかに酒の肴は季節や材料によっていろいろ、でしょうね。

木と鳥の組み合わせとしても、宴席に関連する物同士をペアにしている点に注目しましょう。

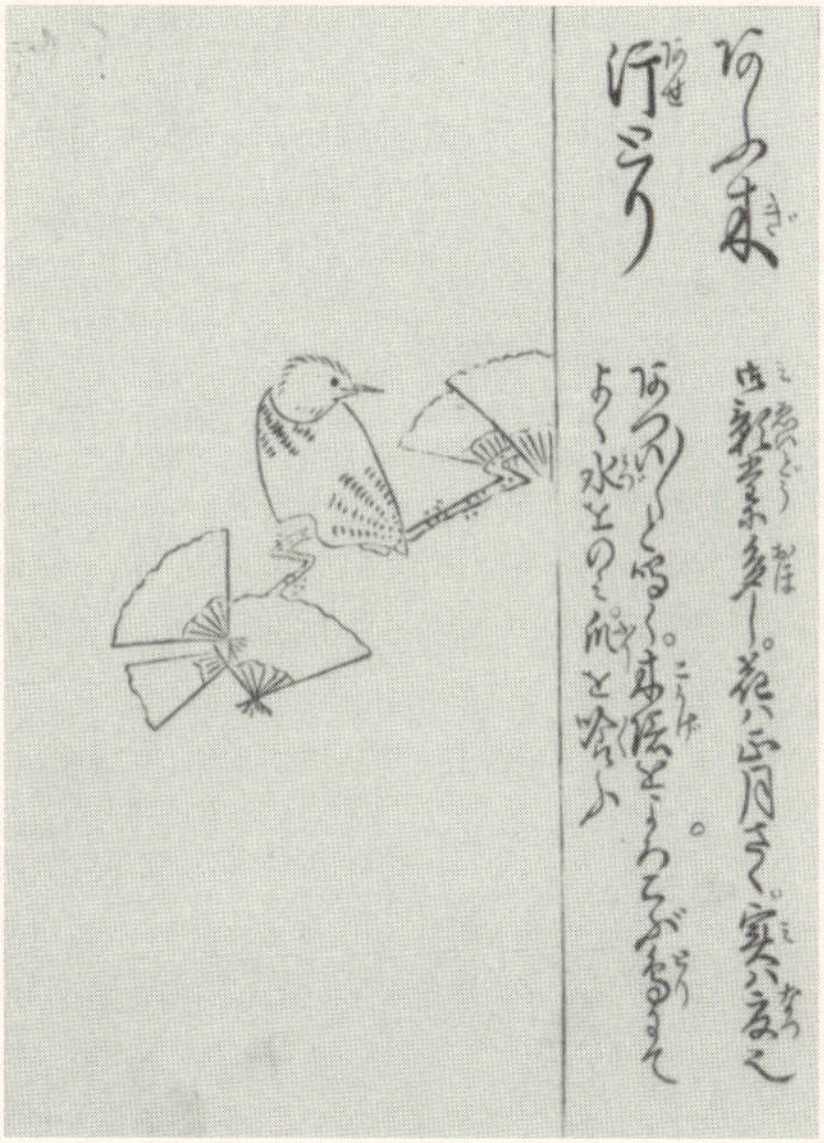

図3　『百化鳥』あふ木（東北大学附属図書館狩野文庫蔵）

【翻刻】

あふ木　御影堂《みえいどう》に多し。花は正月さく。実は夏也。

汗とり　あつい、あついと鳴く。木陰をよろこぶ鳥にて、よく水をのみ瓜を喰ふ。

次の例を見てみたいと思います。

B　あふ木〔図3参照〕

まず木は「あふ木」、扇、扇子《せんす》です。絵を見れば半開きの扇子がいちょうの葉っぱのように枝に付いていますね。

解説を見てみましょう。

> 御影堂《みえいどう》に多し。花は正月さく。実は夏也。

「御影堂に多し」の「御影堂」は、京都の五条橋西にあった扇の名店の名前で、扇の専門店に「この木＝扇」が多くあるのは当然でしょう。「花は正月さく」というのは、江戸時代には扇が正月の贈答用に使われたことを「花」（ハイライトの意味）としています。「実」は夏、扇が実際に役にたつのはたしかに夏です。

鳥の方はどうでしょうか。「汗とり」とは手ぬぐいのことです。胴体に絞り染めのような模様があって布であることを表しているようです。

本文を見てみましょう。

> あつい、あついと鳴く。木陰をよろこぶ鳥にてよく水をのみ瓜を喰ふ。

この鳥は「暑い暑い」と鳴くといいます。手ぬぐいそのものというよりそれを使う人を鳥になぞらえているのでしょう、汗をかく時期ですから、暑い暑いという声をあげるのも納得です。木陰をよろこぶというのも涼むためで、よく水を飲むというのもわかりやすいところですね。

瓜を食べるのは、どういうことでしょう。みなさんが知っているウリ科の野菜や果物は何ですか。

※発問。（回答例）キュウリ（胡瓜）　スイカ（西瓜）
メロン

他にはトウガン（冬瓜）もありますね。江戸時代にはメロンに似た甘さをもつ真桑瓜（マクワウリ）もよく食べられていました。

これらの旬は夏、ちょうどこの時期に水分やミネラルを補って身体を冷やすためにこれら旬の瓜を食べることをいいます。今でも夏にスイカをよく食べますね。

※「暑い」について、江戸時代には必ずしも歴史的
仮名遣いではないことを補足してもよい。

これらも夏の暑さに関連する木と鳥のペアでした。だんだん、わかったでしょうか。次に行きます。

C　れん木【図4参照】

この奇妙な葉のない木は何でしょうか。

※発問してあててもらう。

こたえは名前からわかります。「連木《れんぎ》」というのは、すりこぎのことです。かたちは現代のものとだいたい

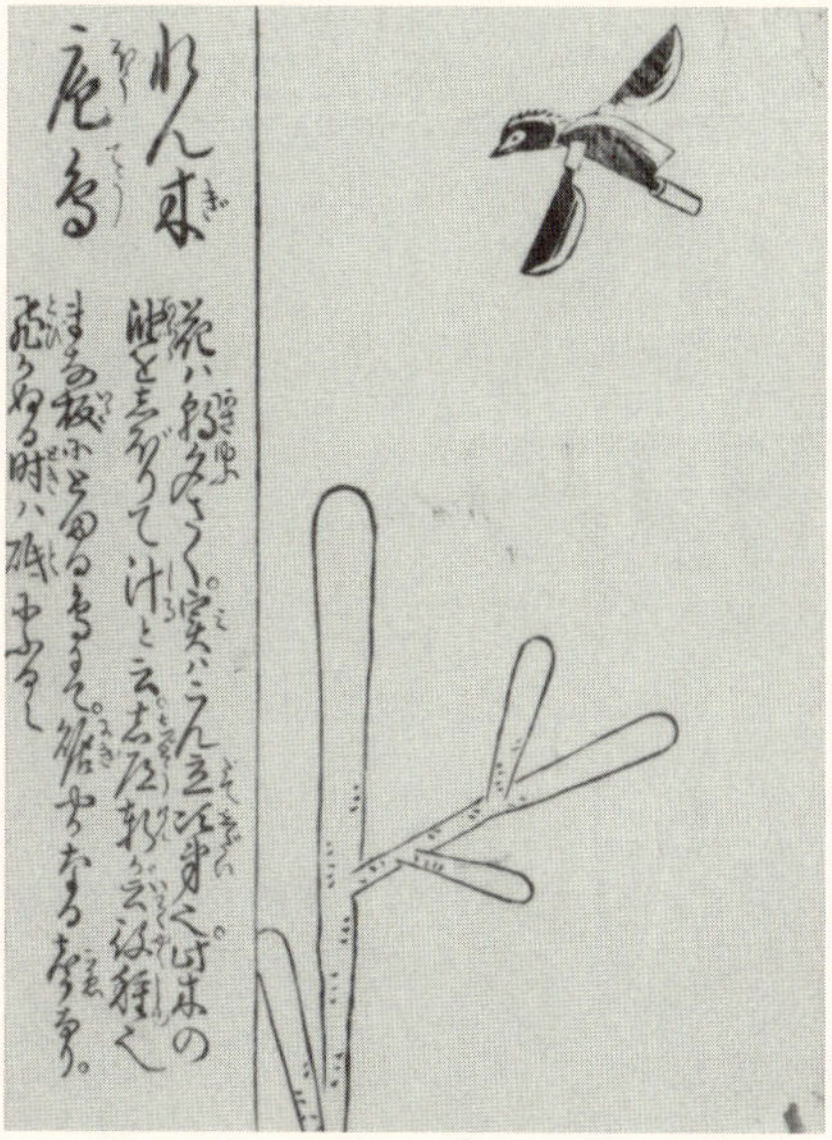

図4　『百化鳥』れん木（東北大学附属図書館狩野文庫蔵）

【翻刻】

れん木　花は朝夕さく。実はこん立次第也。此木《この》の油をしぼりて汁と云ふ。（下略）

庖鳥　まな板にとまる鳥にて賑やかなる声なり。飛びかぬる時は砥石にふるる。

同じですね。解説は、

花は朝夕さく。実はこん立次第也。此木《この》の油をしぼりて汁と云ふ。

現代で、すりこぎを使う場面は胡麻やとろろをすりつぶすときくらいでしょうか。江戸時代には、味噌の豆や米粒をよくすりつぶすために使うことが多い道具でした。

この木の「花」は朝夕、というのは、朝食・夕食の味噌汁作りに欠かせないからでしょう。「実」は献立次第というのは、味噌汁以外にも、献立によって使う場面がいろいろあることをいうのでしょう。この「木の油」をしぼったものを汁という、とは、すってできた味噌や胡麻を使ったものを「味噌汁」「胡麻汁」、と呼ぶ、ということだと思います。

これと取り合わせられた鳥は「庖（包）丁」です。見るからに羽根のところが刃のついた包丁でできた鳥ですね。説明は、

まな板にとまる鳥にて賑やかなる声なり。飛びかぬる時は砥石にふるる。

これは「まな板の上にとまる鳥」で、賑やかに「声」、つまり音を立てる。たしかにまな板の上で包丁を使うとトントントントンと音がしますね。

飛びかねるときは「砥石」に触れる、というのはどういうことでしょう。「砥石」、見たことがある人はいますか。

※挙手。

※発問。何に使いますか。

うまく飛ばないときというのは、うまく使えない、切れ味が悪くなったとき、ですね。砥石にかけて切れ味を回復するのです。

さて、最後の例を見てみましょう。

D　けぬ木【図5参照】

この木は、何でしょうか。葉は安全ピンのようにもクリップのようにもみえますが、「けぬ木」というのでムダ毛を抜く「毛抜き」です。毛抜き、とげ抜き、こういう形をしたのを見たことはありませんか。

説明には何が書いてあるでしょうか。

> 南方に生えるを名木とす。花黒く細し。ひまな時にさく。障子へ植てよくつく也。

「南方」に生えるのが「名木」とは、どういうことでしょうか。「南方」は江戸時代の毛抜きのブランド名です。名古屋の名産品で「南方」という銘が彫られていたそうです。この毛抜きがいい商品とされていた

図5『百化鳥』けぬ木（東北大学附属図書館狩野文庫蔵）

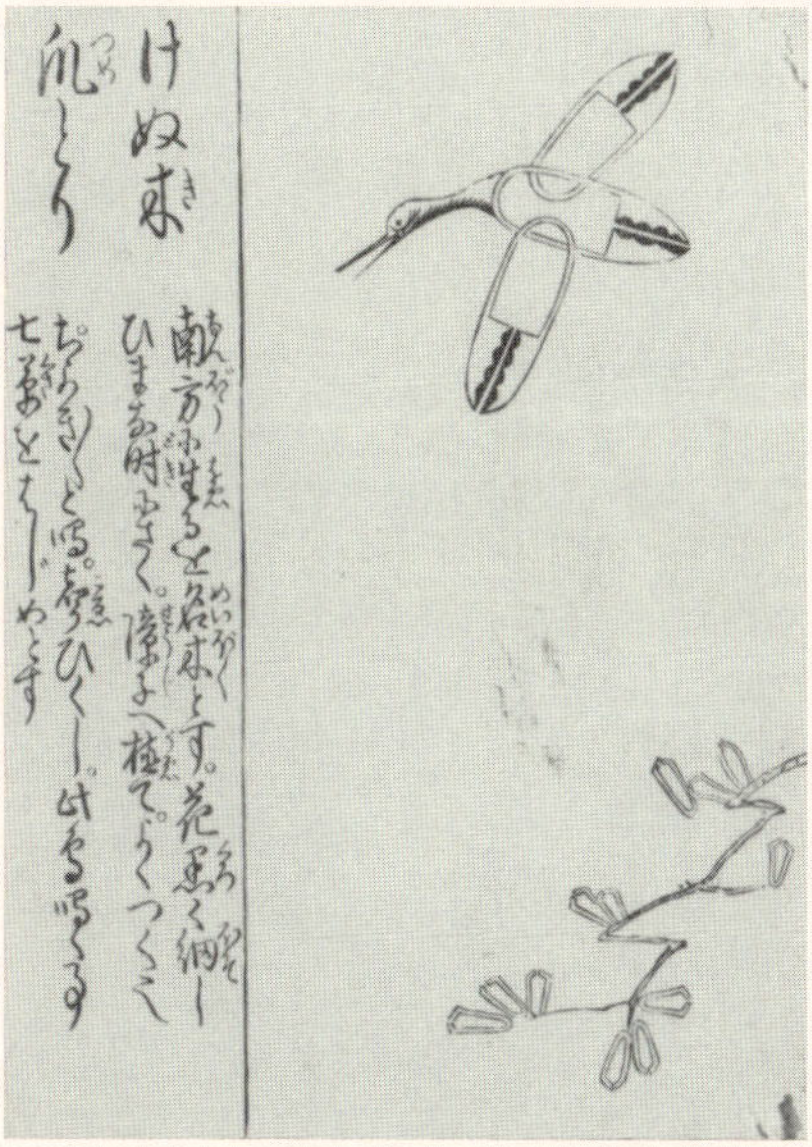

【翻刻】

けぬ木　南方に生えるを名木とす。花黒く細し。ひまな時にさく。障子へ植てよくつく也。

爪とり　ちよき〳〵と鳴。声ひくし。此鳥鳴く事、七草をはじめとす。

ことをいいます。かなりマニアックな知識ですね。

「花」が「黒く細」いとは、どういうことでしょうか。続く文とあわせて考えてみましょう。

「ひまな時」に使うというのは、よくわかりますね。忙しいときはムダ毛を抜いている場合ではありません。「障子に植えてよく付く」、いったいどういうことでしょう。黒くて細い花という描写と合わせて考えましょう。わかった人はいますか。

※発問・時間があれば近くの人と相談。

答えは、「花」は毛抜きで抜いた毛で、それが毛根で障子の紙によく貼り付くといっているのです。汚いですね（苦笑）。でもみなさんも、毛を抜いてティッシュ・ペーパーに貼り付けたりしませんか。あんな感じです。

毛抜きとともに、身なりを整えるのに使う「鳥」が「爪取り」です。現代語では爪切りですね。当時は爪取り鋏《ばさみ》と言っていました。今、裁縫用に使う糸切り鋏に似ています。このふたつで身だしなみを整える道具一対になります。説明は、

ちよきくと鳴。声ひくし。此鳥鳴く事、七草をはじめとす。

「ちよきくと鳴く」というのは、この鳥が「ちょきちょき」という音を立てるということです。ハサミの音ですね。「声」（音）が「低い」というのは、音程ではなく、音が小さいという意味です。「はじめとす」は一年の鳴き（使い）はじめの意味で、正月七日というのは、江戸時代の年中行事のことをいっています。この日、正月料理で疲れた胃腸を休めるように七草粥を食べる行事がありますね。そのゆで汁に爪を浸して切るのが一年の爪切りはじめ、邪気を払って健康を祈る意味があったようです。

以上、四組を見てきました。『絵本見立百化鳥』は、これらからわかるように、「き／もく」「とり／ちょう」を組み合わせた図に、それぞれの木や鳥の「生態」をもっともらしく記した短い説明を添えた50組から成る作品です。

この作品の素朴な絵を見て、なんだかこのくらいの思いつきなら、私たちにもできる、絵も描けるという気がしてきませんか。

4【ペアワーク】発想ゲーム

そんなところで発想ゲームをしてみましょう。どのくらい簡単か、あるいは難しいか、江戸の俳諧師の作品作りの追体験です。

まず、隣／近くの人と二人組になってください。うまく二人になれないところは三人でも。

知らない人同士でも、知り合いを増やすチャンスですよ、お互いに積極的に話しかけましょう。

ペアはできましたか。できたら、名前と学年など、自己紹介をしましょう。しっかり顔も覚えてくださいね。

さて、組になったところで、これから3分間で「き／もく」・「とり／ちょう」の組み合わせを考えましょう。

※時間を計る。

※終了後、発問。

さて、どんな組み合わせができましたか？　どんな思いつきですか？

※たとえば「本気」「おどり」／「やる気」「点取り」／「お付き」「出張」／「科目」「学習帳」など。

※クラス全体に対して、どんな組み合わせか・どう発想したかをいくつかのペアに発言してもらう。

さて、最後にまとめです。

5【講義】まとめ

(1) 近世文芸と挿絵

この授業のまとめとして、「見立絵本」が江戸時代の文学史のなかでどのような位置にあるのかを確認してみましょう。

江戸時代は商品経済の時代で、そのなかにあって文芸も、散文（近世小説）を中心に出版され、商品化された作品が多くを占めていました。商品としてはわかりやすさが第一で、多くが挿絵とともに出版されました。実用書も絵入り、娯楽書も絵入り、です。

有名なところでは『好色一代男』も作者西鶴の自画による大坂の初版（国書データベースで書名検索）

※国文学研究資料館蔵本を見せるとよい。

https://doi.org/10.20730/200003076

の他、かの見返り美人で有名な江戸の菱川師宣《ひしかわもろのぶ》の挿絵による江戸版もあります。

この「見立絵本」は挿絵なしでは理解できませんが、他にも、黄表紙のように挿絵があってはじめて読解が成りたつジャンルもあります。

※例、『金々先生栄花夢』国文学研究資料館蔵本

https://doi.org/10.20730/200015145

今日、この授業で見てきたように、日本近世、つまり江戸時代の文学において、挿絵はたんなる理解の補助を超えた主役としての役割を担うこともありました。そのことをよく示しているのが「見立絵本」なのです。

(2) 別の作例紹介

この『絵本見立百化鳥』の人気で、翌年の『続百化鳥』をはじめ、このあと続々と「見立絵本」が作られてい

くことになります。一つには次回扱う作品もありますが、他にもたとえば、いろいろなものごとを仙人に見立てる『風流《ふうりゅう》准《なぞらえ》仙人《せんにん》』（一七六〇〈宝暦一〇〉年頃刊）もおもしろい作品です。

※文章の説明を省いて仙人の名前と絵のみ紹介する。

東北大学狩野文庫本　https://doi.org/10.20730/100440294

たとえば、夏を好んで暑気を払う術をもつという「団仙《だんせん》（団扇）」（＝うちわ）、草を愛して湯に立てて飲んで眠りを覚ます術のある「茶仙（茶筅）」、一切の疾病を癒やす「温仙（温泉）」など。

このような作品群は、一般的な文学史には出てきません。教科書的な「文学史」という枠組みだけでは江戸時代の文学現象を捉えられないということをよく示すのがこれらの作品といえるでしょう。

次回は本格的にもっと凝った作品を読み込みます。楽しみにしていてください。

▼授業の流れ

第2回　見立絵本がいかに作られているか、理解を深めよう

時間配分	講義・ワークの内容	配付物・準備するもの
5分	**1　導入** 前回の確認・今日のねらい。	❷資料：第2回の授業の流れと資料
15分	**2　【講義】『絵《え》本《ほん》見《み》立《たて》仮《か》譬《い》尽《づくし》』とは** **(1)モデルとなった絵本** デジタル資料を見せながら前提となる貝の絵本・図鑑を紹介／蘭学の影響で本草学という自然科学的関心が発達したことを説明。 **(2)作者** 作者森島中良が蘭方医桂川家出身の蘭学者であることが貝という自然物への関心の関心と結びつくことに触れる。	
30分	**3『絵本見立仮譬尽』作例読解ワーク（ジグソー法でいうエキスパート活動）** **(1)【講義】一例を解説** 「た貝」を例に解説、見立絵本が絵・狂歌から成ること、本単元では（難易度に配慮して）狂歌には触れないことを伝える。 **(2)【個人ワーク】** 各自、配付された「貝」を読解。	❸ワークシート：A～E

	(3)**グループ作り** 同じ記号番号・名称の「貝」をもつ人を探してグループを作る。 (4)**【グループワーク】** 各自の理解をふまえてグループでその「貝」の解釈を確認。	
30分	**4 見立てのおもしろさ、そのカギを考える（ジグソー活動）** (1)**グループ作り** A~Eの五種の異なる「貝」をもつ人を探して五人でグループを作る。 (2)(3)**【グループワーク】** 各自の「貝」をグループ内で紹介。どこがどうおもしろいのかを考えることから、どのように作るとおもしろくなるのかという発想につなげる。	
10分	**5 【発表・講義】まとめ** ディスカッションの内容を共有。	ふりかえりシート

▼授業の詳細

1 導入

※前回のふりかえりとして、発問しながら「見立て」「見立絵本」の理解を確認する（「見立て」、どんなことを言うのでしたっけ、どんな例を覚えていますか、前回見た「見立絵本」はどんな作品でしたか、など。口頭で確認する）。

※あわせて寄せられた質問に対して回答する。

2 【講義】『絵本《えほん》見立《みたて》仮譬尽《かいづくし》』とは

(1)モデルとなった絵本

さて、前回の「見立絵本」の導入をふまえ、今回は『絵本見立仮譬尽』の分析に取り組んでもらいたいと思います。仮《かり》に譬《たと》えると書く「仮譬」は「かい」の当て字で、形式としては貝の絵本です。

前回の『絵本見立百化鳥』にもモデルとなった本がありましたが、この作品の場合もいくつかあります。一つには、**A**：貝を詠んだ古典和歌を集めて図を添えて紹介した絵本類です。典型は『新撰三十六貝倭歌《わか》』（一六九〇〈元禄三〉年頃刊）です。

※図を示しながら話す。

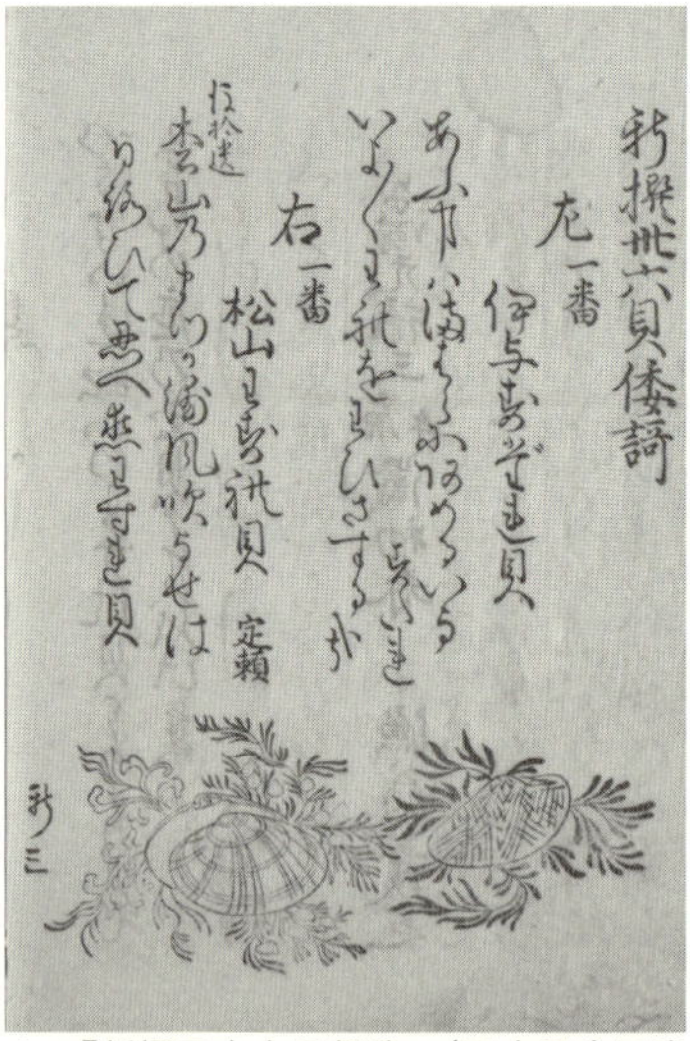

A 『新撰三十六貝倭歌』（国立国会図書館デジタルコレクション）

https://dl.ndl.go.jp/pid/2537366
貝を図解し、そのうえにその種の貝を詠んだ古歌を載せています。

もう一つは、**B**：江戸時代において、現代でいう科学的関心に基づく本草学（薬となる動植物や鉱物の研究）が発達し、貝もその対象となったことで作られた絵本類です。

大枝流芳《おおえだりゅうほう》という大坂の学者が編纂した『貝尽浦《かいづくしうら》の錦《にしき》』（一七五一〈寛延四〉年刊）

※図を示す。

https://dl.ndl.go.jp/pid/2555691

がその代表的な例です。

貝に特化したものではない総合的な事典の貝の項目もあります。とくによく使われたのが中国明代の王圻《おうき》編『三才図会《さんさいずえ》』にならった百科事典である寺島《てらしま》良庵《りょうあん》『和漢三才図会《わかんさんさいずえ》』（一七一五〈正徳五〉年頃刊）です。この巻四七に「介貝部」があり、この形式も念頭にあったと思われます。

※図を示す。

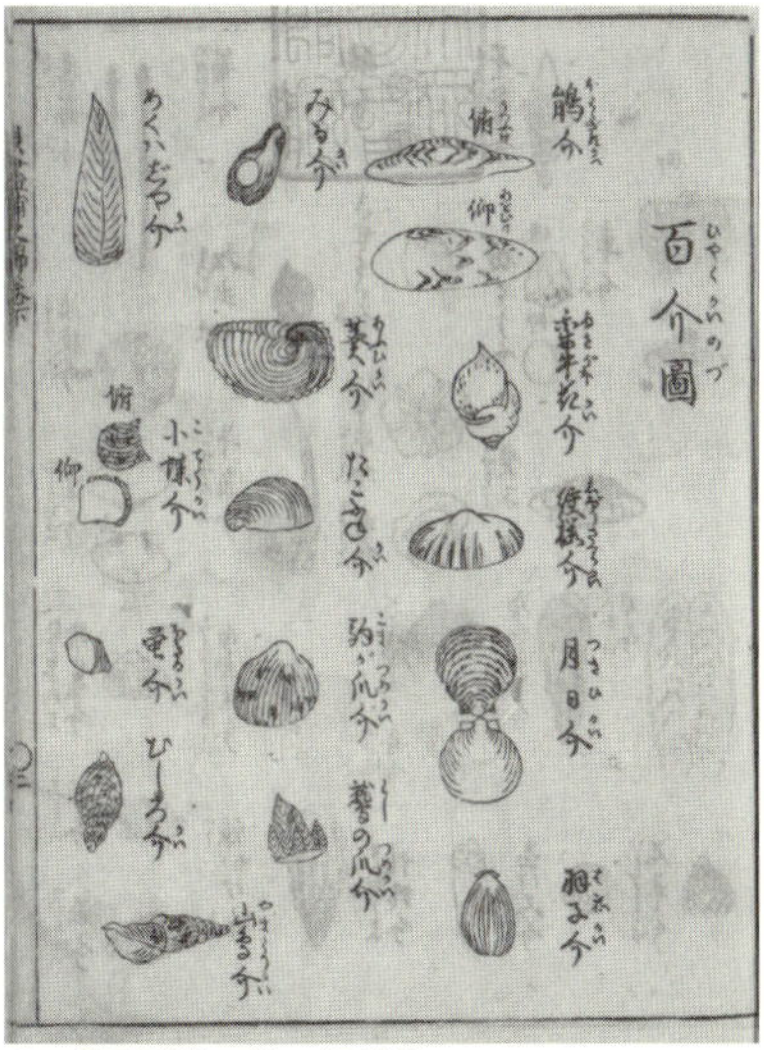

B　『貝尽浦の錦』（同前）

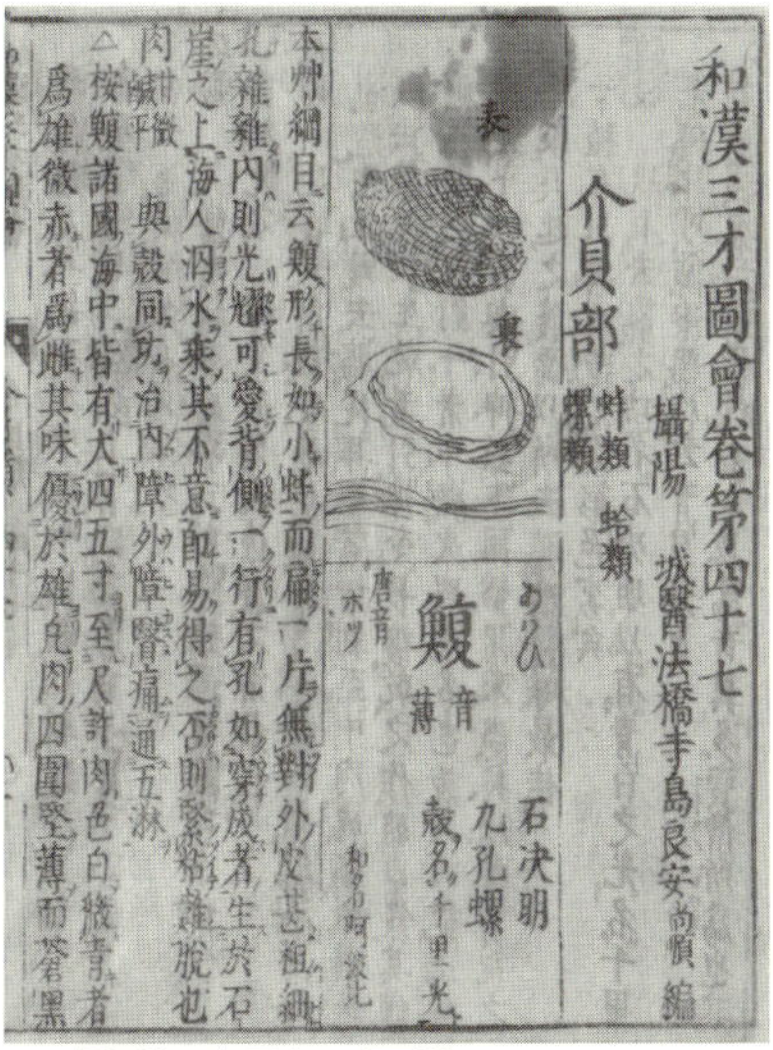

C　『和漢三才図会』（同前）

https://dl.ndl.go.jp/pid/2596380

『絵本見立仮譬尽』は、これらいくつかの貝の絵本・図鑑の形式をふまえ、それをパロディ化したものでした。

(2) 作者

ここで作者についても触れておきましょう。万象亭という筆名で知られている人物です。本名は森島中良《もりしまちゅうりょう》（一七五四～一八〇八）といいます。蘭学者で幕府奥医師（蘭方医）を代々務めた桂川家の第三代国訓《くにのり》の次男という、身分高く学識豊かな家系に生まれた人物です。『解体新書《かいたいしんしょ》』の翻訳などで有名な第四代桂川甫周《かつらがわほしゅう》の弟にあたります。中良は、桂川家の本姓として、「森島」姓を使っていました。中良自身も蘭学者として、蘭語辞書『蛮語箋《ばんごせん》』（一七九八）、異国情報を伝える『紅毛雑話《こうもうざつわ》』（一七八七）、『万国新話《ばんこくしんわ》』（一七八九）などの著作もある知識人でした。

一方、中良には戯作者としての実績もあります。戯作や人形浄瑠璃作者としても活躍した平賀源内門人を名のって黄表紙などの著作を残しています。

この時代、江戸では和歌の形式にふざけた発想やことば遊びを盛りこんだ狂歌が流行していました。中良はその今どきの狂歌にも参画し、狂歌なかまたちに呼びかけて編んだのが本書でした。

3 『絵本見立仮譬尽』作例読解ワーク（ジグソー法でいうエキスパート活動）

※エキスパート活動について詳しくは「アクティブラーニングのためのＱ＆Ａ」のＱ６（２８６ページ）参照。

(1) 【講義】一例を解説

さて、これからみなさんに『絵本見立仮譬尽』を読み解いてもらいます。先にも述べたように「仮譬」つまり「貝」尽というのですから、貝の絵本の形式で、見開きの右に解説が、左にその「貝」の図とそれを詠む、万象亭の知人友人による狂歌を載せています。ただし、この授業ではあまりにややこしくなるのを避けるため基本的に狂歌は扱わないことにします。

みなさんに『絵本見立仮譬尽』の読解に取り組んでもらう前に、わかりやすいものとして「た貝」を例に、この作品がどのようにできているかを確認しましょう。

図１『絵本見立仮譬尽』た貝

「た貝」は「高い」、高いといえば富士山です。富士山は一七〇七（宝永四）年の噴火ののち、この一八世紀後半にはいまだ噴煙をあげていました。その山容を、二枚貝のかたちになぞらえて描いています。煙は、貝が岩などに着くための足糸《そくし》のつもりでしょう。

説明を読み解いてみましょう。「駿州田子《たご》の浦の名物」というのは、『百人一首』で有名な歌に「田子の浦にうち出でてみればしろたへの富士の高嶺に雪は降りつつ」（山辺赤人）と詠まれる通り、駿河国田子の浦からみえる富士山の景色が「名物」として知られていたことをいいます。「異国」云々は、「三国一の山」といわれ異国でも賞賛されている、と江戸時代の人々は想像していたことをいう記述です。

一年中いつでも見られる富士山が、「六月を旬とす」るというのはなぜでしょうか。富士山に登ったことが

図１『絵本見立仮譬尽』た貝（国文学研究資料館蔵）

た貝
駿州田子の浦の名物にして、異国にても是《これ》を賞美す。
六月を旬とす。正月二日の夜、此《この》形を夢見る時は。
富士の山ほど金を持つ也。

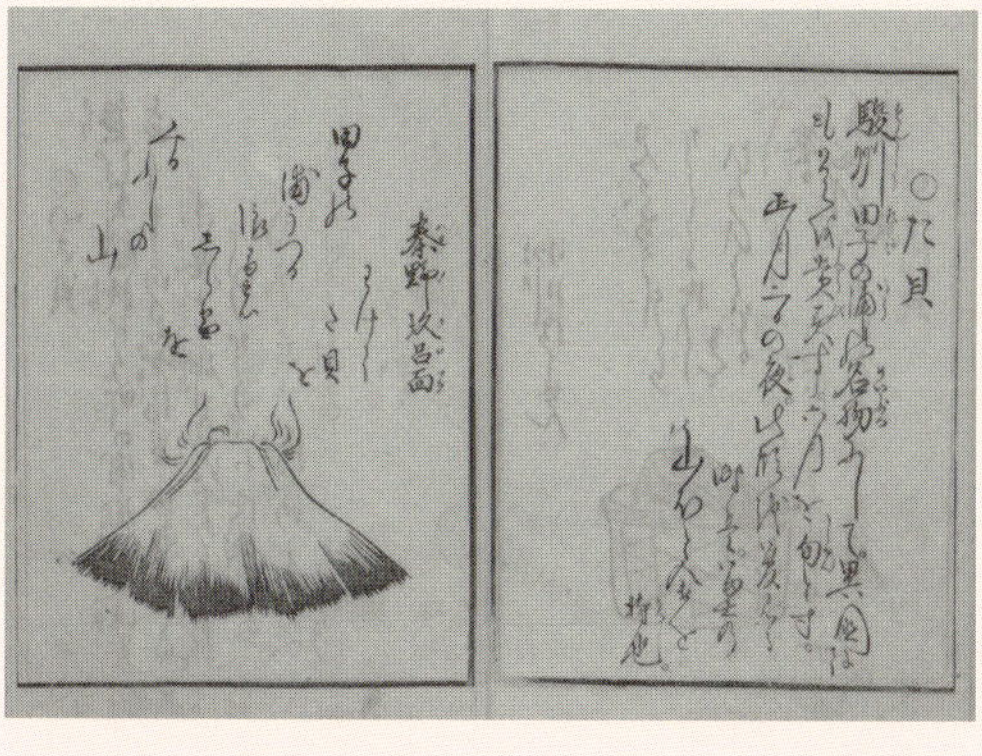

あるる人はいますか、登った人はわかるでしょうか。
※発問。
六月、富士山では山開きが行われ、ここから登山できるようになります。それだけでなく、江戸や各地に富士山信仰のために作られたミニ富士山、富士塚でも祭礼が行われるのです。だから「旬」なのですね。江戸時代初期に作られた駒込の浅間《せんげん》神社の富士塚をはじめとして現代でも関東各地を中心に数多く残っていて、祭礼もこの時期に行われています。

「正月二日の夜」云々のくだりは、初夢をいいます。正月元日は寝ないので、二日の夜に見るものを初夢と呼んでいました。縁起のいい夢をいう「一富士二鷹三茄子」の通り、富士山を夢に見るのは、このうえなく縁起がよく、富士山の名にちなんで山ほどの金持ちになると説明しています。

貝らしき名前をつけ、そのかたちを貝らしく描き、その主題に関係する内容を貝の生態らしく説明する、これが『絵本見立仮譬尽』の各項目の作り方です。

(2)【個人ワーク】

さて、これからグループワークの準備として、個人ワークに移ります。

最初に配った（または、これから配る）個人ワーク用の絵と説明文をよく読み、それがなんなのか、どのように貝らしく説明されているかを解読してみましょう。インターネットも含め、自由に辞書なども参照して調べながら、5分で読解してみましょう。
※A～Eの五種類を出席者数に応じて複数枚用意し、それぞれに番号を振る。六〇名以下なら1A～1E……10A～10Eなど。
それ以上の数になったら番号なしで実施し、次の(4)【グループワーク】で学生自身が番号なしでA～Eの

アルファベットをもつ人を探して五人グループを作るようにする。これを一人一枚配付し、まずは各自で読解に取り組む。

(3)グループ作り

これから同じ「貝」＝アルファベットの図をもつ人を探しましょう。三人以上で集まってグループを作り、まずは自己紹介しましょう。

※第８章ではインターネットでの情報の見つけ方、注意点などが記されているので参考にするとよい。

(4)【グループワーク】

では、グループで話し合って、手もとにあるのがどんな貝か、知恵を寄せ合って考えてみましょう。説明も細部まで読解してみてください（ジグソー法でいうエキスパート活動に該当します）。

（以下、学生が解読する貝は以下の「懸《かけ》む貝《かい》」「売貝《うりかい》」「西貝《さいかい》」「て貝《かい》」「位貝《いかい》」の五種。翻刻に続き学生に示す注記も併記する）

図２『絵本見立仮譬尽』懸む貝

※以下は教員手控え用メモ。学生に助けを求められ

図２『絵本見立仮譬尽』懸む貝（国文学研究資料館蔵）

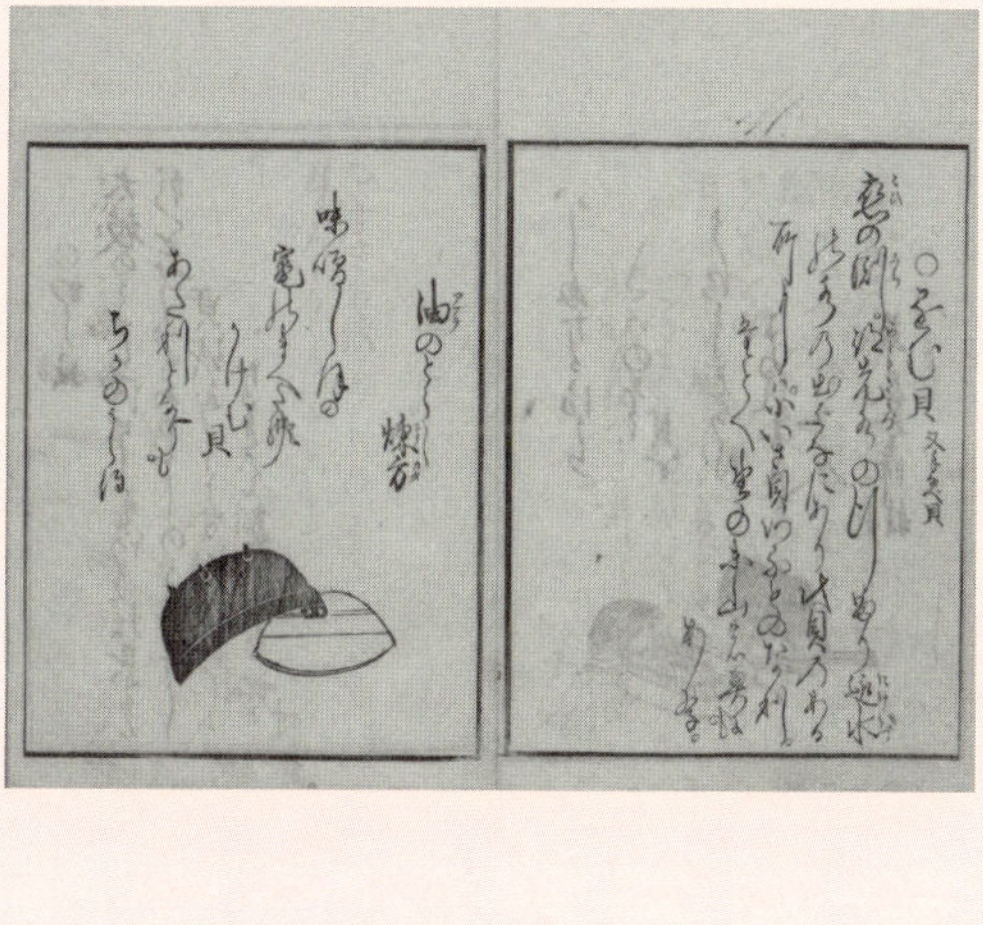

懸む貝　又手なべ貝

恋の淵。跡先水《あとさきみず》の行留《ゆきどま》り、逃げ水の水の出ばなにあり。此貝のある所には。小いさ貝あるものなり。たとへ野の末山の奥にもあり。

たときにヒントを出す手がかりにする。

「懸む貝」は懸向い、夫婦二人きりの様子。別名「てなべ貝」は、手鍋掛い。「かい」は「掛く」の音便形。二つをあわせて、駆け落ちした二人きりで下女の助けもなく、自ら調理しながら暮らすさまを貝に見立てる。絵はその生活を象徴する脚付きの鉄鍋と木のふたで、これを二枚貝のように描く。

【解説】

「恋の淵。跡先水《あとさきみず》の行留《ゆきどま》り、逃げ水の水の出ばなにあり」この貝が生息しているのは、「恋の淵」（恋の想いの深さをいう比喩）、「跡先水」（後先見ず、向こう見ずを水にたとえる）が流れていってたまっているところで、「逃げ水」（家族から追っ手がかかるたびに逃げることを、炎天下で少し先に見えた水たまりが近づくとまた遠くに見えるという自然現象の逃げ水にたとえる）の水が出るところである。

「此貝のある所には。小いさ貝あるものなり」この貝のあるところでは小さな「いさ貝」（諍《いさか》い、痴話げんか）があるものだ。

図3『絵本見立仮譬尽』売貝（国文学研究資料館蔵）

売貝

そんもそんも、西の宮より出たる貝なり。十月の下旬を旬とす。価甚《あたへはなは》だ高値《かうぢき》なり。十万両より以上を以て交易す。甚だめでたき貝なり。

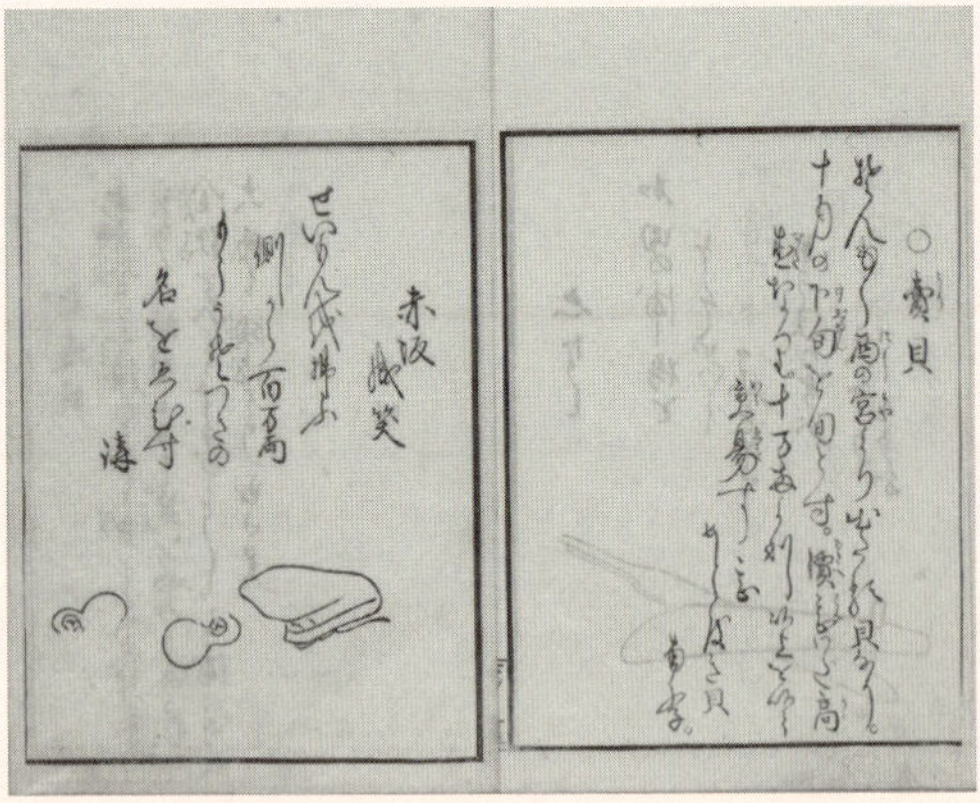

＊十月下旬…二〇日に商売の神を祭る恵比須講が各商家で行われました。何をするか、調べてみましょう。

「たとへ野の末山の奥にもあり」「たとえ野の末、山の奥」は駆け落ちする男女の常套句で、そんな男女の行く末、どんなところでも「懸む貝」で暮らす、という。

図3　『絵本見立仮譬尽』売貝

「売貝」＝売り買い、の意で、商売をつかさどる福神、恵比寿の烏帽子と耳を貝に見立てる。

【解説】

「そんもそんも」は「そもそも」のなまりで、神が夢枕に立つときの決まり文句。

「西の宮より出たる貝なり」「西の宮」は全国の夷社の総本社である摂津西宮の夷神社。この西の宮の夷神社から出た貝である。

「十月の下旬を旬とす」「十月下旬」は、商家で一〇月二〇日に恵比寿を祀って行う恵比須講を指し、この時期を旬とするという。

「価甚だ高値なり。十万両より以上を以て交易す」（この行事では商売繁盛を願って「十万両」などと高額な取引のまねごとをするので）値段が非常に高く、

図4　『絵本見立仮譬尽』手貝（国文学研究資料館蔵）

手貝

女《によ》三の宮の愛し給ひし貝なりとぞ。また一条院の愛でいとおしみ給ひし手貝をば、馬の命婦《みやうぶ》といふ女官に預け給へる事、枕艸《まくらのさう》紙《し》に見へたり。あわび貝のある所に出るは至つての下品なり。

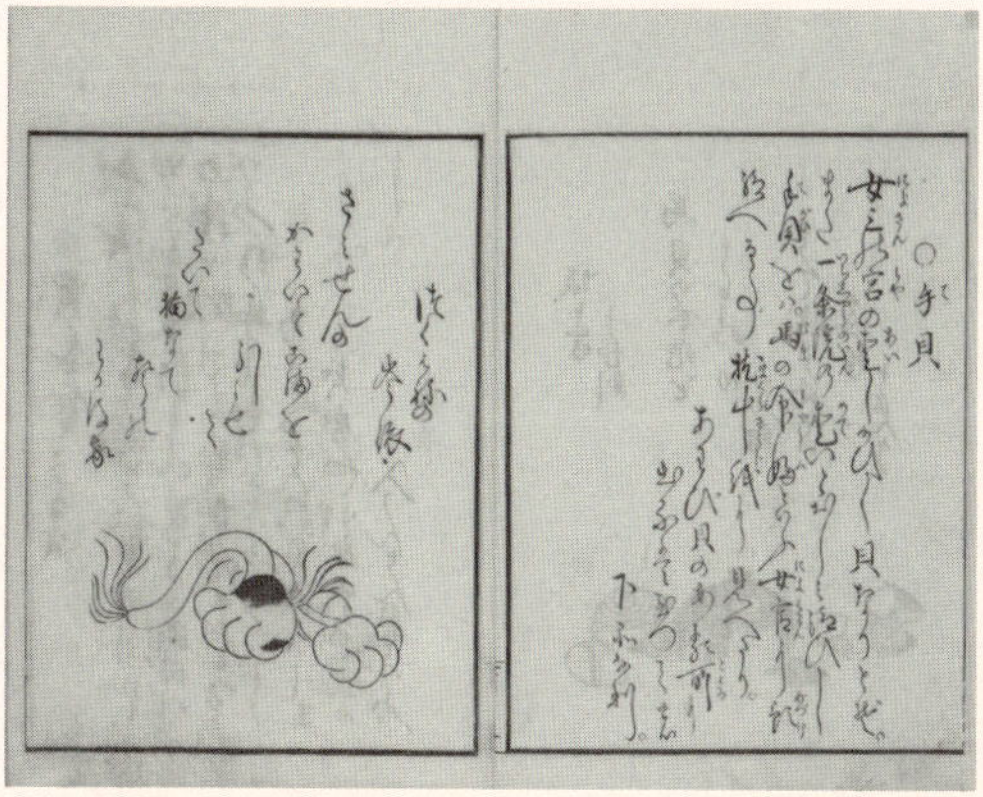

＊枕艸紙…『枕草子』。「上にさぶらふ御猫は」を調べましょう。

一〇万両以上で交易されるとする。
「甚だめでたき貝なり」福神の祝い事だけあって非常にめでたい貝である。

図4 『絵本見立仮譬尽』手貝

「手貝」＝手飼い、つまり貴人が手づから飼う動物を貝に見立てる。猫の手と鈴を貝らしく、首玉（首輪）を海藻のように描く。

[解説]

「女三の宮の愛し給ひし貝なりとぞ」『源氏物語』若菜上で描かれる、女三の宮が愛した猫（＝手貝）であったという（御簾《みす》をまくりあげたために、彼女に恋慕する柏木に垣間見を許してしまう場面で有名）。

「一条院の愛でいとおしみ給ひし手貝をば、馬の命婦といふ女官に預け給へる事、枕艸紙に見へたり」一条院が愛玩した手飼いの猫を、馬命婦《うまのみょうぶ》という女官にお預けになっていたことは『枕草子』の「上に候ふ御猫は」の章段に見えている。

「あわび貝のある所に出るは至つての下品なり」鮑の貝殻は猫の餌入れとして使われたもので、これがあ

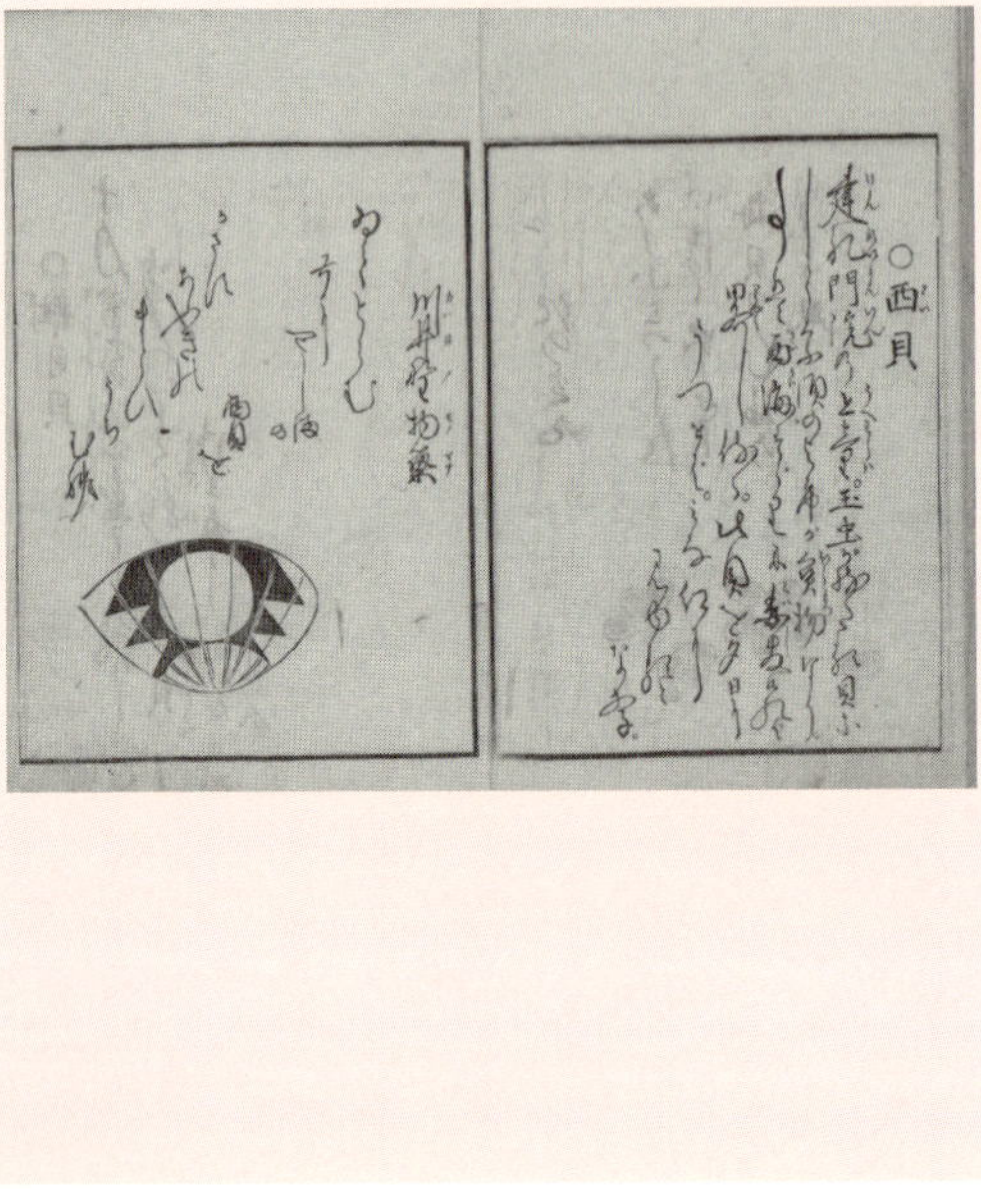

図5 『絵本見立仮譬尽』西貝（国文学研究資料館蔵）

西貝
建礼門院の上童《うへわらは》。玉虫が持たる貝にして、奈須《なす》の与市が宝物《ほうもつ》なり。（中略）此《この》貝を夕日にうつせば、みな紅《くれなひ》に見ゆるとなり。

るところに出没する猫（＝手貝）は意地汚く、きわめて下等である、とふざけていう。

図5『絵本見立仮譬尽』西貝

西貝＝西海（に沈んだ平家の貝）「西貝」は西海、西国の海のこと。源氏方の武者で弓の名手であった那須与一に対して、船上の平家方の女房がかざした日輪の扇の的《まと》を二枚貝に見立てたもの。

【解説】

「建礼門院の上童。玉虫が持たる貝にして」…「玉虫」は建礼門院に仕え、与一に扇を的としてかざした女房の名。『平家物語』には名前が記されないが、『源平盛衰記』巻四二にこの名で見える。

「奈須の与市が宝物なり」…この玉虫がもっていた扇を射落とした那須与一の宝物である（＊江戸時代には固有名詞でも漢字表記に揺れがあることが多い）。

（中略箇所はこれを素材とする人形浄瑠璃『那須与市西海硯』に言及する）

「此貝を夕日にうつせば、みな紅に見ゆるとなり」…（的として掲げられた扇に紅の日輪が描かれ、この一件は

図6『絵本見立仮譬尽』位貝（国文学研究資料館蔵）

位貝

おほけなくも。雲の上の御宝にして、末のすゑなる賤《しづ》の女《め》は拝する事も叶ひがたし。三月潮干《しほひ》の頃、形《かた》代《しろ》をうつせる貝をとりて、その形を見る事を得《う》。

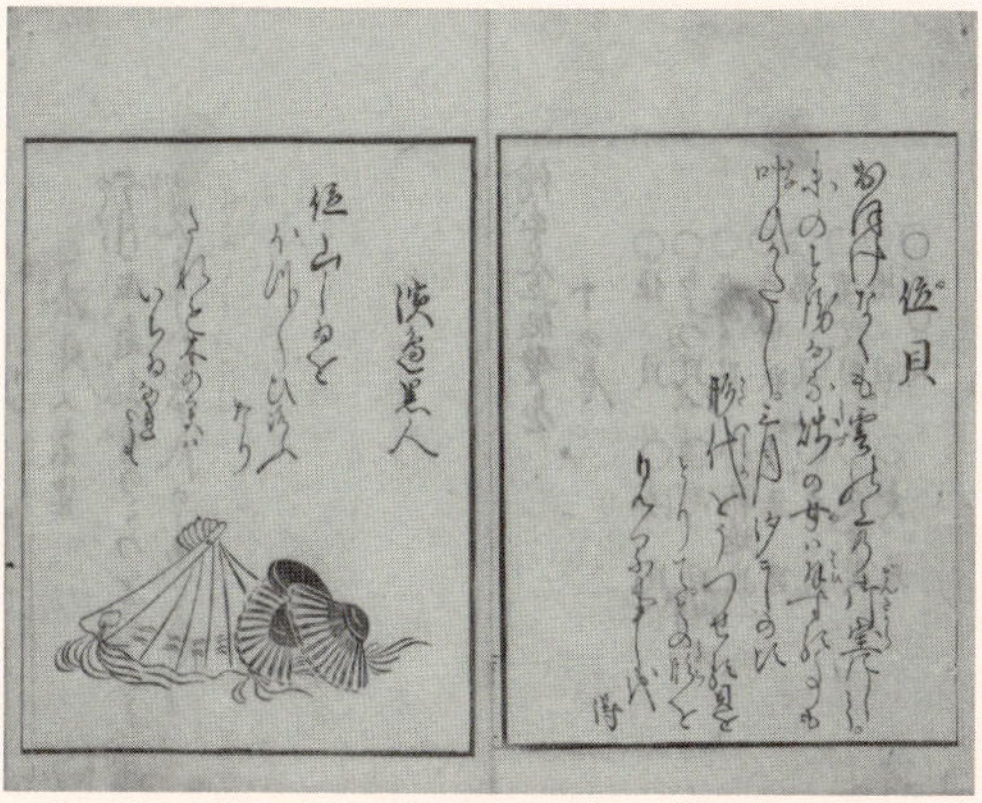

申の刻、午後4時頃のこととされるためその時刻に)、この貝を夕日に映すと、一面、紅色に見えるという。

図6 『絵本見立仮譬尽』位貝

「位貝」は位階(官職制度)のある朝廷の衣裳を着たひな人形を貝に見立てたもの。檜扇と緌《おいかけ》のある武官が束帯を着る時に着ける冠をホタテのような貝殻らしく描く。

【解説】

「おほけなくも。雲の上の御宝にして、末のすゑなる賤の女は拝する事も叶ひがたし」…恐れ多くも雲上人のお宝で、身分の低い女性は(少女の節句を祝う雛人形であるため、女性とする)、拝見するのも難しい。「三月潮干の頃、形代をうつせる貝をとりて、その形を見る事を得」…三月三日の節句の頃は潮干狩りの時期で、そのかたちを写したこの「位貝」つまり雛人形で、その形を見ることができる。

それぞれ自分がもつ「貝」の内容をおおよそ把握したところで次のステップに移りましょう。

4 見立てのおもしろさ、そのカギを考える(ジグソー活動)

(1)グループ作り

(2)(3)【グループワーク】

(1) A〜Eをもつ五人でグループを作って(番号を振っていれば番号で集まる・そうでなければ自主的に声を掛け合ってグループ作成)、ふたたび自己紹介します。
(2) ひとりずつ手もとの「貝」を他のメンバーに説明してください。
(3) すべての例をふまえ、見立絵本をおもしろくするカギはどこにあるのか、考えてみましょう。

①「見立て」の作り方の共通点　②「見立て」をおもしろくするにはどうしたらいいか

※人数の都合でA~Eすべて揃わなくても可。また同じ記号をもつ人が複数になっても可。⑵の互いの貝の紹介が終わったところでいったん個人で考える時間（2~3分程度）をとったのち、各グループでファシリテーター（司会と時間管理、全員への配慮などを担当）を決めて全体で話し合うように指示する。

【想定される①見立て絵本の作り方、②おもしろくするためのカギは、①貝の名称らしい名をもつこと、そのものの性質をふまえてあたかも生きた貝であるかのように生態を説明し、絵に描くこと、②日常生活の習慣や実態、古典をふまえるなど多角的な故事つけをまぜこぜにすることでそれらの要素間のギャップを付けることでおもしろく感じられること、など】

5 【発表・講義】まとめ

さて、各グループで見立絵本の作り方、おもしろくするためのカギについてどんなことがあがったでしょうか。それぞれの話し合いの内容の要点をそれぞれ代表者が紹介してください。

※代表はファシリテーターとしても、多くの学生に活躍の機会を与えるためにそれ以外の人と指定してもよし。

内容の理解を確認する。

次回、これらをふまえて創作に取り組んでもらいます。あらかじめ現代ならばどんな「貝」が考えられるか、いくつかアイデアを用意してくるといいですね。

※ふりかえりシートの余白または裏面に「見立て」をおもしろくするカギについて自分のことばで説明を書かせる。質問があれば書くように指示する。

▼授業の流れ

第3回　現代の見立絵本を創作しよう

時間配分	講義・ワークの内容	配付物・準備するもの
5分	**1　導入** 前回の確認・今日のねらい。	4資料：第3回の授業の流れと資料
15分	**2　【講義】『絵本見立仮譬尽』の理解を深める** 前回読解しなかった、難易度が高い「人拳」を紹介しながら、見立てのカギの理解を深める（貝らしい名称とかたちを描く・現代的な要素や古典的な要素をまじえて生態をこじつけること）。	
25分	**3　新しい「見立て貝」の創作** **(1)グループ作り** 人数に応じた方法で三、四人のグループを作る。 **(2)【グループワーク】創作** 見立てのカギをふまえ20分程度で絵と説明を作成。	●各グループにペンと大判厚紙のセット
25分	**4　【発表】新しい「見立て貝」の発表** 2分で貝の絵を見せながら名称・説明、工夫した点を発表、（創作中に秀作を選んでおき）最大8グループ程度。	●大人数の場合、投影するよう制作物の写真をアップロードするフォルダを用意

20分

5 【講義】まとめ

(1)本単元のまとめ

(2)同音異義によらない応用作

同音異義によらない応用作として、困った人や事象を怪異に「見立てる」、『画本纂怪興《さんがいきょう》』から「大頬」「野良息子」「しわん坊」「三日坊主」「いつてうら」を紹介。

(3)現代に生きた例

現代に生きた例としてアニメ貝社員、妖怪ウォッチ、『迷惑生物図鑑』などに触れる。

ふりかえりシート

授業の詳細

1 導入

前回、それぞれが『絵本見立仮譬尽』の作品に取り組み、それをふまえて他の人とこの作品の作られ方、おもしろさのカギについて考察しました。ふりかえりシートではそれをまとめて書いてもらいましたがそのうち、よく書けている人のものを紹介しましょう。

※学生の回答から好例を読み上げる。その他、質問についても回答する。

2 【講義】『絵本見立仮譬尽』の理解を深める

実は『絵本見立仮譬尽』には、前回みなさんに読んでもらったものよりも、さらに複雑でもっとおもしろい項目があります。今日の授業ではみなさん自身に創作に取り組んでもらいますが、その前に『絵本見立仮譬尽』の、もっともハイレベルなところを紹介しておきます。

今日は、これまで触れてこなかった狂歌についても見てみたいと思います。

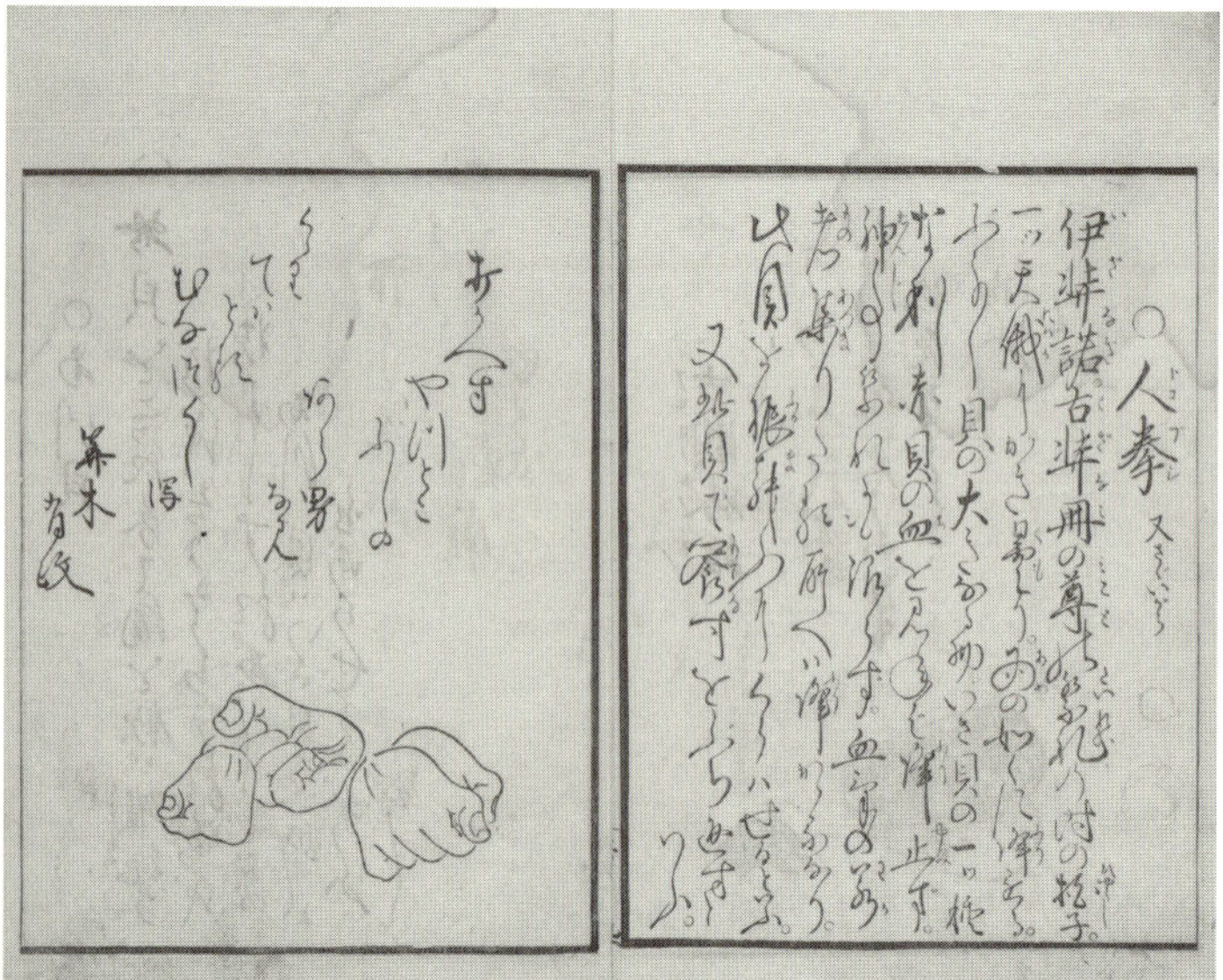

A　『絵本見立仮譬尽』人拳　又さざいがら（国文学研究資料館蔵）

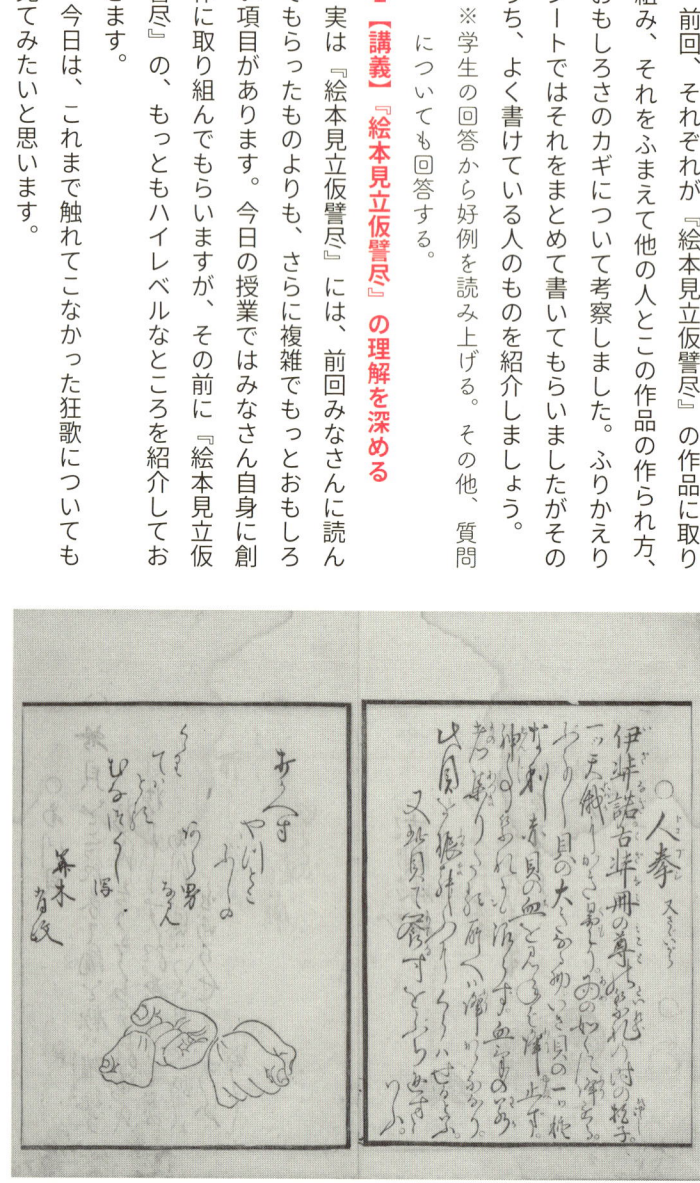

A「人拳　又さざいがら」

絵を見てみましょう。これは何でしょうかと問うまでもなく、げんこつ、ですね。右側の両手を合わせるようにしているのは二枚貝のつもりでしょうか。左にはゴツゴツと大小二つのこぶしがみえます。題は「人」と書いて「と」に、「こぶし（拳）」ですから、まさにその通りです。

そして実際に「トコブシ」という貝が実在するのを知っていますか。アワビの小さなものです。

※インターネット上の画像などを見せてもよい。

この貝の名に当て字をして人＋拳で「と」「こぶし」としたのです。

別名として「さざいがら（サザエ殻）」が挙げられていますが、これもげんこつをこのように通称することをきかせたものです。

さて、文章を読んでみましょう。

> 伊奘諾《いざなぎ》、古奘冉《こざなみ》の尊《みこと》の祭礼の時の拍子、一ッ天、俄にかき曇り、雨の如くに降り懸る。ぶう〳〵貝の大きなる物、いさ貝の一ッ種なり。赤貝の血を見ねば降り止まず。神事《じんじ》祭礼にも限らず、血気の若者、集まりたる所へは降りかゝるなり。此貝を振舞《ふるま》ふに、くらはせるといふ。又此《この》貝で饗《もてな》すをぶち返すといふ。
>
> 打ちかへすやつとこぶしのあら男《お》なみ　くゞりてはとるむなつくし潟　算木有政

イザナミ・イザナギならぬイザナギ・コザナミの祭礼、つまりいざこざ、争いごとが起きるとき、ふとした拍子に雲行きが怪しくなり、雨のようにこの貝（＝げんこつ）が降りかかる。大声で文句をいうことを、ぶうぶう貝（ホラ貝）の大きなものと表し、いさ貝（諍《いさか》い）の一種であるとこの貝の種の説明をします。

さらに、赤貝のように（ここも貝にこじつける）真っ赤な血をみなければ、げんこつが降りやむことはない。この貝は、神社の祭りに限らず、血気盛んな若者が集まるところにはどこにでも降りかかっててくる。この貝をご馳走するのに「くらわせる」、それに対してお返しでもてなしをするのを「ぶち返す」という、といいます。げんこつを「喰らわせる」を、食事をふるまうときの用語にこじつけた表現です。

さらに狂歌を読んでみましょう。ここまで取り上げてきませんでしたが、実は各図に狂歌が添えられています。狂歌とは、前回の作品紹介のところでも少し触れたように和歌の五七五七七の形式を用いながら俗語も交えたりふざけた発想を盛りこんだりして自由に詠んだ歌です。さて、この狂歌はどんな意味でしょうか。

「打ちかへす（返す）」「あら男なみ（荒男波）」、これを修飾するのがまんなかの「やつとこぶしの」です。「やっとこ」は歌舞伎の荒事の掛け声で、そのノリで大声をあげる、荒々しい男波ならぬ荒くれ男。男波とは女波との対比で大波をいいますが、ここでは雄々しい荒くれ男の比喩なのです。そんな男が、波がうち返すようにげんこつでぶち返す。対する方も、その拳をくぐり抜けては胸づくしをとる、つまり胸ぐらをつかむ。この「胸づくし」に貝の縁語で「筑紫潟《つくしがた》」（有明海）を掛詞にしています。

波や海など貝の縁語を多用しながら、殴りあいのさまをいきいきと描きだしていますね。

この作品では、本文は編者万象亭が書いていますが、狂歌はそのなかまの狂歌師が寄せています。作者算木有《さんぎのあり》政《まさ》は、そのひとりで数寄屋橋の町人。官職名「参議」に、易占に用いる「算木」を掛け、その占いが正しい（政は当て字）という意味の狂名（狂歌の筆名）ですが、なぜこの名前なのかは不明です（たいした意味のない名りかも知れません）。

『絵本見立仮譬尽』には、前回読んだ例以上に、いかにこりに凝った作例があるかがわかったでしょうか。

これらが、前回、みなさんと「見立て」をおもしろくするカギにあてはまっていることを確認しましょう。

①貝らしい名称をつけて、無理やりにでもそれらしいかたちを描くこと
②その生態を貝らしく記述するにあたって、現代的な要素と古典的な要素をごちゃまぜにしてこじつけることで、それらの要素間のギャップ、その内容と貝の生態を辞典的に記述することのギャップを演出すること

たしかにこの二点は、いま見てみた「人拳」にもあてはまっていますね。

3　新しい「貝」の創作

さて、これからみなさんにグループにわかれて現代の「見立て貝尽くし」を創作してもらいたいと思います。

(1)グループ作り

※人数に応じた方法で三、四人のグループを作る（グループ分けについてはコラム〈222ページ〉参照）。

さて、グループができたところで、ワークの開始前に自己紹介をしておきましょう。

※名前や学年だけでなく、好きなもの・ことその理由など、クラスの雰囲気に合わせてコミュニケーションのきっかけになりそうなことを話すように指示する。

自己紹介が終わったら、ファシリテーターを決めてください。全員に配慮しながら話し合いがスムースに進むようにリードし、時間管理も担うのがファシリテーターの役割です。

(2)【グループワーク】創作

※各グループに大きな用紙（ブレインストーミング用と清書用の二枚）とペンのセットを配付。

前項の見立てのカギをふまえて、まずはそれぞれがあたためてきたアイデアを出し合いましょう。配付した紙

に書き出しておくと話し合いに便利ですね。

出されたアイデアを練り上げて、新しい「見立て貝づくし」の絵と説明を作成しましょう。説明は現代語でもいいし、古語の作文にチャレンジしてもいいですね。

※学生のグループ・ワークの進捗をみまわる。作業がとまっているところなどがあれば、どうなっているのか、などと声かけする。

※終了時間5分前にアナウンス。

4 【発表】新しい「見立て貝」の発表

※最大八グループ程度（グループが多い場合は創作中に机間巡視で秀作を選んでおく。意欲のあるグループを募るなどして絞る）。

人数と教室環境に応じて、必要ならば写真をフォルダなどに上げてもらって作品をスクリーンなどに投影しながら、各グループ2分で貝の絵を見せながら名称・説明、工夫した点を発表してもらう。

過去の学生による作例として、「や貝（ばい）」「節貝」。

5 【講義】まとめ

(1)本単元のまとめ

三回にわたって、「見立絵本」の代表作『絵本見立百化鳥』、『絵本見立仮譬尽』を読解してきました。

「き／もく」「とり／ちょう」や「かい」などの同音異義語を媒介として、木や鳥、あるいは貝ではないものを、強引にそれらしく描き、それらしくその生態を説明し、それらを図鑑のように集める遊びのおもしろさは体感できたでしょうか。その図鑑のような枠組みのなかに、日常生活や習慣、流行、風俗から古典文学まで、多様な知識や情報を一緒くたにして盛りこむことも、このジャンルのおもしろさだったことをあらめて確認しておきたい

学生の作例1

や貝（ばい）

何見ても、何食ひて、常に「やばい」とうるさし。おもては何もかも飾り立て、美とも醜ともわからず。その味は雑味おほく、うましともまずしとも、え言はれず。

やばくない　やばくなくない　超やばいいいか悪いか　さてもわからず　貴駄家和歌衣

学生の作例2

節貝

人情ヶ浦の沖合にありしが、最近トンと見ない。誰にでもしょっちゅう口を出し手を貸す貝なり。弱った者がいればすかさず助けに行く。焼くのが美味だが、あまり焼き過ぎると煙が上がり、とても食えぬ。これを節貝焼と呼ぶ。好き嫌いの分かれる名物なり。

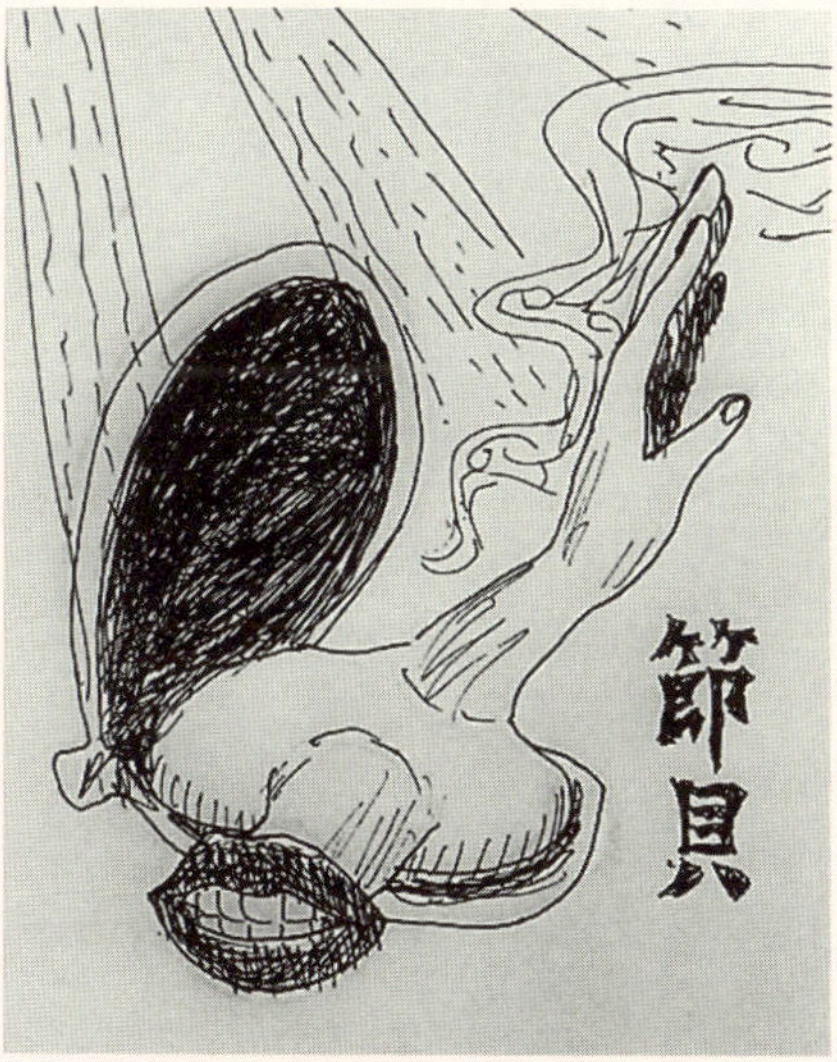

と思います。

(2) 同音異義によらない応用作

実は、この発展系として、同じ万象亭が編纂したもので、同音異義語に頼らず、困った人や事象を怪異に「見立てる」、『画本纂怪興《えほんさんかいきょう》』（一七九一〈寛政三〉年刊）などという作品もあります。

※デジタル公開は、タイトルを変えて再度出版印刷した、ライデン世界博物館蔵本のみ。デジタル画像を見せながら紹介するとよい（サイトはARC古典籍ポータルデータベース）。

https://www.dh-jac.net/db1/books/results1280.php?f1=RV-1353-102-&enter=portal&lang=ja&max=1&skip=0&enter=portal&lang=ja

たとえば、金に物を言わせて態度の大きな「大頬《おおつら》」、爪に火を灯す「しわん坊」、「三日坊主」など、現代の私たちにも通じる妖怪が描かれています。

(3) 現代に生きた例

この例を聞いて、みなさんが子どもの頃に漫画やゲーム、アニメで親しんだ『妖怪ウォッチ』（二〇一三〜）を思い出した人もいるでしょうか。困ったことを妖怪のせいにするのは、困ったことを妖怪にする本作と近い発想ですね。実は貝の場合も、ＴＯＨＯシネマズのショート動画に始まり二〇一六〜二〇一九年に地上波でテレビ放送されたアニメ「朝だよ！　貝社員」があります。知っている人もいるでしょうか（気になる人は検索してみてください）。

現代に生きた例として、他人に迷惑をかける人々を「迷惑生物」として戯画化した『カサうしろに振るやつ絶滅しろ！　絶滅してほしい!?　迷惑生物図鑑』（小学館、二〇二〇年、原案／氏田雄介絵／武田侑大）のような絵本もあります。

第1回のはじめに確認したように古典和歌以来見られ、江戸時代に発展したものながら、実は現代にまで生きている「見立て」、思いもしない着想から見る人を笑わせ、感心させ、ときに気づきを与える発想法として、さらなる可能性を秘めています。みなさんもぜひ活用してみてください。

▼本単元の意義――参加者の声をとおして

「これまで古典というのはあまり好きではなかったが、堅苦しく考えていた古典文学にもこんなにおもしろいものがあるのか！　という発見がたくさんあった」

「江戸文学って、こんなにおもしろいのにどうして教科書ではほとんど扱われていないんだろう……もったいない」

このように学生が、この「見立絵本」のふざけた姿勢をみて、これまで堅苦しく考えてきた「古典」に意外にも親しみやすいものがあることに新鮮さを感じとることが期待できる。中古・中世の古典文学をもちゃかす態度に驚きを覚え、「古典」との距離感を考える機会にもなりそうだ。

また、同音異義語が多いという日本語の特徴を生かした遊びのおもしろさへの気づきもある。

「ことば遊びの可能性の無限さにおもしろみを感じました」

さらに、学生からの気づきとして、

「江戸時代の人の発想力や知識量に驚かされました」

このように古典文学をちゃかす態度はそれらをないがしろにするのではなく、むしろその知識を十分にもつことが前提になっていることにはぜひ気づいてほしい。それによってでオマージュをささげるような、敬愛に満ちたものであることへの指摘があれば、ぜひクラスにフィードバックしてほしい。もし学生から出てこなければその点を補足するとよい。

「時間制限もあったのでハラハラドキドキしながら、ギャグで笑いながら作れたことがとても楽しかったです」
「今回は絵を描くという作業があり、新鮮でおもしろかったです」
「発表をいかにおもしろくするかということに苦しめられました。「うまいこと」一つ言うだけでもセンスがいるし、他の人の機転にも感心させられる部分がありました」

創作を体験することで、一見するとくだらなくも映る「戯作」が実は作者たちの機知にあふれたものであることに気づき得る。

既存の知識体系を基盤とし、そこに「見立て」という古来行われてきた概念操作を加えるおもしろさ、その作り手の機知を受け手が理解するというコミュニケーションを成立させることで、あらたなおもしろい作品を生み出すことができること、知の可能性を改めて確認する機会としていただきたい。

▼もっと知りたい・学びたい人のために

・小林ふみ子『へんちくりん江戸挿絵本』（集英社インターナショナル〈インターナショナル新書〉二〇一九）『画本纂怪興』その他関連作品を一般向けに読み解いたものです。
・中野三敏『和本の海へ　豊饒の江戸文化』（KADOKAWA〈角川選書〉二〇〇九）関連する作品が紹介されています。
・小林ふみ子・延広真治・山本陽史他『江戸見立本の研究』（汲古書院　二〇〇六）『絵本見立仮譬尽』全文の翻刻と注釈を掲載しています。
・石上敏『叢書江戸文庫　森島中良集』（国書刊行会　一九九四）第3回のまとめで紹介した応用作『画本纂怪興』の影印・翻刻が収められています。

（小林ふみ子）

時代：古代文学

第5章

枕詞を作ってみよう！

――万葉歌人の発想を追体験する

▼ねらい

現存最古の歌集『万葉集』は奈良時代に成立した。その当時、ひらがな・カタカナは成立しておらず、漢字のみで日本語を記していた。そのような表記の様相を体感しながら、現代の視点で歌の内容を捉えなおすことをねらいとした単元である。

具体的には枕詞や、土地などをほめたたえる讃美を示す『万葉集』における慣用的な表現を活用し、表記の多様性を学ぶ。用いられる漢字にはすべてに意味があるわけではなく、単に漢字の音だけで利用している例も少なくないことを把握する。現代の食べ物や飲み物への讃歌をグループで作成しながら、一部の句を漢字表記で示すことで、漢字のみで日本語を記していた万葉歌人の発想を追体験していくことをねらいとした。このワークをとおして、読解力、創造力、表現力、コミュニケーション能力を身につけることができる。

授業構成（90分×3回）

第1回　『万葉集』の枕詞を知ろう

・歌の修辞技法の理解を深める。
・『万葉集』の表記に関する理解を深める。

第2回　『万葉集』の讃美の表現を知ろう

・『万葉集』の讃歌に関する理解を深める。
・『万葉集』の讃美を示す表現に関する理解を深める。

第3回　万葉歌人を目指そう

・第2回までに学習した内容を実践的に活用する。
・歌の修辞技法と『万葉集』の表記についてグループワークで理解を深める。

実施環境

人数

・六〜三〇人程度（三、四人で一グループを構成）
＊大人数の場合、複数人が同じワークシートで実施する。

パソコン・ネット環境

・不要

教室

・指定なし

▼授業の流れ

第1回『万葉集』の枕詞を知ろう

時間配分	講義・ワークの内容	配付物・準備するもの
5分	**1 導入** 目標を提示し、学習の流れを説明する。	
30分	**2 枕詞と『万葉集』の紹介** (1)**【講義】『万葉集』の枕詞と被枕の紹介** 資料を用いて『万葉集』を読みながら、枕詞と被枕の例を学ぶ。	❶資料：『万葉集』巻第一冒頭、巻第二〇末尾
	(2)**【講義】『万葉集』表記の様相の確認** 『万葉集』巻第一と巻第二〇を踏まえて表記に関わる様相を学ぶ。	
5分	**3 枕詞の訓み** (1)**【個人ワーク】枕詞の訓みの学習** ワークシートの一問目を各自個人ワークとして実施する。	❷ワークシート：枕詞
15分	(2)**【グループワーク】枕詞と表記の学習** 個人ワークで担当した枕詞が共通するメンバーでグループを作成し、ワークシートを遂行する。	
15分	**4【発表】枕詞の様相**	

	25分
枕詞と表記の様相。ワークシートの三問目に即して各班で考えたことをプレゼンする。	5 **【講義】本日のまとめ** 『万葉集』の枕詞と表記のまとめ。資料を配付して、本日のまとめを行う。
	❸資料：枕詞

▼授業の詳細

1　導入

この単元では、『万葉集』の理解を深めて、万葉歌人のような気持ちで創作をしてもらうことをねらいとします。具体的には、枕詞と対象をほめる讃美の表現とを学びます。さて、『万葉集』は奈良時代とそれ以前の歌を収めた、日本文学では現存最古の歌集となります。その時代は、ひらがな・カタカナがまだ成立していない頃でした。日本語はどのように書かれていたのでしょうか？　漢字で日本語を記していたのです。中国古典文法に基づいた、いわゆる漢文も存在しますが、漢字のみで日本語を記す日本語文も存在していたのです。『万葉集』に収められた歌は、そのような漢字で書かれた日本語文なのです。枕詞、讃美表現、そして漢字による表記、大きくこの三点をからめながら、万葉歌人に近づいていきましょう。

2　枕詞と『万葉集』の紹介

(1)【講義】『万葉集』の枕詞と被枕の紹介

※❶資料：『万葉集』巻第一冒頭、巻第二〇末尾を配付する。

資料をご覧ください。『万葉集』の歌が掲載されています。歌番号が付されていますが、その四番歌をご覧ください。中皇命《なかつすめらみこと》という人物（詳細はわかりませんが皇后かと推測されています）が詠んだ

> たまきはる　宇智《うち》の大野に　馬並《な》めて　朝踏ますらむ　その草深野《くさぶかの》

という歌です。大まかなところでかまわないので、現代語に訳してみましょう。

第二句から考えてみましょう。「宇智の大野」は、「宇智」という場所にある大きい野を示します。第三句「馬並めて」はマ行で活用する「並む」はなじみがないかもしれませんが、「並べる」という意味です。第四・五句「朝踏ますらむ　草深野」は「朝」という時間帯に、「草深野」つまり、草深い野を踏んでいることを表現しています。助動詞を確認しておくと、現在推量「らむ」には気づけるかと思います。「す」は『万葉集』の時代に特有の助動詞で尊敬の意味を表します。以上を踏まえると、「宇智の大きい野に、馬を並べて、朝お踏みになっているのであろう、その草深い野を」と訳せるでしょう。それで意味は通じるでしょう。

ただし、第一句に「たまきはる」ということばがあります。現代語に訳そうとすると非常に難しいことばで、現代でも語義未詳とされます。この歌では「宇智」という地名にかかる枕詞と説明されます。実際は「内」という表記で示せる場合（宮中や内部など）に用いるのですが、同音「うち」で地名の「宇智」にかかる例ということになります。現代語訳としては、（　）を付して原文の仮名遣いのまま、（たまきはる）と示すのが一般的です。

枕詞は五音句で、かかることばが存在するのが基本です。そのようなことばは「被枕《ひまくら》」という用語で取り扱われます。枕詞と被枕とを関連づけて覚えていくのが、現在での高校などでの学習のやり方になります。かかり方に関しては、「草枕」―「旅」のように、草を枕にするのが旅、と理屈を明確にできる場合はありますが、ここの「たまきはる」―「うち」のようにかかり方が不明なものも少なくありません。記号のように取り扱ってしまわざるを得ないのも仕方ありません。しかし、五七五七七のように歌の限られた音数でわざわざ意味のわからぬことばを含めているというのはなぜでしょうか。その答えを明確にするのは難しいところですが、枕詞を使い、被枕を際立たせるという効果があったと考えられそうです。単なる装飾に見えるかもしれませんが、本来は盛り上げる効果はあって、古代の歌に必要とされたのでしょう。

資料には、他にもいくつか枕詞を指摘できます。一～三番歌のなかから、枕詞と被枕とを、まずは自ら探してみましょう。

※ここの枕詞は必ずしも有名なものではないので、教員主導で行ってもよい。

一番歌では「そらみつ」―「大和」、二番歌では「あきづしま」―「大和」、三番歌では「やすみしし」―「大君」と指摘できます。大事な土地、大事な主君に関して使われているように、枕詞は大切なものを示すために使われていると推測できるでしょう。枕詞は讃美される対象へのほめことばのような存在であるといってよいでしょう。

(2)【講義】『万葉集』表記の様相の確認

『万葉集』は奈良時代までの歌を収め、漢字のみで日本語が書かれた時代の産物です。現在ではわかりやすくなるように漢字仮名まじりで紹介するのが基本ですが、実際はすべての歌が漢字のみで書かれています。資料をご覧ください。今確認した枕詞と被枕とがどのような表記になっているのか、確認してみましょう。

一番歌「虚見津」―「山跡」、二番歌「蜻嶋」―「八間跡」、三番歌「八隅知之」―「大王」、四番歌「玉剋春」―「内」となっています。先ほど内容を把握した、四番歌は一首は「玉剋春　内乃大野尓　馬数而　朝布麻須等六　其草深野」と書かれています。

※原文表記の漢字は無理に読まなくてもよいが、音読すると現在のわれわれからはいかにつかみにくいものかが、かえって明瞭になるだろう。

このような漢字表記を見てみると、漢字として意味を持たせているところと意味ではなく音を示しているところがありそうだと判断できましょう。表意性を重視した表記と表音性を重視した表記とが存在するわけです。資料の終わりの方をご覧ください。二〇巻からなる『万葉集』の最後のあたりを掲載しています。『万葉集』最後の歌、大伴家持《おおとものやかもち》の詠んだ四五一六番歌を見ておきましょう。

新《あら》しき　年の初めの　初春《はつはる》の　今日《けふ》降る雪の　いやしけ吉事《よごと》

一首の意味は「新しい年の初めの初春の今日降る雪のように、もっと積もれ、よい事よ」のようになります。文法など難しくはない歌でしょう。さて、この歌は漢字では「新　年乃始乃　波都波流能　家布敷流由伎能　伊夜之家餘其騰」と記されています。第一・二句は「新」「年」「始」と「新しき　年の初めの」の意味を示す漢字といえ、表意性を重視した表記であることがわかります。第三〜五句は「初春の　今日降る雪の　いやしけ吉事」という内容とは関係性を見いだしにくい「波都波流能　家布敷流由伎能　伊夜之家餘其騰」という一字一音の表記になっています。表音性すなわち意味ではなくその音を示すことを重視した表記といえます。資料を用いて巻第二〇の他の歌を見てみましょう。多くの歌で一字一音での表記が用いられているように、表音性を重視した表記が中心になっていることがつかめるでしょう。『万葉集』の表記は多様であることが把握できるでしょう。

これからのワークは、枕詞や漢字の使用など、『万葉集』の時代に生きている気持ちで取り組んでみましょう。

3　枕詞の訓み

(1)【個人ワーク】枕詞の訓みの学習

これから配付するワークシートは、『万葉集』の歌が一首ずつ掲載されています。

※ 2 ワークシート：枕詞を配付する。

各人異なるワークシートになっています。そして枕詞の箇所のみ漢字原文で記したものになっています。設問1「右の歌の太字の箇所を何と訓《よ》むか考えてみましょう」を各自やってもらいます。周りと相談することなく個人ワークとして行ってください。

※ 2 ワークシート：枕詞は全員に異なるものが配付できることを前提に以下説明する。参加者が多い場合、

いくつかのワークシートを重複させて行う。

※❷ワークシート：枕詞は枕詞のみ漢字表記したものである。「ひさかたの」や「ぬばたまの」など枕詞ごとにグループ化して、以下のワークをグループで行う。

※設問1を行わせている間に、その訓みをひらがなで板書するか、ひらがなで示した用紙を黒板などに提示して、グループワークに移行しやすくする。

(2)【グループワーク】枕詞と表記の学習

設問1の解答は終わりましたか？『万葉集』の漢字原文で示した訓みを答えてもらいました。教室の前(後ろ)にひらがなで枕詞を提示しています。みなさんが書いた答えと同じもの、一致しなくとも推測しうる訓みになるところへ、移動してください。

同じことばに集まった方々で、今日のこれからのワークを行うグループを構成します。では順に班の場所に移動してください。

※一グループ三、四人で、参加人数次第でグループの数は決定する。机の配置などは、教室の状況に応じて、適宜指示を行う。

グループが決まりましたので、まず簡単に自己紹介をしてください。その際、ワークシートの設問2「同じグループの人の歌を書き出してみましょう」も併せて行ってください。

※展開を見て、自己紹介と設問2が終わる班が出て来そうなところで、次の指示を出す。

ワークシートの設問2を踏まえて、設問3「(2)を見て気づいたことをグループで話し合い、書き出してみましょう」を行いましょう。そこに注記しましたが、「表記はどのようになっていますか?」「何という言葉にかかっていますか?」「その他、気づいたことはありますか?」といった観点を中心にグループで話し合ってください。辞書など使ってかまいません。

※辞書などの使用に関して、ウェブ上のものの使用、スマホの使用も許可するかどうかは、教員の判断による。

この後、各班の代表に、どの枕詞を担当したのか、どのような表記があったのかなどを発表してもらいます。その発表内容も併せて検討してください。各班の発表は3分以内とします。グループワークは○時○分まで行ってください。

※時間は以降の展開を考えて具体的に提示する。発表に大きな紙などを用いて行わせるのであれば、その紙やペンもここで用意しておく。

4【発表】枕詞の様相

ではグループワークで話し合ったことを発表してもらいます。どのような枕詞なのか、どのような被枕なのか、どのような表記なのか、その他考えたことなどを発表してください。黒板（ホワイトボード）は自由に使ってかまいません。

※各班の記したもの、提示したものが「ふりかえり」で可視化して確認できるようにしておく。

※内容に関わるふりかえりは5【講義】で行うが、各班の発表に対して、教員から一言二言のコメントする。

※発表は表記の多様性、被枕の種類などが中心になるかと思われる。表意性を重視した表記や表音性を重視した表記などで学生が興味を持ったと思われるところを拾い上げる。

5【講義】本日のまとめ

※❸資料：枕詞を配付する。

グループワークから発表まで、ご苦労さまでした。今お配りした資料ですが、みなさんが本日取り組んだ歌はここに提示してあります。各班の内容と状況を確認しておきましょう。

※各班の発表内容を踏まえて、第1回のまとめとする。一律の解答があるわけではない。なお、❸資料：枕詞で取り上げた各枕詞の様相をまとめておく。提示する枕詞は五十音順である。

「あしひきの」（3「足日木乃」―「山」、14「足病之」―「山」、23「安之比奇能」―「山妣故」）
「あらたまの」（6「荒珠」―「年」、21「荒玉乃」―「年」、24「安良多麻乃」―「（多都）追奇」）
「あをによし」（8「阿遠尓与志」―「奈良」、11「青丹吉」―「平城」、27「青丹余之」―「奈良」）
「くさまくら」（4「草枕」―「旅」、22「久左麻久良」―「多婢」、29「久佐麻久良」―「多比」）
「しろたへの」（7「白細乃」―「袖」、20「白妙之」―「袖」、26「之路多倍乃」―「（阿我）許呂毛弖」）
「たらちねの」（16「垂乳根乃」―「母」、19「足千根乃」―「母」、28「多良知祢乃」―「波々」）
「ちはやぶる」（2「千磐破」―「神」、15「千早振」―「神」、17「千羽八振」―「神」、18「千葉破」―「神」）
「ぬばたまの」（1「奴婆珠能」―「黒髪」、10「烏玉之」―「夜」、13「黒玉之」―「夜」、25「奴婆多麻能」―「欲」）
「ひさかたの」（5「久堅乃」―「雨」、9「比佐可多能」―「阿米」、12「久方乃」―「天」）

※参加者の感想のシェアを取る場合、全員に行うか、班ごとに行うかは教員の判断による。

次回は、『万葉集』に見られる慣用的な表現に関してワークを行う予定です。❶資料：『万葉集』巻第一冒頭、巻第二〇末尾も使うので、忘れないようにしてください。

▼授業の流れ

第2回『万葉集』の讃美の表現を知ろう

時間配分	講義・ワークの内容	配付物・準備するもの
25分	**1** **【講義】導入** 『万葉集』の讃歌に関わる表現の紹介。前回の復習をした上で、讃美に通ずる表現を紹介する。	❶資料：『万葉集』巻第一冒頭、巻第二〇末尾（前回配付）
5分	**2** **慣用句の学習** (1)**【個人ワーク】慣用句の訓みの学習** ワークシートを配付し、一問目を各自個人ワークとして実施する。	❹ワークシート：慣用句
25分	(2)**【グループワーク】慣用句と表記の学習** 個人ワークで担当した慣用句が共通するメンバーでグループを作成し、ワークシートを遂行する。	
15分	**3** **【発表】慣用句の様相** 慣用句と表記の様相。ワークシートの三問目に即して各班で考えたことをプレゼンする。	
25分	**4** **【講義】本日のまとめ** 『万葉集』の慣用句と表記のまとめ。資料を配付して、本日のまとめを行う。	❺資料：慣用句

▼授業の詳細

1 【講義】導入

今回は『万葉集』における対象を讃美する表現を学びましょう。『万葉集』にはさまざまな場面で詠まれた歌が収められていますが、天皇がお出掛けになった場所をほめたたえたり、心を寄せる対象（人でも、物でも）を賞美するような歌は少なくありません。文脈的に讃美しているものであれば讃美の歌ということになりますが、『万葉集』では、そういった讃美を示す表現で慣用的に用いられているものがいくつかあります。そこで、今回は讃美に関わる慣用的な表現を学んでいきたいと思います。まずは前回の復習を行います。前回配付した❶資料：『万葉集』巻第一冒頭、巻第二〇末尾を見てください。一～四番の歌に見られる枕詞と被枕を確認しましょう。

※「一番歌の枕詞と被枕は何ということばですか」のような発問を含めてもよい。

一番歌は「そらみつ」－「大和」、二番歌は「あきづしま」―「大和」、三番歌は「やすみしし」―「大君」、四番歌は「たまきはる」―「宇智」と指摘できます。大切な土地、大事な主君に関して使われているように枕詞は讃美される対象へのほめことばのような性質であるといった特徴もありましたね。つまり、枕詞も讃美に通ずる慣用的な表現の一つであるわけです。他にどのような枕詞がありましたか？　ワークで取り上げたものを挙げてみましょう。

※「前回のワークで取り上げた枕詞と被枕とを挙げて見ましょう」のような発問を含めてもよい。

「あしひきの」―「山」、「くさまくら」―「旅」、「ちはやぶる」―「神」などがありましたね。かかり方が明確になるもの、ならないものもありました。また、『万葉集』は漢字のみで書かれた時代の作品ですから、今紹介した枕詞・被枕ともに漢字のみで書かれていました。その表記も資料で確認しておきましょう。

一番歌「虚見津」―「山跡」、二番歌「蜻嶋」―「八間跡」、三番歌「八隅知之」―「大王」、四番歌「玉剋春」―「内」となっています。漢字の意味を重視した表意性のある表記と、漢字の音を利用した表音性のある表記とが存在していましたね。資料の後半、巻第二〇には表音性の表記の割合が多かったですね。

さて、資料から讃美に通ずる表現を探してみましょう。

二番歌「うまし国そ」、四五一二番歌「咲きにほふ」、四五一三番歌「散らまく惜しも」、四五一六番歌「いやしけ吉事」などが指摘できるでしょう。国の繁栄を確認する国見を行っている二番歌や、狩りに出る天皇のことを詠む三番歌などはすべて讃美に通ずる表現に見えるかもしれません。それは間違いではない感覚です。歌を詠む一つのきっかけは対象や行為の主体をほめたたえることにあったようです。『万葉集』にはそのような一首全体で讃美する歌が少なくありません。

そして、先ほど挙げた讃美に通ずる表現がどのような表記になっているかも確認しておきましょう。二番歌「怜忖国曾」、四五一二番歌「佐伎尓保布」、四五一三番歌「知良麻久乎思母」、四五一六番歌「伊夜之家余其騰」となっています。巻第二〇の方は、表音性を重視した一字一音の表記になっており、使われている漢字から、その意味を類推することは難しくなっています。

2 慣用句の学習

(1)【個人ワーク】慣用句の訓みの学習

これから配付するワークシートは、『万葉集』の歌が一首ずつ掲載してあります。

※ **4** ワークシート：慣用句を配付する。

各人異なるワークシートになっています。そして慣用的な表現の箇所のみ漢字原文で記したものになっています。ワークシートの設問1「右の歌の太字の箇所を何と訓《よ》むか考えてみましょう」を各自やってもらいます。周りと相談することなく個人ワークとして行ってください。

※❹ワークシート：慣用句は全員に異なるものが配付できることを前提に以下説明する。参加者が多い場合、いくつかのワークシートを重複させて行う。

※❹ワークシート：慣用句は慣用的な表現のみ漢字表記したものである。「いにしへおもほゆ」や「見れどあかぬ」など慣用的な表現ごとにグループ化して、以下のワークをグループで行う。

※設問1を行わせている間に、その訓みをひらがなで板書するか、示した用紙を黒板などに提示して、グループワークに移行しやすくする。

(2)【グループワーク】慣用句と表記の学習

設問1の解答は終わりましたか？『万葉集』の漢字原文で記した慣用句の訓みを答えてもらいました。教室の前（後ろ）にひらがなで慣用句を提示しています。みなさんが書いた答えと同じもの、一致しなくとも推測しうる訓みになるところへ、移動してください。

同じことばに集まった方々で、今日のこれからのワークを行うグループを構成します。では順に班の場所に移動してください。

※一グループ三、四人で、参加人数次第でグループの数は決定する。机の配置などは、教室の状況に応じて、適宜指示を行う。

グループが決まりましたので、まず簡単に自己紹介をしてください。その際、ワークシートの設問2「同じグループの人の歌を書き出してみましょう」も併せて行ってください。

※展開を見て、自己紹介と設問2が終わる班が出て来そうなところで、次の指示を出す。

ワークシートの設問2を踏まえて、設問3「(2)」を見て気づいたことをグループで話し合い、書き出してみましょう」を行いましょう。そこに注記しましたが、「表記はどのようになっていますか？」などの観点を中心にグループで話し合ってください。辞書など使ってかまいません。なお、注記した観点は慣用句によって異なっています。

※辞書などの使用に関して、ウェブ上のものの使用、スマホの使用も許可するかどうかは、教員の判断による。

この後、各班の代表に、どの慣用句を担当したのか、どのような意味になっているのか、どのような表記があったのかなどを発表してもらいます。その発表内容も併せて検討してください。各班の発表は3分以内とします。グループワークは○時○分まで行ってください。

※時間は以降の展開を考えて具体的に提示する。発表に大きな紙などを用いて行わせるのであれば、その紙やペンもここで用意しておく。

3【発表】慣用句の様相

ではグループワークで話し合ったことを発表してもらいます。どのような慣用句なのか、どのような意味なのか、どのような表記なのか、その他考えたことなどを発表してください。黒板（ホワイトボード）は自由に使ってかまいません。

※各班の記したもの、提示したものが「ふりかえり」で可視化して確認できるようにしておく。

※内容に関わるふりかえりは4【講義】で行うが、各班の発表に対して、教員から一言二言のコメントする。

※発表は表記の多様性、被枕の種類などが中心になるかと思われる。表意性を重視した表記や表音性を重視した表記などで学生が興味を持ったと思われるところを拾い上げる。

4【講義】本日のまとめ

※5資料：慣用句を配付する。

グループワークから発表まで、ご苦労さまでした。今お配りした資料ですが、みなさんが本日取り組んだ歌はここに提示してあります。各班の内容と状況を確認しておきましょう。

※各班の発表内容を踏まえて、第2回のまとめとする。一律の解答があるわけではない。なお、5資料：慣用句で取り上げた各慣用句の様相をまとめておく。提示する慣用句は五十音順である。

1「いにしへおもほゆ」古所念、古所念、古昔所念、伊尓之敝於母保由
2「いまさかりなり」今盛有、伊麻左加利奈利、今盛有、伊麻佐可里奈里
3「いめにしみゆる」夢西所見、夢所見、夢二四三湯流、伊米尓之見由流
4「おもほゆるかも」所念可聞、所念鴨、所念香毛、於毛保由流香母
5「きなきとよもす」来鳴令響、来鳴令動、来鳴響、伎奈伎等余母須
6「たゆることなく」絶事無久、多由流己等奈久、絶事無、絶己等奈久
7「なりにけるかも」成尓来鴨、成来鴨、成尓家類可聞、奈里尓家流香聞
8「みつつしのはむ」見乍偲食、見乍将思、見偲、見都追思努播牟
9「みれどあかぬかも」雖見不飽香聞、雖見不飽可聞、見礼杼安可奴加毛、美礼杼安賀奴香母
10「わすれかねつも」忘可祢津藻、忘金都毛、忘不得毛、和須礼可祢都母

※参加者の感想のシェアを取る場合、全員に行うか、班ごとに行うかは教員の判断による。

表記に関して確認しておきましょう。「みつつしのはむ」を取り上げます。「見」はすべてに共通していますが、一字一音の仮名書き「見都追思努播牟」がある一方、動詞のみ表記し、助詞・助動詞が表記されない「見偲」も

あります。また「しのはむ」の箇所も「偲食」は「食」（古語で「はむ」）という当て字をしていて、「将思」は推量を示す「将」という漢字を中国古典の語法に即して対応する動詞の前に付すため返り点が必要となっています。漢字の意味を重視したり、一字一音で書いてみたり、返り点も使ってみたり、さまざまな表記体系が混在しているのが『万葉集』の表記の実態です。現代の私たちから見れば、何と不便なことと思ってしまうかもしれませんが、『万葉集』当時はひらがなもカタカナも存在せず、異国のことばを示すための漢字を用いて日本語を表記していました。歌人は、さまざまな教養を活かして、パズルを作るように表記していたのであろうと思います。それは苦行なのではなく、楽しい知的な作業であったと思われます。

次回は、このような『万葉集』に収められる歌が詠まれた頃の知的な楽しみを実体験できるような創作のワークを行いたいと思います。❸資料：枕詞・❺資料：慣用句も使うので、忘れないようにしてください。

▼授業の流れ

第3回　万葉歌人を目指そう

時間配分	講義・ワークの内容	配付物・準備するもの
45分	**1 【グループワーク】『万葉集』的な表現の実践** 個人ワークを踏まえた創作。グループワークで「食べ物・飲み物」讃歌を作成する。	❻ワークシート：創作 ❼資料：万葉仮名一覧 ●大きな付箋 ●マジックなど筆記具
25分	**2 【発表】讃歌を学ぶ** グループワークの成果発表。各班の発表を行う。	
20分	**3 ふりかえり・まとめ** 発表を踏まえて、ふりかえりとまとめを行う。	

▼授業の詳細

1【グループワーク】『万葉集』的な表現の実践

前々回、前回と『万葉集』の枕詞と慣用句に関して学びました。讃美されるものへ使われる枕詞、慣用的に使われる讃美の表現が『万葉集』を支える要素の一つでした。そして、表記に関しては、表意性を重視しているものも、表音性を重視しているものもありました。さまざまな表記が存在するということは、書き手側からすると、表意性を重視するのか、表音性を重視するのかといった選択や、表意性を重視するにしてもどのような漢字を採択するのか、さまざまに思いをめぐらせていたものと思われます。まさに知的な創造の反映であったと言ってよいでしょう。

今日は、その学んだことを活かして、グループワークを行ってもらいます。テーマは「食べ物・飲み物讃歌」を作ろう、というものです。創作だけでなく、一班3分程度の発表をしてもらいますので、それに向けた準備も含めてグループワークをしてもらいます。

※一グループ三、四人とする。グループは第1・2回と別になるのがよい。決め方は任意である。机の配置などは、教室の状況に応じて、適宜指示を行う。

※テーマは「食べ物・飲み物讃歌」としたが、そのテーマでなければならないというものではなく、「地元」「学校」などテーマは身近なものでよい。教員の判断で時期や学生の状況などに応じてテーマは設定した方がよい。

班にわかれましたね。まず簡単に自己紹介をしてください。

※❻ワークシート：創作・❼資料：万葉仮名一覧を配付。

ワークシートをご覧ください。「食べ物・飲み物讃歌」を作ります。まず、何の食べ物、飲み物にするかを考え、その魅力をグループで意見を出し合ってください。設問1を個人で考えてもらい、設問2をグループで考えながら、テーマを決めるのがよいでしょう。設問3は実際に五七五七七を考えてもらいますが、今までに学んだ枕詞と慣用的な讃美表現を含めることをルールとします。その際、その枕詞と慣用句とを漢字表記のみにしてください。

漢字表記に関しては、3資料：枕詞・5資料：慣用句に示されたもののままを用いてもかまいませんが、できれば自分たちのオリジナリティを出してもらいたいところです。表意にこだわるのであれば、表現したいことばの意味を示す漢字をさまざまに考えてみてください。表音に関しては7資料を参照してください。いわゆる万葉仮名の一覧です。甲・乙という分類がいくつかの仮名に見られます。「上代特殊仮名遣い」と呼ばれるものです。国語学関連の授業で学ぶ機会もあるでしょう。たとえば、「かみ」ということばを挙げてみましょう。「上中下」の「かみ」には「美」「弥」を用い、「神様」の「かみ」には「未」「微」を用いるといった書き分けが見られるというものです。資料上は文字でしかわからないことなので「仮名遣い」という説明用語が与えられていますが、本来は音の違いを反映したものと考えられています。この区別に関して、『万葉集』の時代は明確だったはずですが、現代は不明とせざるをえないので、そこの甲・乙の違いは、今回のワークでは気にしなくて結構です。

発表は一グループ3分程度とします。大きな付箋（模造紙）を使ってプレゼンしてもらいます。用紙はグループワークが始まったら配付します。発表では、歌、その内容、表現や表記の工夫を紹介してもらいます。それでは始めてください。グループワークは◯時◯分まで行ってください。

※時間は以降の展開を考えて具体的に提示する。大きな付箋（模造紙）、筆記具を配付する。

2【発表】讃歌を学ぶ

ではグループワークで話し合ったことを発表してもらいます。付箋（模造紙）を提示しながら、歌、その内容、表現や表記の工夫を紹介してください。

※発表に用いた付箋（模造紙）は「ふりかえり」で可視化して確認できるようにしておく。
※内容に関わるふりかえりは以下で行うが、各班の発表に対して、教員から一言二言のコメントはする。

3　ふりかえり・まとめ

グループワークから発表まで、ご苦労さまでした。みなさん万葉歌人になれたでしょうか？　感想を聞かせてください。
※参加者全員の感想を共有する。
※各班の発表を踏まえて、改めて枕詞、慣用表現、漢字表記の様相を確認する。
今まで『万葉集』は遠い存在だったかもしれません。枕詞、慣用句、表記、さまざまに自ら考えてみることで、少しでも身近な存在になれればありがたいところです。

▼本単元の意義――参加者の声をとおして

「『万葉集』というと、難しく、手を出しにくいイメージがあり、なかなか触れる機会もなかったが、技巧よりも言葉遊びに近いものもあるのだとわかった」という感想があったように、まずはとっつきにくい印象のある『万葉集』を身近に感じさせる意義があったといえる。「少しずつ段階を踏みながら、最後は歌をつくるところまで到達できた。その手順がとても考えられているなと思った」という感想もあった。段階的に学習していくことで枕詞、慣用句、表記の多様性を学ぶ効果があるようだ。「歌を作るのは最初は難しく思えたが、グループでアイデアを出し合い楽しく考えられた」、「他の班の歌のプレゼンを見るのも、いろいろな工夫が見られておもしろかった」といった感想があった。自分自身が主体的に考えることでさまざまなアイデアにつながることが実感でき、他者の努力もよく理解できるようになり、読解力のみならず、他者を理解する力に通ずる意義があるといえよう。

▼もっと知りたい・学びたい人のために

・小学館新編日本古典文学全集『万葉集』「解説」　『万葉集』に関して、きわめてオーソドックスな「解説」になっている。JapanKnowledgeで読むことができる。

・『和歌のルール』（笠間書院　二〇一四）　「枕詞」をはじめとした和歌の修辞技法などの説明が充実している。

・大谷雅夫『万葉集に出会う』（岩波新書　二〇二一）　漢字をどう訓むかといった観点からの説明も豊富であり、『万葉集』を知ることができる書。

（中嶋真也）

時代：古代〜中世文学

第6章

歴史の空白を埋める物語を創作してみよう！

――歴史はどう創られる？　草薙の剣をめぐる言説から探る

▼ねらい

天皇即位の証《あかし》とされる「三種の神器」の一つ、「草薙の剣」のルーツと伝来について、古代から中世における歴史書・物語等を読み解き、それぞれの時代や著者の立場によって歴史がどのように語られるのか、また、そのような記述がなされる背景について考えることで、歴史を相対化する視点を学ぶ。そこからさらに、現代のメディアにおけるニュースや政治的発言などについて、批判的に見る目を養う重要性を理解する。

さらに草薙の剣をめぐる「謎」について、歴史上、空白となっている部分を埋める物語を創作するワークによって、新たな物語が生まれる仕組みを体感するとともに、年表作成を行うことで、歴史事象を簡潔な文章でまとめる力を養う。作品読解の個人およびグループワーク、創作ワークを通じて、読解力、批判力、コミュニケーション力、発想力、表現力を磨く。

▼授業構成（90分×3回）

第1回　剣のものがたりを知ろう——古代編

古代における「草薙の剣」関連記事を読み、天皇の証とされる三種の神器の一つ、「草薙の剣」のルーツについて理解する。

第2回　剣のものがたりを知ろう——中世編

中世における「草薙の剣」関連記事を読み、時代や筆者の立場により神話・歴史がどのように語られるのか、理解する。

第3回　剣の謎にイドもう——ものがたりを作る

前回までの活動をふまえ、「草薙の剣」をめぐる歴史の空白を埋める物語を創作・発表することで、新たな物語の生まれる仕組みを体感するとともに、発表を通じて表現力を磨く。

▼実施環境

人数

・三、四名で一グループを構成。大人数の場合は、創作作品を発表するグループ数を絞るなどの措置をとる。

パソコン・ネット環境

・スライドを提示するため、教卓でPCが使用できる環境。

教室

・可動式机、グループワークができるスペースのある教室。

▼授業の流れ

第1回　剣のものがたりを知ろう――古代編

時間配分	講義・ワークの内容	配付物・準備するもの
5分	**1　導入** スライドにて本単元の目標を提示、授業の流れを説明する。	0スライド
15分	**2　【グループワーク】質問づくり** 「令和元年5月1日、皇太子徳仁親王は草薙の剣を継承し、新天皇として即位しました」という一文をスライドに掲げる。スライドを見て気がついたことを、質問形式でふせん（小）に記していく↓グループ内で挙がった質問から、大事な質問を優先順位をつけて三つピックアップし、ふせん（大）に掲げて全体でシェアする	・ふせん（小・大）
20分	**3　【講義】古代における「草薙の剣」関連記事について** ①『古事記』と『日本書紀』について ②『尾張国《おわりのくに》風土記《ふどき》』逸文《いつぶん》――風土記、風土記逸文について ③登場する神々、人物の系譜について	1ワークシート：Ⅰ～Ⅳ
30分	**4　ワークシートに取り組む** (1)【個人ワーク】	

	グループメンバー（四名）で、ワークシート（四枚一組）のⅠ～Ⅳのいずれか一枚を担当、シートに取り組む（10分）。 ⑵ **【グループワーク】各シートの内容確認（その1）** Ⅰ～Ⅳ、同じ番号を担当した者同士で集まり、内容を確認しあう（10分）。 ⑶ **【グループワーク】各シートの内容確認（その2）** 元のグループに戻り、⑵の活動によって確認した内容をグループ内でシェアし、Ⅰ～Ⅳを読んで気づいたこと、疑問に思ったことなどをディスカッションする（10分）。	
15分	**5　まとめ** ⑴ **【発表】ディスカッションの内容を全体で共有** ⑵ **【講義】草薙の剣、その後……** 資料にてⅠ～Ⅳ以外の草薙剣関連記事（『日本書紀』）を紹介する。	❷資料：草薙の剣、その後………
5分	**6　【個人ワーク】年表作成・ふりかえり** 今回学んだ内容に基づき年表を作成する。ふりかえり。	❸ワークシート：剣年表【古代編】

▼授業の詳細

1　導入

みなさんは、元号が「平成」から「令和」に変わった時のことを覚えていますか。新しい元号＝「令和」は、これまでの元号が中国の漢籍にちなんだものだったのに対し、日本最古の和歌集である『万葉集』を出典にしたことなども、大きな話題となりましたね。また、明治以降の日本では「元号が変わる」イコール「新しい天皇が即位すること」を意味します。「令和」改元の際に行われた天皇即位に関するさまざまな儀式についても、メディアで連日報道されました。

※天皇即位関連行事などについて具体例を適宜紹介する。

【参考】宮内庁ＨＰ　お代替わり特集　https://www.kunaicho.go.jp/odaigawari/

新たな天皇が、天皇の位につくためには、天皇の証とされる「あるアイテム」を前・天皇から受け継ぐ必要があります。これが、いわゆる「三種の神器」――八咫鏡《やたのかがみ》、八坂瓊勾玉《やさかにのまがたま》、草薙《くさなぎ》の剣《つるぎ》です。これらの品々については、そのルーツが『古事記』や『日本書紀』など古代の神話にみえるとともに、時代を経てどのように受け継がれたのか、また、それらをめぐるさまざまな「事件」について、多くの文献に描かれています。この単元では、三種の神器のなかの一つ、「草薙の剣」にクローズアップし、第1回は古代、第2回では中世の文献を取り上げ、それぞれの時代や各文献において、草薙の剣のルーツや伝来がどのように記述されているのか、読み解いていきます。そして第1～2回の授業をふまえ、第3回では、草薙の剣をめぐる「謎」に迫るべく、創作ワークを行っていきます。

今、私は「謎」と言いました。「草薙の剣の『謎』って言うけれど、そもそも何が『謎』なんだろう？」と疑問に思ったみなさん、ではさっそく、その「謎」を探るはじめの一歩、次のスライドをご覧ください。

2【グループワーク】質問づくり

※グループ四名。あらかじめクジなどで決めておく。

※0スライド「質問づくりワーク」（6ページ）を提示、ネットなどで「剣璽等承継の儀」の写真を掲げる。

これは、天皇の即位式とされる「剣《けん》璽《じ》等《とう》承《しょう》継《けい》の儀」と呼ばれる儀式です。みなさんはこの写真を見て、気になったこと、不思議に思ったことはありませんか。「〝剣璽《けんじ》〟って何？」「あの箱に、何が入っているのかな？」など、さまざまな疑問が沸いてきたのではないでしょうか。

では、これからそうした疑問・気になった点について、質問のかたち――すなわち「なぜ〜？」「これは○○なのか？」という問いの形にして、グループで相談しながら小さなふせんに書き出してみましょう。その際、注意してほしいのは次の四点です。

①ふせん一枚につき、質問は一つ。
②出てきた質問は、どんな些細なことでも書き出してみる。
③質問に対して、話したり、評価したり、答えを言ったりしない。
④発言の通りに質問を書き出す。

これから3分、時間を取ります。グループの人たちと協力しながら、たくさん質問を出していきましょう。では、はじめ！

※3分ほど時間をとる。状況に応じて時間は前後させる。

３分経ちました。話し合いをやめてください。それでは次に、出てきた質問のなかから、草薙の剣の「謎」を解くために特に重要だと思われる三つの質問――ベストスリーを選んで、大きなふせんに貼ってください。また、なぜそれらの質問を選んだのか、理由も考えてくださいね。選び終えたグループから、前の黒板に大きなふせんを掲げてください。

※ホワイトボード、黒板など、教室の中で全員がよく見える場所にに大ふせんを貼らせる。

※時間に余裕があれば、グループ内で出た質問を「閉じた質問」と「開いた質問」に分け、「閉じた質問」は「開いた質問」に、「開いた質問」は「閉じた質問」に書きかえるワークを行ってみる。↓質問のブラッシュアップ

＊閉じた質問…「はい」あるいは「いいえ」で答えられる質問。

＊開いた質問…質問された人が自由に答えることができる質問。「５Ｗ１Ｈ」で問うような質問。

【参考】ダン・ロススタイン、ルース・サンタナ著・吉田新一郎訳『たった一つを変えるだけ：クラスも教師も自立する「質問づくり」』（新評論　二〇一五年）。

はい、全グループ、ふせんを黒板に掲げましたね。さて、どんな質問が出たでしょうか。

※各グループの大ふせんを概観し、主たる質問を紹介しながら、学生にこれらの質問を選択した理由を聞く。

では、これらの質問を頭の片隅におきながら、これから草薙の剣の謎を解く旅――ワークに取り組んでいきます。ですがその前に、これから読んでいく文献、『日本書紀』と『尾張国風土記《おわりのくにふどき》』逸文《いつぶん》について、その基本的なことを確認しておきましょう。

３【講義】古代における「草薙の剣」関連記事について

①『古事記』と『日本書紀』について

日本の神話や歴史について書かれた古代の文献といえば……そう、『古事記』と『日本書紀』ですね。今回のワー

クでは『古事記』は扱いませんが、まずはこの二つについて、見ていきましょう。

『古事記』は、その編者とされる太安万侶《おおのやすまろ》が記した序によれば、稗田《ひえだの》阿礼《あれ》がよみならわしたものを、安万侶が書き記し、七一二（和銅五）年に元明天皇に奏上したものとされています。一方、『日本書紀』は、七二〇（養老四）年に完成した日本最初の勅撰国史（天皇の命で編纂された国の歴史書）です。ところでみなさん、『古事記』と『日本書紀』、「記紀」などと並び称されますが、「記」と「紀」、「き」という漢字が違いますよね。テストの時に間違えて減点された苦い経験をもつ人もいるのではないでしょうか。では「記」と「紀」、それぞれの漢字の意味の違いがわかりますか？

※何人かの学生に聞く。

漢字辞典を調べると、「記」は「しるす、書き記したもの」、それに対して「紀」は、もともと「いとすじ、つな」という意味があり、「本と末を記す」、そこから「紀」という漢字一字で「歴史」という意味を示します。これをふまえてそれぞれの書名を言いかえるならば、『古事記』は「ふることのふみ（古いことを記した書）」、一方、『日本書紀』は「日本の歴史」という意味になるでしょう。もし『古事記』と書いたら「古いことの歴史」……意味としておかしいですよね。さあ、これで二度とテストで間違えないはずです（笑）。

※『日本書紀』吉田本の画像を提示する（京都国立博物館所蔵、e-国宝）。

https://emuseum.nich.go.jp/detail?langId=ja&webView=0&content_base_id=101084&content_part_id=0&content_pict_id=0

これは『日本書紀』写本の一つ、一三世紀末に卜部《うらべ》兼方《かねかた》によって書写された吉田本と呼ばれるものです。巻物の体裁をとっており、この本の形状を「巻子本《かんすぼん》」と言います。本文を見ると、漢字の脇に訓《よ》みや訓点、注記が書かれてますね。『日本書紀』はすべて漢字で書かれていますが、平安時代以降、朝廷では、官人たちに向けて『日本書紀』の講義（これを「日本紀講書《にほんぎこうしょ》」「日本紀講筵《にほんぎこうえん》」と言います）が行われていました。講義内容の中心は訓読、すなわち漢字で書かれている『日本書紀』をどう訓《よ》むか、でした。こうした『日本書紀』の写本は、漢字で書かれた原文のみならず、当時、『日本書紀』がどのように訓まれていたのか、どんな解釈がなされていたのか、などについても知ることができるのです。

②『尾張国風土記』逸文――風土記、風土記逸文について

次に『尾張国風土記』逸文についてみていきます。まず風土記について、風土記は七一三（和銅六）年の詔によって、全国各地で編纂された日本最古の地誌です。当時の日本には、六〇強の国がありましたが、現在、確認することができるのは、五つの国――常陸《ひたち》・播磨《はりま》・出雲《いずも》・豊後《ぶんご》・肥前《ひぜん》、いわゆる「五風土記《ごふどき》」と称されるものです。しかしこれら以外にも、他書に引用される形でその一部をうかがい知ることができる風土記があり、それを研究上、「風土記逸文《ふどきいつぶん》」と称します。

今回よむ『尾張国風土記』逸文も、その中の一つです。この記事は、一三世紀末から一四世紀初め頃に編纂された『日本書紀』の注釈書、『釈日本紀《しゃくにほんぎ》』に引用されたものです。『釈日本紀』は、「日本紀の家」と称された卜部家の卜部兼方（先述した吉田本の書写者です）が、「日本紀講書」における博士たちによる訓みや卜部家に伝わる秘説などを集大成した書です。この『尾張国風土記』逸文は、『日本書紀』景行《けいこう》四〇年一〇月戊午《つちのえうま》条に登場する「草薙剣」という言葉を解説するために引用されたものです。『釈日本紀』には現存する風土記も含め、約二〇ヶ国の風土記が引かれています。そのため『釈日本紀』は、『日本書紀』研究のみならず、現在では失われた風土記の一端がうかがえるという点で、風土記研究にとっても重要な文献なのです。

③登場する神々、人物の系譜について

それでは次に、ワーク中に登場する神々、人物の系譜について確認しておきましょう。

※ **0** スライド「神様の系譜」（12ページ）を提示する。

まず神さまの系譜です。日本の神話において、国生み・神生みの神とされるのがイザナキ・イザナミです。このうちイザナミは、たくさんの神を生み、最後に火の神を生んで亡くなってしまいます。イザナキは、イザナミがいるという黄泉《よみ》の国に赴きますが、そこで変わり果てたイザナミの姿を見て恐れおののき、這々《ほうほう》の体《てい》で黄泉の国から逃げ帰ってきます。その身の穢《けが》れを祓《はら》うべく禊《みそ》ぎをした結果、生まれたのが、いわゆる三貴神――アマテラス、スサノヲ、ツクヨミです。このうちアマテラスは天皇の皇祖神として、その系譜は初代天皇である神武天皇に連なっていきます。

一方、スサノヲは、その傍若無人（いや、神さまなので、正確には「傍若無神」と言うべきかもしれませんが……）な振る舞いにより、高天原《たかあまのはら》を追放されます。高天原は神々がいる天上世界、それに対して葦原中国《あしはらのなかつくに》は地上世界、人間の世界です。そこでスサノヲは出雲（現・島根県）におりたち、その地に住むクシナダヒメを襲わんとするヤマタノヲロチ（頭・尾がそれぞれ八つある怪物）を退治し、クシナダヒメと結婚します。その後、スサノヲの子孫、オホナムチ（オホクニヌシ）によって地上世界――葦原中国の国作りが行われました。それに対して高天原のアマテラスは、葦原中国を譲り受けようと子のオシホミミに地上に下るよう命じますが、その時、ちょうど生まれたオシホミミの子・ニニギノミコトに、その任務は託されます。そこでニニギ（アマテラスの孫ゆえ「天孫《てんそん》」と称されます）は、高天原から地上にくだって……となる訳ですが、これらのエピソードのなかに、草薙の剣がどのように登場してくるのか、そこに注目しながら、このあとワークシートを読み解いていきましょう。

※ **0** スライド「ヤマトタケルの系譜」（13ページ）を提示する。

さて、次に説明するのは、ヤマトタケルです。ヤマトタケルをモチーフにしたマンガや歌舞伎などを、読んだり見たりしたことのある人もいるでしょう。

※学生に問いかけながらマンガ（安彦良和『ヤマトタケル』）や、スーパー歌舞伎など具体例を適宜紹介する。

ヤマトタケルは、第一二代・景行天皇の御子です。父・景行天皇より、西方、そして東方の服従しない者たちを征伐するよう命ぜられたヤマトタケルは、東方に赴く途上、別れのあいさつをすべく伊勢神宮に仕える叔母（景行天皇の妹）・ヤマトヒメノミコトのもとを訪ねました

※ 0 スライド「ヤマトタケルの東征ルート」（14ページ）を提示する。

ヤマトタケルとヤマトヒメノミコト、そこではどのようなやりとりがなされたのでしょうか。以上をふまえ、いよいよワークに取り組んでいきましょう。

4　ワークシートに取り組む

(1)【個人ワーク】

ではこれから、Ⅰ～Ⅳと書かれた四枚一組のワークシートを配ります。このうち、みなさんにはⅠ～Ⅳのなかからいずれか一枚を担当してもらいます。10分ほど時間をとります。それでは、はじめてください。

※ 1 ワークシート：Ⅰ～Ⅳを配付する。グループ内のⅠ～Ⅳ担当については、座席・クジなどで、適当に割り振る。

(2)【グループワーク】各シートの内容確認（その１）

それでは次に、Ⅰ～Ⅳ、同じ番号を担当した人同士で集まって、今、読んだワークシートの内容や、それぞれ

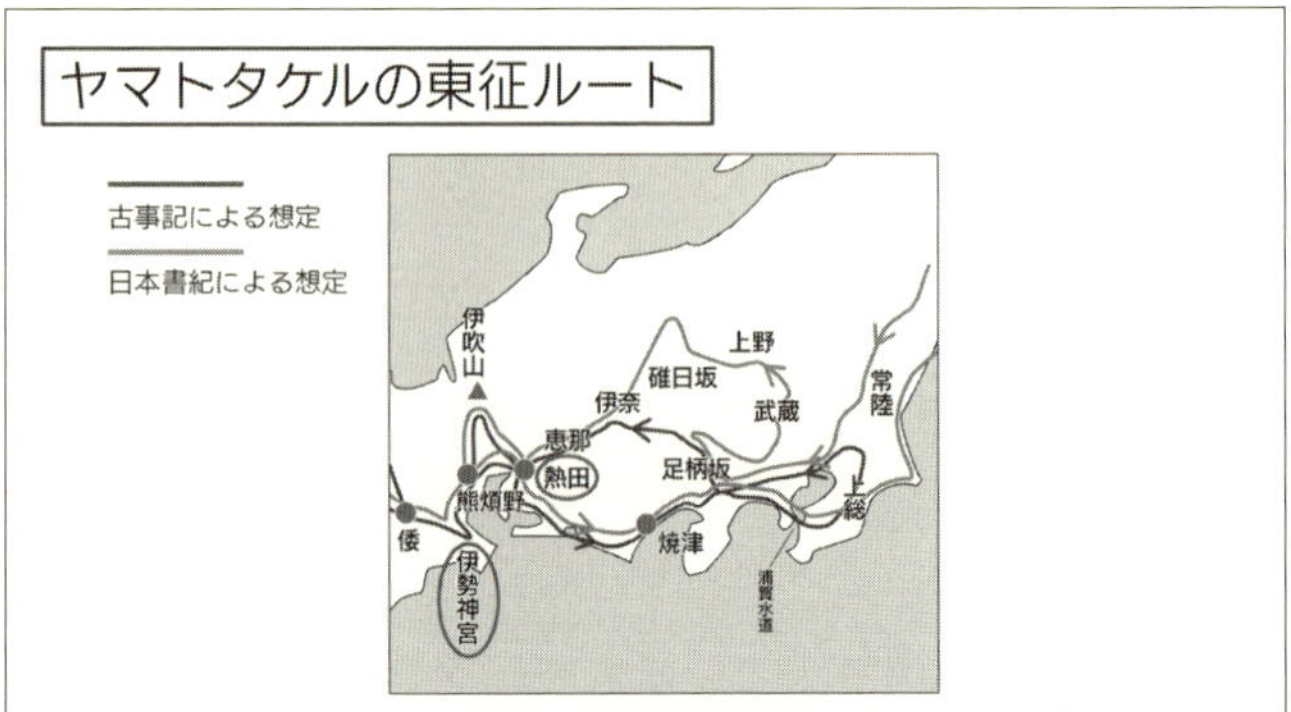

（坂本勝監修『図説　地図とあらすじで読む　古事記と日本書紀』青春出版社　2005　71頁　を参考に作成）

書いた答えを確認しあってください。

※Ⅰ～Ⅳの各グループ、一グループあたりの人数が多くなる場合は十分な話し合いが難しくなるため、Ⅰ①、Ⅰ②…のように複数のグループにわける。

(3)【グループワーク】各シートの内容確認（その2）

はい、ではもとのグループの席に戻ってください。先ほどの話し合いに基づき、まずグループ内で自分が担当したシートの内容について、グループメンバーに報告してください。次に、それらの内容についての感想や疑問など、グループでディスカッションしてみましょう。

〔各ワークシートの内容〕

Ⅰ　ヤマタノヲロチ（『日本書紀』神代上・第八段正文、同・神代上・第八段一書第二）

高天原を追放されたスサノヲが、出雲にてヤマタノヲロチ退治をする。その尾から出現した剣が、草薙の剣である。『日本書紀』神代上・第八段一書第二では、その剣を尾張・熱田の祝部《はふり》が奉っていると記される。

Ⅱ　天孫降臨（『日本書紀』神代下・第九段一書第一）

アマテラスの命により、ニニギノミコト（アマテラスの孫にあたる↓「天孫」）は、八坂瓊曲玉・八咫鏡・草薙の剣という「三種の宝物」を授けられ、高天原から葦原中国に降りたつ。

Ⅲ　ヤマトタケル（『日本書紀』景行四〇年一〇月戊午条、是歳条）

父・景行天皇により、東征を命ぜられたヤマトタケルが、伊勢神宮に仕える叔母・ヤマトヒメノミコトより草薙の剣を渡される。そののち、賊の策によって野に火を放たれたヤマトタケルは、剣で草をなぎ、難を逃れることができた。これが「草薙の剣」という名の由来とされる。

Ⅳ　熱田神宮の由来（『尾張国風土記』逸文）

東征の途上、ヤマトタケルは尾張のミヤズヒメのもとに立ち寄った。その際、草薙の剣が光を放ち、神威を帯びていた。そこでヤマトタケルは、この剣を自分の代わりとして奉るよう、ミヤズヒメに託した。これが熱田社の由来とされる。

5　まとめ

(1)【発表】ディスカッションの内容を全体で共有

それではグループごとに、どのようなディスカッションがなされたのか、発表してください。他の人たちは、自分のグループと比較し、同じ意見や違った意見など、注意しながら聞きましょう。

※時間に応じて、いくつかのグループ・代表に発表させる。

はい、ありがとうございました。『日本書紀』では、神代―神々の時代において、ヤマタノヲロチの尾から草薙の剣が出現し、それがスサノヲによって高天原のアマテラスに献上されたのち、天孫・ニニギの降臨に伴い、葦原中国に三種の神器の一つとしてもたらされたことが記されていました（ワークシートⅠ・Ⅱ）。

つづいて景行天皇四〇年の記事（ワークシートⅢ）では、草薙の剣が伊勢神宮に仕えるヤマトヒメノミコトからヤマトタケルの手に渡った経緯、また同・是歳条では、なぜ草薙の剣というのか、その名前の由来が書かれていましたね。さらに『尾張国風土記』逸文では（ワークシートⅣ）、草薙の剣が熱田社に奉られた由来が説明されていました。現在の熱田神宮（愛知県名古屋市）のご神体はこの記事の通り、草薙の剣とされています。

ところで『尾張国風土記』逸文の記事では、ヤマトタケルが厠《かわや》（＝トイレ）に剣を忘れてしまった、などというタケルのうっかりした一面も描かれていました。『古事記』『日本書紀』のヤマトタケルといえば、賊たちを果敢に倒すヒーロー的存在というイメージが強いのですが、『風土記』には記紀とは違った神さま像、天皇像が描かれており、古代の日本各地において、さまざまな伝説が展開していたことがうかがえます。

(2)【講義】草薙の剣、その後……

では、このあと草薙の剣はどうなったのか。さらに『日本書紀』の記事を二つ、ご紹介しましょう。

※❷資料：草薙の剣、その後……を配付する。

はじめの記事（【1】）は、天智《てんじ》天皇の時代、六六八（天智七）年の記事です。この年、草薙の剣が盗まれる！という大事件が起こりました。盗んだのは、道行《どうぎょう》という名の僧侶。道行は、剣を新羅に持ちだそうとするものの、海路で風雨に遭い、結局、新羅《しらぎ》に渡ることができず、剣は日本に戻ってきました。九世紀初に編纂された『古語拾遺《こごしゅうい》』では、この事件について「外賊偸《げぞくぬす》みて逃げしかども、境を出《い》づること能《あた》はず」と記されています。

次の記事（【2】）は、天武《てんむ》天皇の時代、六八六（朱鳥元）年六月戊寅《つちのえとら》（一〇日）条です。この時、天武天皇は病に罹ってしまい、その原因を占ったところ、草薙の剣の祟《たた》りだとわかりました。そのため宮中にあった草薙の剣を、尾張・熱田社に送ったというものです。

ここで「あれ?」と思った人はいませんか。先に読んだ『尾張国風土記』逸文によれば、草薙の剣は熱田神宮に奉られていたはず。先ほどみた【1】の記事と合わせて考えると、草薙の剣は、いつの間にか宮中にあることになっています。いったい、いつ宮中に置かれたのか? これについて『日本書紀』には明確に書かれていいません。そこから、草薙の剣のありかについては、朝廷説と熱田社説があるのですが、これも草薙の剣をめぐる「謎」の一つです。

このように草薙の剣をはじめとする三種の神器は、アマテラスから連なる皇統の証として、代々の天皇に継承されていったのでした。

6【個人ワーク】年表作成・ふりかえり

それでは今日のまとめとして、授業で学んだ内容を剣年表［古代編］に、項目として書き込んでみましょう。

※ ❸ワークシート：剣年表［古代編］を配付する。

この「年表をつくる」という作業は、文学や歴史学、いや、あらゆる研究において、研究史をまとめることが研究の第一歩になるという意味で、とても重要な作業です。また項目をまとめる際には、主語や述語、５Ｗ１Ｈをできるだけ明らかにし、簡潔に書くようにしてください。これも事柄を簡潔にまとめ、表現する練習になります。

※時間があれば、どのような文章で項目を記載したのか、学生に聞く。

最後に、今日の授業で読んできた草薙の剣をめぐるエピソードを思い起こし、改めて、授業のはじめに作った「質問」に照らし合わせてみましょう。

※２【グループワーク】質問づくりで作成した大ふせんを確認させる。

解決した質問はありましたか？　それとも、まだ疑問だらけでしょうか？　未解決の質問については、それを解く鍵が次回見つかるかもしれません。次回は、古代から時代を下って、中世における謎解きの旅を続けていきましょう。

COLUMN

どれが「本物の？」ヤマトタケル？

衣川《ころもがわ》で自害したとされる源義経《みなもとのよしつね》は実は生きており、北海道、さらに大陸に渡りチンギス・ハンになった――。

義経伝説としてよく知られるこの話は、政治家・末松謙《すえまつけん》澄《ちょう》（一八五五～一九二〇）が英国留学中の一八七九（明治十二）年、英国に日本への関心を向ける意図もあり執筆した論文が発端となり、流布したとされています。

このように歴史や文学作品に登場する人物が、事実や作品内の世界を飛び出し、新たな伝説を持つことは多々あります。本書の第6・7章で登場するヤマトタケルもその一人。岩手県一関市の配志和《はいしわ》神社はヤマトタケルが東征の折、この地に祠を建てたことが創建の由来とされ、さらに北に位置する同県・釜石市の尾崎神社では、ヤマトタケルが祀った剣が、同社の縁起とされています。いったいタケルはどこまで北上したのでしょう？

またヤマトタケルの后・オトタチバナヒメは、記紀では相模から上総《かずさ》に渡海しようとしたヤマトタケル一行を海の神が妨害したため、海中に身を投げ、海を鎮めたとされています。ところがこのオトタチバナヒメ、上総より北の国、常陸国《ひたちのくに》の風土記では、しっかり生きて登場します。『常陸国風土記』多珂《たか》郡飽田《あきた》村では、「倭武天皇」（『常陸国風土記』では、記紀では天皇に即位しないタケルを「天皇」と称しています。これもタケルをめぐる伝承の一つです）と、「橘大后《たちばなのおおきさき》」が、それぞれ陸の狩猟、海の漁を争ったところ、海側の橘大后が大勝。それに対し倭武天皇が「海の味はことごとく『飽《あ》き喰《く》らつ（飽きるほど食べたなあ）』」として、「飽田《あきた》」という地名になったと語られます。ここには記紀に漂うオトタチバナヒメの入水による悲壮感は全く見られず、橘大后は豊漁の象徴として描かれています。

記紀と風土記、いずれが真実なのか？という問いを立てるのではなく、末松謙澄の義経＝チンギス・ハン説と同様、そのような伝説が生まれた背景を探ること、それが文学・歴史の背後に潜む〝真実〟を知ることにつながるのです。

（兼岡理恵）

▼授業の流れ

第2回　剣のものがたりを知ろう――中世編

時間配分	講義・ワークの内容	配付物・準備するもの
3分	**1　導入** スライドにて前回の確認・今日のねらいを提示する。	0スライド
12分	**2　【グループワーク】アイスブレイク――絵を説明するワーク** グループの一人が課題の絵を見て、他のグループに口頭で説明する。他メンバーは制限時間内に絵に描いて発表。	●課題の絵シート、紙、マジックなど筆記用具
20分	**3　【講義】中世における「草薙の剣」関連記事について** ①『平家物語』について ②『愚管抄』について ③『神皇正統記』について	4ワークシート：Ⅰ～Ⅲ
30分	**4　ワークシート記入** (1)**【個人ワーク】** グループメンバー（三人）で、ワークシート（三枚一組）のⅠ～Ⅲのいずれか一枚を担当、シートに取り組む（10分）。 (2)**【グループワーク】各シートの内容確認（その1）**	

	Ⅰ～Ⅲ、同じ番号を担当した者同士で集まり、内容を確認しあう（10分）。 **(3)【グループワーク】各シートの内容確認（その2）** 元のグループに戻り、(2)の活動によって確認した内容をグループ内でシェアし、Ⅰ～Ⅲを読んで気づいたこと、疑問に思ったことなどをディスカッションする（10分）。	
20分	**5　まとめ** **(1)【発表】ディスカッションの内容を全体で共有** **(2)【講義】(1)をふまえ、ワークシート内容などの補足説明**	
5分	**6　【個人ワーク】年表作成・ふりかえり** 今回学んだ内容に基づき年表を作成。第1回に作成した［古代編］とつなげる。ふりかえり。事前学習として第3回「創作ワーク」草案作成を課す。	❸ワークシート：剣年表［古代編］（前回配付） ❺ワークシート：剣年表［中世編］ ❻ワークシート：創作（個人用）

▼授業の詳細

1　導入

前回の授業では、草薙の剣の出現から、剣が朝廷、熱田神宮でどのように扱われたのか、『日本書紀』と『尾張国風土記』逸文から、ひもといていきました。今回はその後、中世（平安末〜南北朝）における草薙の剣に関する記事を見ていきます。授業は、前回同様、個人ワーク、グループワーク、ディスカッション、年表作成という流れで進めていきます。

※前回の授業の感想など、適宜学生に聞くのもよい。

2【グループワーク】アイスブレイク——絵を説明するワーク

※一グループ三人。あらかじめグループ分けしておく。

ワークに入る前に、今回のグループは、前回とは違うメンバーですよね。初めて会う人ばかりで緊張している人もいるかもしれません。そこで、今日の授業で一緒にワークを行っていく仲間とともに、ウォーミングアップとして、ちょっとしたゲームを行ってみましょう。

これからグループの代表一人に、ある絵を見せます。代表は他のメンバーに、どのような絵が描かれていたのか、身ぶりなどを使わず、言葉だけで説明してください。そして他のメンバーは説明を聞いて、紙にその絵を再現してみてください。

※代表に絵を見せる↓代表がグループメンバーに言葉で説明↓他のメンバーが絵を描く↓前の黒板などに貼らせ、全体で確認↓正解を提示する。

※前回と異なるグループ編成のため、メンバーと円滑なコミュニケーションをとれることを目的としたアイス

ブレイクである。絵の題材は、本ワークに関連するようなものにすると、ワークへの導入にもなる。
〔例〕「リュウグウノツカイ（深海魚）」（＝龍宮に関するもの）、「ヘイケガニ（蟹）」（＝平家に関するもの）

ではここから本題、今回のワークに入っていきましょう。

3【講義】中世における「草薙の剣」関連記事について

はじめに、これから読んでいく三つの作品について、その概要をお話します。

①『平家物語』について

※ 0 スライド「『平家物語』とは？」（23ページ）を提示する。

最初に取り上げるのは『平家物語』です。これまで数々のドラマやアニメ、人形劇などにもなっているので、その概要については知っている人が多いでしょう。鎌倉時代に成立した軍記物語で、盲目の琵琶法師が、琵琶の伴奏によって語る平曲《へいきょく》として、人々に伝えられてきました。小泉八雲《こいずみやくも》（ラフカディオ・ハーン）の怪談『耳無《みみな》し芳一《ほういち》』も有名ですね。

『平家物語』は、治承～寿永期（一一七七～一一八五）の源平の戦いを題材に、平家一門の勃興から滅亡までを描いた作品です。その成立・伝来にはさまざまな人が関与していると考えられ、加筆・増補されるなかで多くの異本《いほん》（＝本文が異なるバージョン）が生まれました。それらは、大きく「語り本」系と「読み本」系に分かれ、このうちもっとも世の中に広まったのが、一三七一（応安四）年、琵琶法師の明石検校覚一《あかしけんぎょうかくいち》による「覚一本《かくいちぼん》」と称される「語り本」系のものです。今回読むテキストも覚一本です。

※ 4 ワークシート：Ⅰ～Ⅲを配付し、Ⅰ・Ⅱの解説を参照しながら、説明する。

※ 0 スライド「源平の戦い」（25ページ）を提示する。

一一八〇（治承四）年、以仁王《もちひとおう》の挙兵に端を発した源平の争乱は、各地で激戦が繰り広げられました。一一八三（寿永二）年、源氏に攻められた平氏は、安徳天皇（平清盛の娘・徳子と、高倉天皇の間に生まれた子）と三種の神器を奉じて都落ちしました。以後、平氏の拠点であった一ノ谷（兵庫県）や屋島（香川県）の戦いなどでも敗れ、平氏はいよいよ劣勢となります。そして一一八五（寿永四）年、長門国赤間関《ながとのくにあかまがせき》（現・山口県下関市）にて、壇ノ浦の戦いを迎えます。平氏の敗北が決定的となったことが知らされると、安徳天皇たちの乗った船上は騒然となりました。その様子を見た二位《にい》の尼（清盛の妻・時子。安徳天皇の祖母）は、孫の安徳天皇を抱き上げ、壇ノ浦にて入水《じゅすい》します。時に安徳天皇、八歳。二位の尼と安徳天皇のやりとりも、深く印象に残るシーンです。

②『愚管抄』について

※ 0スライド「慈円『愚管抄』」（27ページ）を提示する。

次に取り上げるのは、『愚管抄《ぐかんしょう》』です。『愚管抄』は、鎌倉時代初期の一二二〇（承久二）年、慈円《じえん》（一一五五～一二二五）によって編纂された歴史書で、神武天皇から順徳天皇の御代までが編年体《へんねんたい》（起こった出来事を、年代順に記していく方法）で書かれています。

慈円は摂関家に生まれ、天台座主《てんだいざす》（天台宗の総本山である比叡山延暦寺《ひえいざんえんりゃくじ》における最高位の僧職）となって、和歌や祈祷により後鳥羽院にも側近く仕えました。慈円の生きた時代は、公家から武家へと政権がうつりゆく動乱期。そのようなか、慈円は親幕派を代表する公家として、関白をつとめた兄・九条兼実《くじょうかねざね》を通じて、鎌倉の動静にも精通していました。彼は公武合体《こうぶがったい》――すなわち、旧来の公家と力を増す武家との調和を実現させることを望み、後鳥羽院による討幕の動きも制止しようとつとめていました。『愚管抄』には、このような慈円の姿勢が強く示されています。

③『神皇正統記』について

※ 0スライド「北畠親房『神皇正統記』」（28ページ）を提示する。

三つ目は、『愚管抄』成立から約一〇〇年後、一三三九（延元四）年に北畠親房《きたばたけちかふさ》（一二九三～一三五四）によって編まれた歴史書、『神皇正統記《じんのうしょうとうき》』です。同書には、神代から後村上天皇即位までの歴史が描かれています。親房は、摂関家・藤原氏に次ぐ家柄を誇る村上源氏一門に生まれました。後醍醐天皇の信任厚く、建武の新政府では同天皇に仕えました。そのような立場から親房は、南朝の正統性を主張するべく『神皇正統記』を執筆し、天皇の絶対的な権威を説いています。

以上をふまえ、では、ワークに入りましょう。

4　ワークシート記入

(1)【個人ワーク】

これから10分間、時間をとります。前回同様、グループ三人でⅠ～Ⅲのいずれか一枚を担当してもらいます。それでは、はじめてください。

※グループ内のⅠ～Ⅲ担当については、座席・クジなどで適当に割り振る。

〈各ワークシートの内容〉

Ⅰ　覚一本『平家物語』巻第一一「先帝身投」、同・「剣」

・「先帝身投」…一一八三（寿永二）年、源（木曽）義仲の軍に大敗した平氏は、安徳天皇と三種の神器を奉じて都落ちをする。そして一一八五（寿永四）年、壇ノ浦の戦いにて敗北が決定的となった平氏の人々は、次々と海に身を投げる。安徳天皇も、祖母・二位の尼に誘われ、三種の神器とともに海の底へと沈んでいった。

・「剣」…海底に沈んだ安徳天皇や草薙の剣について、人々は様々な意見を述べた。知識人たちは「末法となった現在なお、帝の威光は衰えていないのだから、たとえ剣が失われても世の栄えが果てることはないだろう」と述べる。一方、ある陰陽博士《おんみょうはかせ》は、「元来、その尾に草薙の剣を有していた「八頭」「八尾」をもつヤマタノヲロチは、霊剣を失ったことを惜しんで、第「八〇」代天皇※である「八」歳の安徳天皇と化し、この世に現れた。そして海底にある龍宮の主として、神龍の宝である剣を取り戻した。それゆえ剣がふたたび人の世に戻ることはなかろう」と主張した。

※現在、安徳天皇は第八一代天皇とされる。これは一八七〇（明治三）年、大友皇子（第三八代・天智天皇の皇子）が、第三九代・弘文天皇として正式な天皇に加えられたことによる。

II　慈円『愚管抄』巻第五「後鳥羽」

宝剣（草薙の剣）が失われたことについて、著者・慈円は自説を展開する。いわく、「剣」＝「兵器の本《もと》」である。今の世は、武士が天下の守りとなったために、武力の象徴である宝剣は不要となり、喪失したのだとする。

III　北畠親房『神皇正統記』第八二代「後鳥羽院」

『日本書紀』天智七年（第1回❷資料：草薙の剣、その後……の記事）などを引きながら、宝剣は代々の天皇の守りとしてこの世を照らす光となってきたことを説明する。また、海に沈んだとされる宝剣は、崇神天皇の代に作られたもの（模造品）で、本物の草薙の剣は、熱田社に現在も奉られていると説く。そして三種の神器はこの国の守りとして一つも欠けることなく、天地が無限である限り、皇統も永遠に栄える、と主張する。

(2)【グループワーク】各シートの内容確認(その1)

それでは次に、Ⅰ〜Ⅲ、同じ番号を担当した人同士が集まって、今、読んだワークシートの内容や、それぞれ書いた答えを確認しあってください。

※Ⅰ〜Ⅲの各グループ、一グループ内の人数が多くなる場合は十分な話し合いが難しくなるため、Ⅰ①、Ⅰ②……のように複数のグループにわける。

(3)【グループワーク】各シートの内容確認(その2)

はい、では、もとのグループの席に戻ってください。先ほどの話し合いに基づき、まずグループ内でⅠ〜Ⅲ、自分が担当したシートの内容について、メンバーに説明してください。次にそれらの内容について、どのような感想や疑問を抱いたか、グループでディスカッションしてみましょう。

5 まとめ

(1)【発表】ディスカッションの内容を全体で共有

それではグループごとに、どのようなディスカッションがなされたのか、発表してください。

※自分たちのグループと比較し、同意見・違った意見などに注意しながら発表を聞くよう、うながす。

(2)【講義】(1)をふまえ、ワークシート内容などの補足説明

はい、発表ありがとうございました。今回読んだⅠ〜Ⅲは、「安徳天皇とともに草薙の剣が海に沈んでしまった」(❹ワークシート「先帝身投」)という史実に対し、人々が、それぞれの立場によって、さまざまな見解をとっていたのが見てとれたと思います。たとえばⅠ『平家物語』「剣」では、知識人たちは「天照大神の威光は末世と言われる現在でも続いているので、たとえ剣が失くなったとしても、天皇の命運が尽きることはないだろう」と

説くのに対し、ある陰陽博士は、「そもそも剣をその尾に有していた「八」の頭・「八」の尾をもつヤマタノヲロチが、その霊剣を取り返したいと願って第「八」〇代天皇である「八」歳の安徳天皇に姿を変えてこの世に現れた。それを今は、海底にて神龍の宝としているのだ。それゆえ、もはや人間界に剣が戻ることはないだろう」と説明していました。「八」頭「八」尾を有すというヤマタノヲロチの形象、天皇代（八〇）、安徳の年齢（八歳）に共通する「八」という数字、さらに龍宮の概念も持ちだして、剣の行方について自説を展開していました。

それに対し、Ⅱ慈円『愚管抄』では、「剣」＝武士の象徴として、武士は今や宝剣に変わる世の守りとなっているという点を根拠として、草薙の剣喪失の理由を説いています。これはまさに、『愚管抄』全体を貫く「武者の世を描く」というテーマが、色濃くあらわれた解釈といえるでしょう。

一方、Ⅲ北畠親房『神皇正統記』は、海に沈んだ剣は模造品であり、本物の剣は熱田社に現存していると主張し、三種の神器は、天皇の治世が永遠に栄えるのと同様、決してなくなることはないと説いています。これは南北朝時代、後醍醐天皇による南朝の正統性――天皇の絶対的な権威を説こうとする『神皇正統記』、親房からすれば、天皇の証である三種の神器は、喪失することなど絶対にあってはならないものだとする立場からの主張です。

これら三つの説を読んで、みなさんはどう思いましたか？

※先のグループ発表の内容も紹介・盛りこみながら、改めて問いかける。

なかばこじつけ、荒唐《こうとう》無稽《むけい》、と感じた人も多かったかもしれませんね。しかし、これら（とくにⅡ、Ⅲ）は「歴史書」として、その歴史の一解釈として、いや、それぞれの編者からすれば、確かな根拠をもって生じた「事実」として描かれているのです。「歴史」とは、それぞれの立場で認識した「事実」を照らし合わせることで、はじめて歴史としての「史実」が浮かび上がる――ワークで読んだ記述は、「歴史」とは何か、ということについて、改めて考えさせられますね。

※時間があれば、現代においてメディアで「事実」として報道される事柄が、実はフェイクニュースだった、などの事例を考えさせる→この話題については、第3回の「まとめ」で、中心的に取り上げる。

6【個人ワーク】年表作成・ふりかえり

それでは残りの時間は、前回同様、今日読んだ内容を年表に項目としてまとめてください、できた人から、前回作成した剣年表［古代編］とつなげて一枚にしてみましょう。

※5ワークシート：剣年表〔中世編〕を配付する。のり、セロテープなどを用意。第1回および今回作成の年表をつなぎ合わせた後、巻子本のイメージで巻き取ってみる。

※事前学習――第3回「創作ワーク」草案作成。

今日読んだⅠ～Ⅲは、いずれも「安徳天皇とともに海に沈んでしまった剣は、その後どうなったか？」ということを、それぞれの立場から解釈したものでした。次回の授業では、みなさんに同様の問い――「安徳天皇とともに海に沈んでしまった剣は、その後どうなったか？」――に対する一つの答え、解釈を考えてもらったうえで、それをもとにグループで作品を創作してもらいます。そこでその準備として、まずはみなさん一人一人で、この問いについて考えてきましょう。

※6ワークシート：創作〔個人用〕を配付する。

このワークシートに基づき、「安徳入水」（一コマ目）〔起〕と、「今上天皇（令和）の剣継承」（四コマ目）〔結〕のあいだ、すなわち二コマ目〔承〕と三コマ目〔転〕を考えてきてください。次回、このワークシートを忘れずに持ってきてくださいね！

▼授業の流れ

第3回　剣の謎にイドもう——ものがたりを作る

時間配分	講義・ワークの内容	配付物・準備するもの
25分	**1　【グループワーク】創作活動** 事前学習で考えてきた個人案をもとにグループ（＝第2回と同じ三人一組）で作品を創作する。	●A3用紙（画用紙）、のり、はさみ、マジックなど自由に使用できるように用意
40分	**2　【発表】「剣のものがたり」発表** 各グループの作品発表（一グループにつき持ち時間3分（2分：作品発表、1分：創作意図の説明））。	
25分	**3　まとめ** (1)**【発表】本単元のまとめ** 発表の感想、および本単元を通じての感想を全体でシェア。 (2)**【講義】エピローグ——歴史を「つくる」とは** 歴史が「つくられる」ということについて、現代の事例なども鑑み、全体でディスカッションする。 ふりかえり。	0 スライド

▼授業の詳細

1【グループワーク】創作活動

※グループ三人。第2回と同じメンバー。

本単元の最後の授業は、今までのまとめとして、それぞれ事前学習で考えてきた案をもとに、グループで一つの作品を作り上げてもらいます。作品づくりをする際には、次の点に注意してください。

①プレゼンテーションは体と言葉による表現を基本とする。（BGM、映像などは使用しない）
②これまでのワークをふまえ、「どのような立場、視点で語られているのか、いつ・どこで・誰に・何を・どのように伝えたいのか」を意識しながら創作する。
③A3用紙（画用紙）、のり、はさみ、マジックなどは自由に用いてOK
④発表時、グループの持ち時間は3分（2分：作品発表、1分：創作意図の説明）

それでは、話し合いをはじめてください。

※各グループがそれぞれの創作活動を円滑に行えるよう、教室の広さ、教室周辺の環境に応じて、教室外での活動を許可するなどの措置を行う。

2【発表】「剣のものがたり」発表

では、いよいよプレゼンテーションの時間です。

※発表順は、あらかじめクジなどで決めておく。

次に発表するグループは、発表がスムーズに続けられるよう、前の方でスタンバイしていてくださいね。また発表者以外のみなさんは、それぞれの作品の感想など、適宜メモをとりながら見てください。

※評価ポイントをまとめた評定表シートなどをあらかじめ作成・配付してもよい。

※3分の持ち時間は、タイマーなどを用いて正確にはかる。

※グループ数が多い場合は、あらかじめ発表するグループを選出しておく。発表できなかったグループについては、授業後に動画（3分）をとってもらい、提出させるのも一案。

3　まとめ

(1)【発表】本単元のまとめ

みなさん、発表ありがとうございました。それぞれのグループの作品、みなさん、どんな感想を抱いたでしょうか。

※学生から作品・発表の感想（自分のグループ、他のグループなど）を聞く。

(2)【講義】エピローグ――歴史を「つくる」とは

草薙の剣の「謎」をたどる旅、いかがでしたか。今回の単元は、「質問づくり」のワークから始まりました。ふだん何気なく見ていることについて、「あれ、これってよく考えると、どういうことなんだ?」という視点で見直してみると、新たな発見、視野が広がるきっかけになることがあります。また世の中で起こった事柄に対して、人々はそれぞれの立場・考え方により、さまざまな解釈をしています。少し前までは、新聞やテレビなどのメディアが力をもっていましたが、最近ではSNSの影響が大きくなってきたと言われていますね。

※近年話題になった日本や世界におけるSNS関連のフェイクニュースなど、学生に具体例を聞きながら、話し合う。

また過去にさかのぼれば、第二次世界大戦時、日本では「検閲《けんえつ》」という名のもとに、さまざまな言論・出版統制が行われ、そして敗戦で迎えた戦後には、戦時中の教科書の一部の記述を塗りつぶす、「墨塗り」という作業が行われました。これらの多くは、戦時下において「事実」として教えられていたものでした。歴史は「事実」ではなく「つくられる」もの。そして歴史を「つくる」とは、どのような営みなのか。さらに最近の政治の世界でいえば、日本、そして世界各国で戦争や選挙をめぐる情報操作について、さまざまな問題も起こっています。

※日本や世界各地における戦争、選挙などの事例、またSNSをめぐる問題への対策など、学生に具体例を聞きながら進める。

為政者にとって都合のよい「歴史」が作られ、教えられていくという営み——「墨塗り教科書」は決して過去のことではなく、未来の日本でもふたたび起こるかもしれません。「歴史」はどう創られるのか?——これはまさに、今の時代を生きる私たちが、真剣に向き合わなければならないテーマだと思います。

※時間に余裕があれば、古来、歴史書はじめ正式な文書が編纂される際は「巻子本」のかたちをとること、それゆえ授業内で作成した年表も、巻子本をイメージして完成させたことに言及し、冊子体《さっしたい》との相違など、本の「形」と「内容」がわかちがたく結びついていることについて、補足説明をする。

▼本単元の意義——参加者の声をとおして

本単元は、「令和」改元、天皇即位を導入の話題として、天皇即位の証である「草薙の剣」をめぐる歴史的な言説をたどる授業であった。そこには現代のわれわれから見ると、荒唐無稽に思う記述も少なくない。単元の最初に行った「質問づくり」ワークには、そうした疑問を言語化し、自分自身の問いとして自覚化する意味がある。参加者の感想にも「日常的な事柄も、疑問を持つことで大きな学びにつながることに気がついた」「質問づくりワークが楽しかった」というものが多く見られた。日本の学生は、授業中の発言や質問が少ないとは従来から指摘されていることだが、その意味でもこのワークは効果的である。また第1〜2回のワークシート読解を通じたグループディスカッションや、事前学習で各人が作成した草案をふまえつつグループで話し合い、一つの作品を作り上げていく第3回の作品創作を通じ、「多くの人と意見交換をしあい、一つの結論を考えることができた」「みんなで話し合った解釈を、作品として表現することがおもしろかった」という声があった。

さらに、高校までの古典授業では触れることの少ない『日本書紀』や『風土記』などの上代文学を扱ったことについて、「上代の文学には正直、苦手意識をもっていたが、この時代の神話ならではのおもしろみがあると思った」という感想も寄せられた。他の単元で扱った古典文学作品と同様、神話を中心とした上代文学も、その後の古典文学のみならず、多くの現代小説・マンガ・ゲームなどのモチーフになっている。一つの古典文学作品を取り上げ、「文学史において、その作品がどのように語られ、展開していくのか」というテーマについて、事後学習として調べさせるのもよいだろう。

▼もっと知りたい・学びたい人のために

- 寺田惠子『日本書紀全現代語訳＋解説〈Ⅰ〉神代――世界の始まり』（グッドブックス　二〇二四）現在、第二巻まで刊行（全八巻刊行予定）。『日本書紀』を現代語訳、および講義形式で丁寧に解説している。
- 中村啓信訳注『新版　古事記　現代語訳付き』（角川ソフィア文庫　二〇〇九）訓み下し文および脚注、現代語訳、原文が一冊にまとまっており、手に取りやすい。
- 中村啓信監修・訳注『風土記』上・下。上巻（『常陸』『出雲』『播磨』）、下巻（『豊後』『肥前』『風土記逸文』）（角川ソフィア文庫　二〇一五）訓み下し文および脚注、現代語訳、原文が一冊にまとまっており、手に取りやすい。
- 松本直樹『神話で読みとく古代日本――古事記・日本書紀・風土記』（ちくま新書　二〇一六）『古事記』『日本書

紀』『風土記』の神話について、それぞれの文献の特徴を押さえつつ、解説する。

・櫻井陽子『90分でわかる平家物語』（小学館 二〇一一新書 二〇一一）「90分」＝授業一コマでわかる、というタイトル通り、『平家物語』の概要についてわかりやすく説明した入門書。

・大隅和雄訳『愚管抄全現代語訳』（講談社学術文庫 二〇一二）『愚管抄』を読んでみたい！ しかし原文はハードルが高い……という人に。

・長崎浩『乱世の政治論 愚管抄を読む』（平凡社新書 二〇一六）『愚管抄』で示される著者・慈円の主張について、当時の時代背景をふまえながら説明する。

（兼岡理恵）

学生をグループに分けるには

アクティブラーニングにグループワークは付きもの。それに不可欠なのがグループ分けです。何度か異なるグループを経験して顔見知りが増えることで教室全体が親しく発言しやすい雰囲気になっていきます。アイスブレイクも兼ねて楽しめるグループ作りの方法を紹介しておきます。

①バースデイ・チェーン

有名で手軽な方法です。学生に誕生日順に輪を作るように指示します。このときに声を出さないのがルール。指で互いに確認し合うことでゲーム性が生まれます。

輪になったところで一月から誕生日を言って順番が正しいかを確認します。その後、学生の様子をみながら、そのまま順番に三人ないし四人ずつにする、あるいはそこからグループの数（五グループなら五）の数字を順番に割りあててその数字でグループにする方法もあります。

応用編として、通学にかかる時間、朝起きた時間、住所の郵便番号や学生証番号の下●桁順など、アレンジは無限。声に出さないルールを外すと時間短縮になります。

②ミングル(mingle)

学生たちに「ミングル、ミングル、ミングル、ミングル」と言いながら教室のなかを自由に歩きまわってもらい（音楽をかけるのもよし）、適度に混ざったところで教員が「5」「7」「3」などの数字を言ってその人数でとっさにグループになってもらいます。

何度かくり返すうちに友だち同士の固まりも分散されたところで、その日のグループを確定しましょう。

その他、人数が少なければ、犬派・猫派、海派・山派、きのこ派・たけのこ派、うどん派・そば派など二つに分けたあと、そのなかで適宜、分かれてもらう手もあります。

いずれの場合でも、グループができたら自己紹介・呼び名の確認の時間を忘れずにとりましょう。

（小林ふみ子）

時代：全時代

第7章

すれ違いの寸劇を創作してみよう！

――ディスコミュニケーションと文学の歴史

▼ねらい

ことばをめぐるディスコミュニケーションとそこから生まれる悲喜劇を、古典文学をとおして学び、そのような「すれ違い」が現代の私たちの実生活にも投影できるものであるのかという試みとして、寸劇を創作する。

前半の授業では上代から近世までのさまざまな作品に見られる「すれ違い」の様相を学び、後半は学んだことを活用して現代における「すれ違い」を寸劇作成によって体験的に学ぶ。この単元をとおして、読解力、創造力、表現力、コミュニケーション能力を身につけることができる。

▼授業構成（90分×2回）

第1回　文学作品に見られる「すれ違い」を学ぼう

『徒然草』、落語、『古事記』などいろいろな時代の作品の読解を通じて、文学作品に描かれた「すれ違い」の様相を学ぶ。

第2回　「すれ違い」を創作しよう

前回の学習内容を踏まえて「すれ違い」を活かした寸劇の創作を行う。

▼実施環境

人数

・六～三〇人程度（三、四人で一グループを構成）
＊大人数の場合、複数人が同じワークシートで実施する。

パソコン・ネット環境

・スライド表示以外は使用しない。

教室

・指定なし

▼授業の流れ

第1回　文学作品に見られる「すれ違い」を学ぼう

時間配分	講義・ワークの内容	配付物・準備するもの
5分	**1　導入** 本単元の目標を提示し、学習の流れを説明する。	
25分	**2　古典文学に見られる「すれ違い」** (1)**【講義】明恵《みょうえ》上人の誤解――『徒然草』一四四段** 『徒然草』明恵上人の逸話から異なる世界に属する人の聞き間違いによって生じる笑いを学ぶ。	⓿スライド
25分	(2)**【講義】対話する二人――噺本・滑稽本・落語** 落語から「すれ違い」を学ぶ。	❶資料：対話する二人
25分	(3)**【講義】一つのことばをめぐって――『古事記』** 『古事記』から「すれ違い」を学ぶ。	❷資料：一つの言葉をめぐって
10分	**3　本日のまとめ** 本日のまとめを行う。	

▼授業の詳細

1　導入

この単元では文学作品に見られる「すれ違い」の様相を学び、それを踏まえて寸劇を創作して発表してもらいます。今回は、授業中心で、奈良時代から江戸時代までの作品を取り上げて、「すれ違い」がどのように描かれているのか、具体的に学んでいきたいと思います。

文学作品の「すれ違い」を学ぶことに、どのような意義があるのかについて最初に述べておきましょう。「すれ違い」から笑いや時に悲しみが生まれることがあります。それは文学を生む源泉の一つになるのではないかと考えられます。また「すれ違い」は、それぞれの人物の存在する世界が異なるがゆえに生ずることがあります。つまり「すれ違い」の学びは、異なる世界の人を想像するきっかけにもなるでしょう。現在にも起こり得る「すれ違い」をまずは古典文学から学んでいきましょう。

2　古典文学に見られる「すれ違い」

(1)【講義】明恵《みょうえ》上人の誤解――『徒然草』一四四段

日常のなかの「すれ違い」というと、どんなことを思い浮かべるでしょうか。「あいうえお」ではじまる五十音図からわかるように、日本語は音の数が少ない言語です。同じ音で異なる意味をあらわす同音異義語が多いため、「松」に「待つ」を重ねる掛詞のような表現技法が生まれたわけですが、その背景として同音異義語の聞き間違いがあったのではないかとも言われています。

よくある聞き間違いの例として唱歌「ふるさと」の歌詞があります。「うさぎおいし、かのやま♪」からはじまりますが、この意味がわかりますか。漢字をあてると「兎追いし、かの山」、「追いし」は動詞の「追ふ」に過去の助動詞「き」の連体形「し」が付いたもので、「兎を追いかけたあの山」という意味です。文語になじみがあれば、「し」は過去だとすぐわかるのですが、現代ではあまり使われないので、この「おいし」を「美味しい」だと思っていた人もいるのではないでしょうか。聞き間違いによって、子どもの頃に山で兎を追いかけたのを懐かしむ歌詞が、淡泊で美味な兎肉を味わう話になってしまうので、笑い話の例としてよくあげられます。

古典文学にも「聞き間違い」による笑い話はしばしば見られます。『徒然草』におもしろいエピソードがありますので紹介しましょう。

『徒然草』を書いた兼好法師といえば冒頭の「つれづれなるままに、日くらし……」の印象から、山奥でひっそりと暮らす隠者というイメージを持つ方が多いかもしれませんが、近年、兼好の研究が進展し、実はとてもアクティブな人だったことが明らかになってきています。貴族、武士、僧侶などに人脈が広く、いろいろな階層の人々と交流していたようです。情報通で独自の情報網を持っていたからこそ、仁和寺《にんなじ》の法師の失敗譚など、『徒然草』にはおもしろい話が多く載っているのでしょう。

これからご紹介する話も『徒然草』一四四段にしか載っていない明恵上人のエピソードです。主人公の明恵（一一七三〜一二三二）は鎌倉時代の僧侶で、仏道一筋に生きたことで知られています。日本史では、旧仏教、南都仏教を復興して華厳宗を中興したこと、『摧邪輪《ざいじゃりん》』を著して法然の選集念仏を批判したことを学ぶと思います。

では本文を読んでいきましょう。

栂尾《とがのを》の上人《しやうにん》、道を過ぎたまひけるに、河にて馬洗ふ男《をのこ》、「あしあし」と言ひければ、上人立ちとまりて、「あな尊《たふと》や。宿執開発《しゆくしふかいほつ》の人かな。『阿字阿字《あじあじ》』と唱ふるぞや。いかなる人の御馬ぞ。あまりに尊く覚ゆるは」と尋ねたまひければ、「府生殿《ふしやうどの》の御馬に候ふ」と答へけり。「こはめでたきことかな。阿字本不生《あじほんふしやう》にこそあなれ。

うれしき結縁《けちえん》をもしつるかな」とて、感涙を拭《のご》はれけるとぞ。

（『徒然草』一四四段）

まず「栂尾の上人」とあるのは明恵上人のことです。上人が道を歩いていたときに河で馬を洗ふ男に会いました。馬を洗う男が馬に「あしあし」と声を掛けていたので、上人は立ち止まって言いました。「あしあし」というのは、馬を洗う男が馬への掛け声です。それに対して上人は「なんと尊いことだ、前世で修行した結果が、現世に現れている。『阿字々々』と唱えている」と言って、「これはいったい誰の馬でしょう？　あまりにも尊く思えます」と尋ねました。すると馬を洗う男は「府生殿《ふしょうどの》の馬でございます」と答えます。この「府生殿」はどういう人かと言うと下級の役人です。その「府生殿」に対して上人はさらに感動して「これはおめでたい、すばらしい、まさに『阿字本不生』じゃないか」と言い、うれしいご縁を結んだと感動して涙を流したというのです。

二人の話はまったくかみ合っていないのですが、平行線のまま話が進んでいきます。何がおもしろいかというと、明恵上人はすっかり誤解をしているんですね。馬を洗う男の「あしあし」を、明恵上人は「阿字々々」と解釈したのです。「阿字」は、サンスクリット語、いわゆる梵語の最初の文字で、すべての根本を表すものとされます。明恵上人は心中の月を瞑想する月輪観をおこなっていました。月輪観《がちりんかん》は梵語の「𑖀《あ》」という文字を書いた満月の図をイメージして、それがすべての根源だと瞑想する修行です。阿字を瞑想することから阿字観とも言われます。明恵上人はこの「阿字」に対して特別な思いがあったからこそ、「あしあし」という掛け声を「阿字々々」に聞き違えたのです。

さらにおもしろいのは、明恵上人が「こんなすばらしい掛け声をかけているのは誰の馬ですか」と尋ねたのに対して、馬を洗う男が「府生殿の馬ですよ」と答えたところにあります。「府生殿」は宮中の警備や治安維持を担当する六衛府《ろくえふ》の下級役人で実際は尊い人ではありませんでしたが、明恵はそれを「阿字本不生」と結びつけました。「阿字本不生」は、阿字は本来本有のもので、始めもなく終わりもなく、生じるものも滅するものでもない、常住不滅のものだという意味です。すべての存在がことごとく「阿」の一字に包括されるという、真言密教で重視される考え方です。明恵上人のなかでは「府生殿」が「阿字本不生」に結びつき、それが大きな感動を引き起こしたのでした。

馬に対して「あしあし」という掛け声をかけ、その馬を「府生殿の馬ですよ」と答え、あくまでも俗世界にいる馬を洗う男に対して、仏教の世界にいる明恵上人には「あし」と「府生」が「阿字本不生」に聞こえたわけです。この逸話では「あし」「ふしょう」という同音の共通性を軸に、〈俗〉の世界にいる馬を洗う男と仏教の〈聖〉の世界にいる明恵上人の違いが対照的にあらわされています。

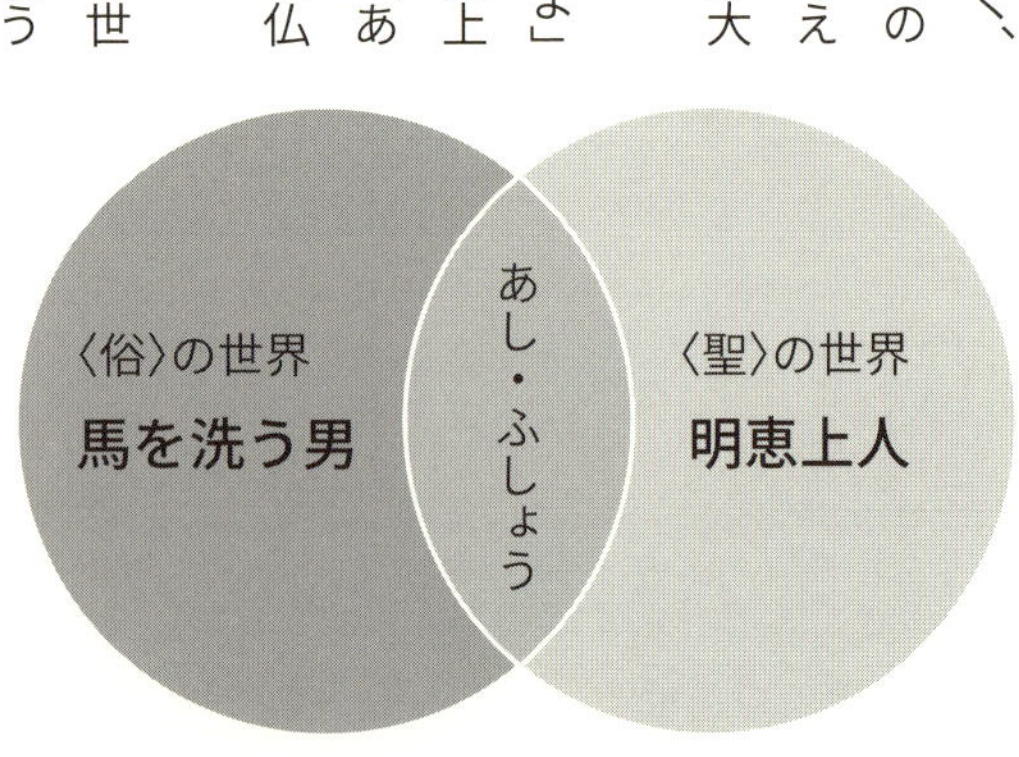

現代でも所属するコミュニティや立場の異なる人について「あの人とは住む世界が違うから」という言い方をすることがありますね。住む世界が違うと、使う語彙も違えば、発想も違います。何かを連想するときも自分の身近な世界に結びつけてしまいがちです。

この逸話は生きる世界が異なることで生じるすれ違いの笑い話であると同時に、明恵の何を聞いても仏教に結びつけてしまう思考パターンを浮き彫りにし、仏教一筋に生きたその姿を鮮やかに描きだしているのです。

(2)【講義】対話する二人――噺本・滑稽本・落語

では次に、対話をしていているけれどすれ違っている二人をえがいた話を見ていきましょう。

※❶資料：対話する二人を配付する。

資料の1は、一八世紀の後半に出版された『再成餅《ふたたびもち》』という噺本《はなしぼん》に収められている小噺です。「掛物」は掛け軸のことです。まず、本文を読んでみます。

※「さて結構な御かけ物でござる……」から「そんなら、こちらの仮名で書いたは、六でござるか」までとおして朗読する。

どこがおもしろいのか、わかったでしょうか？　野暮を承知で解説しましょう。客は掛け軸をほめて、上に書いてあるのは何かと聞いています。亭主は「賛《さん》」だと答えています。「賛」は絵に添えて書く文章、「画賛《がさん》」のことです。漢詩や和歌、俳諧の発句《ほっく》（五・七・五の一七音からなる句）などの場合もあります。さて、これを聞いた客は、別の掛け軸について「こちらの上にあるものは何か」と尋ねています。亭主は「詩《し》」だと答えています。この「詩」は漢詩のことですね。客はさらに、「この沢庵《たくあん》とやらが書いた物は何か」と聞いています。亭主は「語《ご》」だと答えています。沢庵は中世末期から近世初期に生きた禅僧で、「語」は禅語、禅の言葉のことです。そのあと、客はまた別の掛け軸を見て、「それなら、こちらの仮名で書かれたものは六ですか」と問いかけています。ここで質問です。客はなぜ「六」だと思ったのでしょうか？

ここまでの会話からわかるのは、客は「賛」や「詩」や「語」を知らず、亭主の説明が理解できていないということです。客は「さん」「し」「ご」と聞いて、数字の三・四・五だと勘違いして、数字が一つずつ大きくなる法則を見つけたと思ったのですね。だから、もう一つの掛け軸に書いてあるものは「六」だと考えたわけです。

おもしろいのは、客が誤解したまま、亭主と対話を続けている点です。明らかにすれ違っているのですが、話は続いているのです。

この「掛物」とよく似たやりとりが、十返舎一九《じっぺんしゃいっく》の『東海道中膝栗毛《とうかいどうちゅうひざくりげ》』にも出てきます。資料の2を見てください。対話をするのは膝栗毛の主人公の一人北八《きたはち》（喜多八）と「ごま汁」という名の亭主です。では朗読してみましょう。

※「モシあの絵の上にある……」から「六かなにか知りませぬが、あれは質にとったのでござります」までと

おして朗読する。

ここでは北八が客で、ごま汁が亭主の立場にあります。北八は「賛」は知っていますが「賛」「詩」「語」の違いはわかっておらず、ごま汁に「いやあれは詩です」「いやあれは語です」と言われています。それでも北八は会話をやめません。ごま汁のことを「いまいましい奴だ」などと思いながら、数字が一つずつ増える法則を発見したつもりで「おおかた六でござりましょうな」と言っています。誤解したまま会話を続け、相手に否定されてもコミュニケーションをやめない。「掛物」の客と亭主と同じような状況です。「掛物」と異なるのは数字が七（「質」）まで増えていることと、北八が受け売りで会話するキャラクターとして造形されている点です。

さて、同じやりとりが落語の「一ト目上《ひとめあが》り」にも出てきます。資料の3を見てください。ここでは八公《はちこう》が客の立場です。八公はある家で軸を見て、蜀山人《しょくさんじん》（江戸後期の文人、狂歌作者の大田南畝《なんぽ》のこと）の賛だと教わります。その後、大家の家で別の軸を見て「こりや蜀山の賛だな」と知ったかぶりを言いますが、大家に「これは根岸望《ねぎしぼう》斎《さい》先生の詩だ」と教えられます。次に、八公は先生の家で軸を見て「根岸望斎先生の詩ですなァ」と言い、先生から「一休の悟だ」と言われています。「賛」「詩」「悟」と進んでいくのは「掛物」や『東海道中膝栗毛』と同じですね。そのあと八公は友だちの家で七福神と宝船の歌が書かれた軸を見て「こりゃ特級の六だなァ」と言っています。「ご」の次は「ろく」だと考えたわけですが、友だちからは「馬鹿、七福神じゃねえか」と言われてしまいます。さらに八公は旦那の家で軸を見て、「古池やかわず飛びこむ水の音」と書いてあることを教わります。これに対して八公はなんと答え、旦那は何と応じたでしょうか？【A】と【B】に入ることばを考えてみましょう。

※参加者全員で【A】と【B】に入ることばを言ってもらう。

はい、【A】は「八」、【B】は「句」ですね。数字は九まで増えています。小噺の「掛物」が滑稽本の『東海道中膝栗毛』へ、そして落語へと受け継がれてゆくなかで、話が成長していることがわかります。八公は『膝栗毛』の北八と同じように受け売りで会話するキャラクターとして描かれています。新たに加わった要素は、会話の相手が次々と入れ替わり、【間違いを言う・正される】という会話を複数の相手と繰り返している点です。

三つの話を紹介しました。人間はすれ違ったままでも対話を続けることができてしまう、それが傍《はた》から見れば滑稽な情景として描かれています。「すれ違い」が笑いを生み、文学の源にもなることがうかがえます。明恵のエピソードよりも「すれ違い」が連続しており、明らかに「すれ違い」によって話をおもしろくすることを狙っているといえるでしょう。これも「すれ違い」の様相の一つとして参考にしてください。

(3)【講義】一つのことばをめぐって――『古事記』

※ 2 資料：一つのことばをめぐってを配付する。

これから古代の「すれ違い」の話に入ります。ヤマトタケルに関わるエピソードです。第6章にもヤマトタケルは登場しましたね。ヤマトタケルは『古事記』『日本書紀』といった作品に登場します。古代の英雄のように把握されている人物です。そのヤマトタケルに関しても「すれ違い」の場面があります。今までに見た二つのエピソードと同様、ことばをめぐる「すれ違い」ではありますが、招く出来事はかなりショッキングな案件になります。どのような話なのか、『古事記』を通じて学んでおきましょう。

まずヤマトタケルに関して、現在の辞書の記述を読んでおきましょう。資料の1をご覧ください。「記紀伝説上の英雄。景行《けいこう》天皇の皇子。気性が激しいため天皇に敬遠され、九州の熊襲《くまそ》、東国の蝦夷《えぞ》の討伐に遣わされたといわれ、風土記なども含めてさまざまな伝説が残っている。小碓尊《おうすのみこと》」（『デジタル大辞泉』）とあります。「気性が激しい」という辺りは今回のポイントになるところではあります。スライドをご覧ください。浮世絵にも描かれています。草薙《くさなぎ》の剣《つるぎ》（第6章参照）を持つ雄姿ですね。

では作品に入りましょう。資料の2「『古事記』景行天皇」の場面です。一読しておきます。

※『古事記』の音読は学生に行わせてもよい。

内容に関しては、スライドで紹介していきます。まず登場人物ですが、景行天皇に二人の息子がおり、兄が大碓命《おおうすのみこと》、弟が小碓命《おうすのみこと》となっています。弟の小碓命が後にヤマトタケルと名乗ることになります。今回の場面では小碓命として登場していました。場面は天皇と小碓命との対話を中心とするところでした。スライドで確認しておきましょう。キーワードは「ねぎ」という言葉です。動詞で用いられる場合、終止形は「ねぐ」となります。

※展開によっては、キーワード「ねぎ」を学生に発見させてもよい。

天皇は「何とかも汝《な》の兄《え》、朝夕《あしたゆふべ》の大御食《おほみけ》に参出《まゐ》で来ぬ。もはら汝《なれ》、ねぎ教《をし》へ覚《さと》せ」と小碓命に向かって、あなたの兄である大碓命が朝夕の食事を一緒にとらないから、あなたが「ねぎ」して教え諭しなさいと命令をします。しかし、五日たっても大碓命は出てきません。そこで天皇は次のように小碓命に尋ねます。「何とかも汝《な》が兄《え》久しく参出でぬ。もしいまだ誨《をし》へず有りや」と。兄さんはどうしてか出て来ない、もしかしてあなたは教えていないのか、といったところでしょう。それに対して小碓命は「既にねぎ為《し》つ」と、すでに「ねぎ」はしたのだ、と天皇に答えます。天皇は「いかにかねぎつる」と、どのように「ねぎ」をしたのかと尋ねます。小碓命は「朝署《あさけ》に厠《かはや》に入《い》りし時、待《ま》ち捕らへ搤《つつ》み批《ひし》ぎて、其の枝《えだ》を引《ひ》き闕《か》き、薦《こも》に裹《つつ》み投げ棄《う》てつ」と答えます。説明を避けたくなるような描写ではありますが、小碓命は、大碓命が朝トイレに行く時に待ち伏せして捕獲して、つかんで枝のように手足を引き裂いて、薦に包んで投げ捨てたというのでした。父親が「ねぎ」せよと伝えたところ、小碓命は「ねぎ」をしたというわけですが、天皇の願い通りの行動を小碓命は取ったのでしょうか?

天皇は、大碓命が食事に来ない、ということを気にしているわけですから、葬ることを期待していないことは明らかですね。しかし、小碓命は天皇の命令通りに「ねぎ」したと言っています。この違いはどうして生じたのでしょうか?

『古事記』に「ねぎ」、動詞「ねぐ」という言葉が出て来るのはこの場面のみですが、古代の他の作品などにその言葉は確認できます。代表的な例を二つ紹介しておきましょう。資料の3『万葉集』です。『万葉集』は、日本現存最古の歌集です。『古事記』成立は七一二（和銅五）年ですので、同時代の歌集となります。一読しておきます。

※『万葉集』の音読は学生に行わせてもよい。

大事なところはスライドで紹介しておきます。この歌は、七三二（天平四）年、聖武《しょうむ》天皇が、地方の軍備を担う「節度使《せつどし》」として派遣される貴族にお酒を賜った際の歌です。「天皇朕《すめらわれ》　珍《うづ》の御手《みて》もち　かき撫《な》でそ　ねぎたまふ　うち撫《な》でそ　ねぎたまふ」といわゆる自敬表現を用いて、天皇自らの行動を表現しているところに「ねぎ」が使われています。「御手」つまり手を用いて「撫で」と「ねぎ」が同じように使われていることになります。つまり、ここでの「ねぎ」は、手を用いて相手をねぎらう意味だと判断できるでしょう。

次に資料の4の『新撰字鏡《しんせんじきょう》』をご覧ください。漢字だらけで、これだけだとよくわかりにくいかもしれません。スライドの方をご覧ください。『新撰字鏡』の成立は九世紀末と考えられ、『古事記』や『万葉集』より一〇〇年以上後の成立ですが、漢和辞典としては現存最古のものであるという扱いになります。『古事記』や『万葉集』といった作品を理解するために非常に重要な辞書になっています。漢和辞典と説明されるように、大きく提示された漢字の日本語としての読みや意味を、小さく記した漢字で示すというものです。ここは「麻採」のところに、「祢具」と「ねぐ」と訓読できるのだという説明になっています。つまり、麻という植物を採《つ》む行為を「ねぐ」という言葉で示していたことがわかります。

『万葉集』と『新撰字鏡』の「ねぐ」を見てきました。二つの意味は異なるところがある一方、共通するところもありますね。それは手を用いるというところです。さて、ここで考えてみましょう。

景行天皇の考える「ねぎ」と小碓命の考える「ねぎ」とは違いがあるようです。小碓命の考える「ねぎ」に近いのは、どちらの作品でしょうか？

※挙手などで学生の判断を確認してもよい。

小碓命は枝を引き裂くような「ねぎ」であり、『新撰字鏡』に見られる「ねぎ」の感覚に近いのでしょう。逆に景行天皇は『万葉集』に見られた、手でいたわる様相をイメージしていたのであろうと推測できます。

では、まとめておきましょう。スライドをご覧ください。「ねぎ」をめぐる「すれ違い」が、ここには確認できます。景行天皇の「ねぎ」は「ねぎ教へ覚せ」と表現したところですが、「優しく手を取って連れて来る」といった意味で考えてよいでしょう。一方、小碓命の「ねぎ」は「搤み批ぎて、其の枝を引き闕き、薦に裹み投げ棄つ」と表現していますから、「手で引っ張ってちぎる」といった意味で用いています。「ねぎ」という同じ言葉の把握・解釈のすれ違いがここに見られるのでした。

3　本日のまとめ

ここで、今回学んだ「すれ違い」に関してまとめておきましょう。

※時間次第で、学生に意見や感想を出させてもよい。

スライドをご覧ください。

三つの授業で見てきた話は、同音の言葉をめぐる「すれ違い」という点では同じですね。しかし、コミュニケーションのあり方としては違うのではないでしょうか？

『徒然草』に見える「すれ違い」は、「あし」「ふしょう」という言葉の聞き違いの話でした。「あし」「ふしょう」が、馬を洗う男には「足」「府生」という意味であったのに、明恵には「阿字」「不生」といった仏教用語で聞き取っているのでした。

明恵は耳にした言葉を自分の知っている語彙に変換していると把握できます。これは、馬を洗う男と明恵という、会話をするふたりの住んでいる世界が違うことから生じる「すれ違い」といえるでしょう。しかも、言葉を重ねるごとに「すれ違い」が大きくなっていることがわかります。明恵は相手とコミュニケーションを取ろうとしているようでいて、最後には感極まって涙を流すほど、信仰する仏教の世界に浸りきっているのです。

次に噺本・滑稽本・落語に見える「すれ違い」を考えておきましょう。これは会話をしているふたりは「さん」「し」「ご」……という言葉を違う文脈で解釈しているのに、会話が続いていくという話でした。「すれ違い」は続いているのに、それぞれの解釈で話が進むおもしろさが感じ取れるでしょう。知識の差が「すれ違い」を生んでいることになります。お互い、違う文脈で理解しているのに、対話でコミュニケーションが続いているのです。

次に『古事記』に見える「すれ違い」を考えておきましょう。景行天皇と小碓命との間で「ねぎ」というひとつの言葉をめぐる解釈の違いが立ち現れています。ものごとの捉え方・考え方の違いが背景にありますね。そもそもの二人の考え方が違っていることで、言葉の受け取り方が異なり「すれ違い」が生じているのです。今回取り上げた箇所の後の話に言及しておきましょう。天皇と小碓命の父子はコミュニケーションを取ることなく、お互いを理解し得ないまま時間は流れていきます。小碓命（ヤマトタケル）は天皇から遠ざけられ、天皇の命令で西へ東へと征伐の旅を続けた挙げ句に命を落としてしまうのでした。

全体のまとめをしておきましょう。言葉の捉え方の違いがさまざまな「すれ違い」を生むのでした。その言葉を発する人・捉える人のそれぞれの世界の違いがわかるといえましょう。文学作品を読むと、自分とは異なる視点に立つ経験ができるとも意義付けられるでしょう。

今回は授業が続きましたが、次回はワークを中心にして「すれ違い」の寸劇を作り、発表してもらう予定です。今回の内容をしっかり復習しておいてください。

▼授業の流れ

第2回「すれ違い」を創作しよう

時間配分	講義・ワークの内容	配付物・準備するもの
5分	**1 導入** 前回の復習。	0スライド
5分	**2「すれ違い」の実践** (1)**【個人ワーク】** ワークシートを配付し、各自個人ワークとして実施する。	3ワークシート：創作 ●紙、筆記用具
40分	(2)**【グループワーク】** 個人ワークのシェア、発表準備。	
30分	(3)**【発表】「すれ違い」劇場** 各班の発表。	
10分	**3 本日のまとめ** 本日のまとめを行う。	

▼授業の詳細

1 導入

※最初に一グループ三、四人程度になるグループ分けを行う。グループの分け方は各教員の任意のやり方でよい。グループごとに机など移動して座ってもらう。

※グループワークで用いるペンや紙なども用意しておく。配付はこの後の個人ワークの時間に行うとよい。

前回の内容を簡単に確認しておきましょう。『徒然草』、噺本・滑稽本・落語、『古事記』に描かれる「すれ違い」を見てきました。

※具体的にどのような内容であったかを学生に答えさせてもよい。

すべて言葉の捉え方の違いによって生まれた「すれ違い」でした。言葉の捉え方の違いは、その言葉を発する人が所属する世界の違いによるものと把握できました。

今回は、そのような言葉の捉え方の違いを反映させた「すれ違い」の寸劇を作ってもらいます。

スライドを見てください。本日のミッションは「すれ違い劇」を作ろう、となります。設定は「世界が違う人の対話」とします。前回の各作品で読んだ世界の違いをイメージしてみましょう。上演時間は1~2分とします。上演後に設定の説明を1分ほど行ってください。表現形態は自由です。寸劇でも朗読劇でもかまいません。小道具（ペン、紙など）の使用を可とします。個人ワーク、グループワークの順で行ってもらいますが、発表は○時○分からとします。なお、「すれ違い」が生じる言葉を一つではなく、複数含めると盛り上がると思います。

さて、注意事項を述べておきます。この教室にも、いろいろな人がいます。国籍・文化的多様性・LGBTQなど、誰かが傷つくかもしれない表現には十分に配慮しましょう。

本日の流れの確認です。「①ワークシートを記入」は個人ワークでまず行います。その後、「②グループで内容をシェア」とグループワークに入ります。そして「③寸劇制作・練習」に入ります。

※教室の環境次第では廊下や近隣の空き教室での練習も許可する。

最後に「④発表」です。劇の上演は1〜2分程度で行い、その後、設定の説明を1分程度で行ってもらいます。

2 「すれ違い」の実践

(1) 【個人ワーク】

※ ❸ワークシート：創作を配付する。

今配付したワークシートですが、まずは個人ワークで「1　多義語、同音異義語、聞き間違いやすいことばを考えてみましょう」と「2　世界が異なる人を考えてみましょう」を各自やってもらいます。周りと相談することなく個人ワークとして行ってください。時間は5分です。

(2) 【グループワーク】

※個人ワークの間に、グループワークで用いるペンや紙などを配付する。

時間になりましたので、今個人ワークで行った内容を、グループ内でシェアしてください。

劇作成に向けて、どのような言葉を用い、どのような設定にするか、グループで考えてください。発表は○時○分からとしますので、それまでの時間は各グループで自由に使ってください。

※発表開始時間を板書などで示しておく。

(3) 【発表】「すれ違い」劇場

それでは各グループの発表に入りたいと思います。上演時間は1〜2分で、上演後に設定の説明を1分ほどで行ってください。どういった工夫が見られるか、皆で楽しみましょう。

※発表順は、くじ引き、ジャンケンなど教員の判断によって決める。

それでは「すれ違い」劇場の開幕です。

※教員は、一グループずつ発表の後に、簡単なコメントを残す。どのような設定で、どのような言葉を用いたか、メモなどしておくのがよい。

※実際に行ったワークショップでは、ニュージーランドの民族舞踊「ハカ」と「墓」や、「校内」と「口内」といった取り違いの例などが見られた。

3　本日のまとめ

グループワークから発表まで、お疲れさまでした。みなさん「すれ違い」の現場はいかがだったでしょうか？感想を聞かせてください。

※参加者全員の感想を共有する。時間に限りがある場合、グループで一人代表させて発言させるのもあり。また授業後の課題のように提出させてもよい。

本日のワークのまとめをしておきましょう。スライドをご覧ください。

「すれ違い」の想像／創造をしてもらったわけですが、その際、言葉やその言葉を発する人の世界、またその時の視点といったもので、「すれ違い」を想像／創造していった感じだったと思います。

「すれ違い」が人間性を浮かび上がらせると言うことができ、「すれ違い」が新たなドラマを呼び起こすとも言えるでしょう。それは文学作品のみならず、日常生活でも起こり得ることだといえますね。

「すれ違い」はいつでもどこでも起こり得るものであり、「すれ違い」に気づくか気づかないかでも展開は大きく変わって来るでしょう。「すれ違い」が新しい何かを生み出すとしても過言ではないでしょう。

このような豊富な「すれ違い」を含み込む文学作品を読解することは、自分や自分が身を置く環境を中心に考えた結果起こる些細なすれ違いから、他者との相互理解の難しさから生じる国際紛争まで、「今」を生きる私たち自身を見つめ直すことにもつながるといってよいでしょう。古典文学のような別次元のように思いかねない作品でも、今の私たちに遠くない感覚が見られることは少なくありません。文学と日常とはそんなに遠いものではないのです。

▼本単元の意義――参加者の声をとおして

読解に関しては「レクチャーで複数のすれ違いを学び、作品としておもしろいなと思いました。横断的に読むことでいつの時代も変わらない要素があることに気づけました」といった感想があり、一つのテーマを複数の作品で時代横断的に学ぶことで、古典文学の楽しみを実感すると同時に読解力の向上につながることに意義を見いだせるであろう。寸劇を含めたワークに関しても「同音異義語が多い日本語だからこそのすれ違いのおもしろさを体験することができた」「「すれ違い」をもとに表現について考えるよいきっかけになった」という感想が見られた。日本語の特徴を改めて実感し、いかに正確に伝えることが難しいかという言葉によるコミュニケーションの難しさにも意識が及ぶ。そして、「すれ違いという人類に普遍的なテーマを乗り越えるために、自分が学んでいる文学の力が利用できるということを実感できたことがうれしかった」「すれ違いはさまざまな場面、文脈で起こることを意識することで文学作品を楽しく読めることはもちろん、自分の生活にも活かしていける」と「すれ違い」を契機に文学読解と日常生活が結びつきうることも本単元の学びの意義としてあげられよう。

▼もっと知りたい・学びたい人のために

◆【講義】「明恵上人の誤解――『徒然草』」に関して

・小川剛生校注『新版　徒然草　現代語訳付』(角川ソフィア文庫　二〇一五)　最新の研究成果をふまえた『徒然草』のテキスト。
・小川剛生『兼好法師――徒然草に記されなかった真実』(中公新書　二〇一七)　『徒然草』の作者・兼好がどんな人生を送ったのかがわかる。

◆【講義】「対話する二人――噺本・滑稽本・落語」に関して

・武藤禎夫編『噺本大系　第九巻』(東京堂出版　一九七九)　『再成餅』の本文を収める。
・中村幸彦校注『東海道中膝栗毛』(新編日本古典文学全集　小学館　一九九五)　『東海道中膝栗毛』の本文と注釈を収める。
・『落語名作全集　第三巻』(普通社　一九六〇)　春風亭柳橋口演「一ト目上り」の本文を収める。
・延広真治編『落語の鑑賞２０１』(新書館　二〇〇二)　「一目上がり」など寄席で演じられることの多い落語の演目の梗概を示し、鑑賞のポイントや原話、成立事情などを解説する。

◆【講義】「一つのことばをめぐって――『古事記』」に関して

・中村啓信訳注『新版　古事記　現代語訳付き』(角川ソフィア文庫　二〇〇九)　『古事記』の本文と現代語訳を収める。
・三浦佑之『古事記を読みなおす』(ちくま新書　二〇一〇)　『古事記』は、古代律令国家が求めた歴史ではなく、古層の語りを主張するものという方向性で『古事記』を捉える。

(中嶋真也・佐藤至子・平野多恵)

万葉仮名

現存最古の歌集『万葉集』は奈良時代とそれ以前の時代、すなわち上代の歌を四五〇〇首ほど収めています。当時、ひらがな・カタカナは存在せず、漢字のみで日本語を記していました。ひらがなは漢字をくずしたもの（「あ」は「安」という漢字）、カタカナは漢字の一部を利用したもの（「イ」は「伊」という漢字）であり、ともに平安時代成立です。ひらがな・カタカナは漢字をもとに成り立ったように、日本語表記に漢字は大きな意味を持つのでした。

そもそも漢字とは、古代中国の文章を記すための文字であり、「赤」や「青」は、現在でも色を示すと判断できるように、漢字自体に意味が存在します。漢字のみで日本語を記した上代においては、その漢字の持つ意味を重視した使い方と漢字の訓《よ》みのみを利用する場合とがありました。たとえば、『百人一首』二番歌として有名な持統《じとう》天皇の歌は『万葉集』では「春過而夏来良之白妙能衣乾有天之香来山」という表記です。漢字かな交じりで示すと、「春過《す》ぎて　夏来《きた》るらし　白たへの　衣《ころも》干《ほ》したり　天《あめ》の香具山《かぐやま》」となります。第一句「春過而」は「春」「過」はその漢字の意味を活かした表記です。「而」も中国古典で接続を示す漢字ですので、日本語の接続助詞「て」に対応し意味を活かしたといえます。第二句はどうでしょうか。「夏」「来」はそれぞれ表意性を重視した表記ですが、「良之」は推定の助動詞「らし」を示しますが、「良」「之」の漢字としての意味を活かした表記ではなく、漢字の音を利用した表音性を重視した表記になります。このような表音性を重視した漢字が、後のひらがな・カタカナを生み出します。古代における日本語表記の多様性を感じ取りたいところです。

『万葉集』をもとに漢字表記の様相をみてみましたが、「万葉仮名」は「仮名」という説明用語になるように、表音性を重視した表記の場合のみに用いるべきことばです。したがって、『万葉集』はすべて「万葉仮名」で書かれている、という説明は実は誤りになります。術語は気をつけて用いましょう。

（中嶋真也）

時代：全時代

第8章

「推し」妖怪のポスターを作ってみよう！

――オンラインデータベースの活用と情報の見極め方

▼ねらい

この単元では、ネットリテラシーをはじめ、オンラインデータベースの特徴や活用方法、使用する際の注意点などを学び、クラウド上で共同作業のできるスライドを用いながら、身近ながら古典にも大きく関わる妖怪のプロフィールを作成し、その魅力をアピールするポスターを創作する。

コロナ禍を経て、わたしたちがオンラインで閲覧したり使ったりすることのできるデータベースは格段に増えている。古典に関しても、ネットを検索すればあっという間にさまざまな情報が得られる。しかし、必要なスキルを学び、データベースの特徴を知って上手に活用しなければ、茫洋と広がるネット情報のなかで、誤った情報をつかんでしまう可能性もある。

一連の授業・ワークを通じて、オンラインデータベースの正しい活用法を学び、情報の上手な使い手になることを目指すとともに、根拠をもとにした創造力、表現力を身につけ、協同してクリエイティブな活動をする楽しさを体感することもねらいとする。

授業構成（90分×3回）

第1回　妖怪を知ろう――ネット情報を上手に使うには

このワークをする上で必要な妖怪の知識を得ると共に、インターネットでさまざまな検索をしてみてネットの便利な点・問題点を考え、ネット情報を扱う際の基本的なリテラシーを身につける。

第2回　「推し」妖怪のポスター編集に使えるデータベースとその使い方を学ぼう

古典を学ぶ上で有用なデータベースの種類と使い方を学び、「推し」妖怪のプロフィール作りをとおしてデータベースの活用法を実践する。

第3回　「推し」妖怪のポスターを完成させよう

前回学んだデータベースを活用し、プロフィールをもとに自分たちならではの「推し」妖怪のポスターを作り上げる。さらに、利用すると世界が広がり、自身の学習にも役立つデータベースについての情報を得る。

実施環境

人数

・六～六〇人程度（三、四人で一グループを構成）

＊大人数の場合は複数のグループが同じ妖怪を担当するようにする。

パソコン・ネット環境

・学生ひとりに一台の端末（ＰＣを推奨。スマートフォンはウェブ上でのプロフィール・ポスター作りの際に画面が小さすぎて見づらいため不可）。

・通信回線が十分確保されている環境。

・各学校・大学でジャパンナレッジＬｉｂに加入し、学生が自由に使えること。

・ネット上のクラウドでフォルダを教員・学生が共有できる環境。

教室

・教卓のＰＣ画面が大きく提示できる教室。

第8章

▼授業の流れ

第1回　妖怪を知ろう——ネット情報を上手に使うには

時間配分	講義・ワークの内容	配付物・準備するもの
5分	**1　導入** スライドを用いアウトラインを提示する。本単元の目的（データベースの活用）とゴール（プロフィール・ポスター作り）を示す。	⓿講義スライド
25分	**2　妖怪を知る** **(1)【講義】ゲゲゲの鬼太郎について** 水木しげる「ゲゲゲの鬼太郎」について知っているか、どんな妖怪がいるか尋ねる。 **(2)【講義】妖怪の源流について** 水木しげるの描く妖怪の源流のひとつとして、鳥山石燕とその著『画図百鬼夜行』『今昔画図続百鬼』について紹介する。 **(3)【個人ワーク】ネットで「石燕」、指定の妖怪名を検索** 指定された妖怪名をネットで検索し、どこに、どのような情報や画像が出てくるか確認する。 →❶ワークシートiに記入。 **(4)共有クラウド上のスライドの使い方** ①【講義】アクセスの仕方・使い方の説明 ②【個人ワーク】書き込み練習（自由記入）	❶ワークシート：ネットリテラシーを学ぼう ❷書き込み練習用スライド
35分	**3　ネットリテラシー学習** **(1)ネット検索の際の注意点を考える** ①【個人ワーク】	

	ネット検索の際に気をつけることを考える／ネット検索に用いている検索サイト、データベースを挙げる→❶ワークシートⅱに記入する（3分ほど）。 ②【グループワーク】 2⑶、3⑴①の結果を共有する（6分ほど）。 ③【発表】 各グループ、❸スライドをダウンロードして書き込み→スライドを全体共有、発表（一グループ2分ほど）。 ④【個人ワーク】【グループワーク】【発表】 各グループの発表スライドから、ネット検索の問題点について考える（個人3分・グループ5分ほど）。 ex.閲覧HPに著作権上の問題はないか　情報取得源が明示されていない等→❶［ワークシート］ⅲに記入。 ⑤【講義】情報の確かめ方 ④の意見を受けて、情報源が確かなもの、確かなところから情報を得るために注意すべきことを考える。	●共有クラウド上に❸スライド：ネット検索の注意点のスライドをグループの数に応じて作成し、それぞれのリンクを⓿講義スライドに挙げておく。
15分	**4『今昔画図 続百鬼』担当妖怪の読解** ⑴【講義】ミッション紹介 今回の単元（テーマ）のミッションの概要紹介（5分）。 ⑵担当妖怪を知る ①【個人ワーク】 担当の妖怪についての『今昔画図 続百鬼』の解説文を読解する（5分）。 ②【グループワーク】 グループで確認、妖怪の特徴を把握しておく（5分）。	●共有クラウド上に⓿講義スライド❹スライド：ワークシート1～5のスライドを作成し、担当部分を各自ダウンロードできるよう、リンクを⓿講義スライドに挙げておく。
10分	**5　ふりかえり** ①ネットリテラシーについてのふりかえり ②各グループの『今昔画図 続百鬼』解説文の読解チェック	

▼授業の詳細

1 導入

今回は、日常生活に欠かせないインターネット・データベースから正しい情報を得るために必要なスキルや知識を身につけよう、またそれを古典作品の読解や、古典をもとにした新しい創作にも生かしていこう！ という授業です。今もアニメやゲーム、漫画でおなじみの「妖怪」をテーマにして、信頼できるデータベースから得た妖怪の特性――出自・姿かたち・出没場所などをもとに、その妖怪を「推す」、すなわち、その魅力・特徴を存分にアピールするポスターを作るのがゴールです。ポスターは三、四人のグループで、共有クラウドのオンライン上にて作りますので、ネット上で共同作業をする楽しさも味わえますよ。

※あらかじめ三、四人のグループを作って、番号を振っておくこと。グループは、4の読解のワーク実施前にほどいて新たなグループを作ってもよいし、最初から最後まで同じでもかまわない。

※妖怪の話に入る前に、**0**講義スライド「授業の流れ」を提示し確認する。

2 妖怪を知る

(1)【講義】ゲゲゲの鬼太郎について

みなさんは漫画家の水木しげるさんが描いた「ゲゲゲの鬼太郎」をご存じですか？ アニメにもアニメ映画にもなっていました。もとは「墓場鬼太郎」という名前で鬼太郎のキャラ設定も違い、もっとおどろおどろしい絵が多かったようですが、鬼太郎はじめ、怖いけれどもかわいいキャラが結構いますよね。知っているキャラクターがいたら挙げてみてください。

※「猫娘」「目玉おやじ」「ねずみ男」「塗り壁」「一反木綿」「子泣き爺」「ろくろ首」「ぬらりひょん」あたりが

出ることを期待。でなかったら誘導してもよい。

※水木しげる「ゲゲゲの鬼太郎」の画像（アニメ・漫画）を用意するとよい。ただし、著作権に抵触する可能性があるので、授業以外には共有しない（勝手に共有することは不可）。また、ネット上の絵を拾う場合は、違法コピーをしているサイトから入手しないよう、一次資料なのかどうか注意し、出典先はどこかを明らかにして提示する（違法コピーサイトの可能性もあり）。

ところで、これらの妖怪って全部、水木さんの創作妖怪なのでしょうか？　それとも、昔からいた妖怪なのでしょうか？

※数名に聞く。創作だと思うか、昔からいた妖怪か、どちらもかの三択で挙手してもらってもよい。

正解は、どちらも、です。たとえば「猫娘」「ねずみ男」「目玉おやじ」などの有名キャラは、水木さんが創作した妖怪です。一方、「一反木綿」や「塗り壁」「子泣き爺」などは地方の伝承に見える妖怪です。さらには、「ろくろ首」「ぬらりひょん」のように、水木さんが描いた妖怪のなかには古くからいる、つまり古典の文献に見える妖怪もたくさんいるのです。

(2)【講義】妖怪の源流について

自分と妖怪との出会いについて、水木さんは以前こんな回想をしています。

※ 0 講義スライド「1　妖怪といえば」を提示する。

『朝日新聞』二〇〇〇年五月七日朝刊記事から

鳥山石燕さんは、私の恩人である。彼のかいた『画図百鬼夜行』の導きで、私は〝妖界〟に入ってしまったのである。

今までみたこともないほどたくさんの妖怪、それが本の中にギッシリつまっているのである。……柳田国男さんの「妖怪談義」にも妖怪がたくさん出てくるが、形はない。私は生まれつき〝目〟でみないと承知できないものだから、「妖怪談義」だけでは満足できなかった。

＊

一七七六年に出た『百鬼夜行』のほかにも、『続百鬼』とか『百鬼拾遺』とか『画図百鬼徒然袋』などという妖怪絵本をたくさん出しているそうだ。

二〇〇年くらい前の人でも、他人とは思えない。実のお父さんよりも、面倒をよくみてくれている感じだ。

水木さんを「妖界」に引き入れた人物、それが江戸時代の浮世絵師、鳥山石燕《とりやませきえん》（一七一三〜一七八八）です。石燕という名前を聞いたことがありますか？　実は喜多川《きたがわ》歌麿《うたまろ》や恋川春町《こいかわはるまち》といった江戸時代の有名絵師や戯作者のお師匠さんで、人物画・妖怪の絵を得意とした浮世絵師でした。俳諧も学んで絵入り俳書の挿絵を描いたりもしています。水木さんの回想にあがっている『画図百鬼夜行《がずひゃっきやこう》』やその続篇にあたる『続百鬼《ぞくひゃっき》（今昔画図 続百鬼）』はさまざまな妖怪の大きな絵が描かれた版本《はんぽん》（江戸時代に出版された、版木で印刷した本）で、現在それぞれ一一本、四本が現存しています(国文学研究資料館国書データベースによる)。そのなかに描かれているぬらりひょん、ひょうすべ、といった妖怪を見てみましょう。水木さんの描いた妖怪が石燕の描いた妖怪と驚くほど似ていることがわかると思います。

※水木しげるの描いた「ぬらりひょん」「ひょうすべ」と石燕の画図を並べて見せる資料を作るとよい。

(3)【個人ワーク】ネットで「石燕」、指定の妖怪名を検索

実際に、妖怪界（?･）において、鳥山石燕が現在どのくらい影響力を持っているのか、ネットで検索してみましょう。まず、いつも自分が使っているやり方で「石燕」というワードを検索してみてください。どんな「石燕」が出てくるでしょうか？　どういう情報がどういうＨＰに載っているのか、ワークシートⅰに書き込んでください。

※❶ワークシート：ネットリテラシーを学ぼうを配付する。

次に、これから言う妖怪の名前を入れて検索し、どのような情報が出てくるか見てください。妖怪名は「ぬらりひょん」です。

※他の妖怪でもよいし、二つ三つやってもよい。

同じく、出てきた情報について、ワークシートⅰに書いてください。これらの検索結果は、あとで使います。

(4)共有クラウド上のスライドの使い方

①【講義】アクセスの仕方・使い方の説明

ここでは少し気分を変えて、これからたくさん使うことになる、共有クラウド上に作られた共有スライドへの書き込み練習をしてみましょう。スライドに挙げたＵＲＬのリンクをクリックし、共有クラウド内の❷書き込み練習用のスライドにアクセスしてみてください。

②【個人ワーク】書き込み練習（自由記入）

アクセスしたら、自由に何か書き込んでみてください。自分の名前とか、いまの気分とか、何でもいいです。このスライドにアクセスした人が一斉に何か書き込んでいるのがわかりますよね？　こうやって、一枚のスライドをオンライン上にてみなで共有していじることができるのが、共有スライドの特徴です。

※各学校・授業内・学生でよく用いているツールで設定すること。Google スライド、Microsoft Teams for Education などが一般的か。

3　ネットリテラシー学習

(1)ネット検索の際の注意点を考える

①【個人ワーク】

さて、先ほどみなさんは「石燕」「ぬらりひょん」というワードでネット上を検索しましたが、検索するとき、何を用いたでしょう? Yahoo! Google Microsoft Bing……いろいろな検索エンジンがありますので、まず自分が使ったものをワークシートiiに記入しましょう。また、先ほどの「石燕」「ぬらりひょん」というワードの検索結果をふまえて、検索の結果出てきた情報やＨＰを挙げ、言葉や事柄を調べるときに注意した方がいいことについて、考えてみましょう。３分ほど時間を取ります。

②【グループワーク】

次に、はじめに作ったグループに分かれ、まず司会・書記・発表者を決めましょう。各自書き込んだワークシートをもとに、

（１）使った検索エンジン
（２）検索の結果わかったこと
（３）言葉や事柄を調べるときに注意した方がいいこと

について共有し、多く意見の出たことをまとめ、各グループに割りあてられているリンクから❸スライド：ネット検索の注意点をダウンロードして書いてください。６分ほど時間を取ります。

③【発表】

自分たちの書いたスライドをもとに発表してください。聞き手は、そのスライドに書かれていることを見て発

表を聞きながら、気になった点についてメモをしておいてください。

④【個人ワーク】【グループワーク】【発表】

各グループの発表をふまえて、ネット検索の問題点について考えてみましょう。まず個人で考えてワークシートⅲに記入し（3分ほどとりますね）、ついで、グループで意見を集約しましょう。問題点は、たとえば、（2）の検索の結果わかったことについては、挙がっていた検索結果の情報は確かなのかどうかが検証できない（参考文献がない）、著作権に抵触しそうなものが無断で使用されていないかなどが出てきそうですし、（3）については、ひとつのワードだと絞りきれず無秩序に検索結果が出てくることなどが考えられそうです。その後、各グループ、口頭で発表しましょう。

⑤【講義】情報の確かめ方

④で出たみなさんの意見を受けて、情報源が確かなもの、確かなところから情報を得るために注意すべきことを考えましょう。たとえば、信頼できる公的機関のサイトに載る情報なのか個人のサイトの情報なのかも大事ですね。他にも、以下のような注意点をもとに〝ファクト・チェック〟をするようにしましょう。

※ 0 講義スライド「2　ファクトチェックの方法」を提示する。

【参考】読売新聞二〇二四年八月二三日付夕刊

＊日本ファクトチェックセンター（https://www.factcheckcenter.jp/）の資料をもとに作成したというネット上の情報を検証する手順

①発信元を見る↓どういう人が発信しているのか、その情報を知りうる立場にいるかを確認

②他の人の指摘を確認↓コメント欄などで誤りが指摘されていないか確認

③他のメディアの発信状況を確認する↓重要な事実であれば大手のメディアも発信している可能性
④情報源を探す↓偽情報は文章や画像、動画が改変されていることが多い。元の情報の確認が必須。

他にも、いつ作成されたページなのかも重要です。古い情報は新しく更新されている可能性があります。ネットリテラシーは、すべての授業、日常の情報検索にも生かせるリテラシーですから、しっかり身につけましょう。

4 『今昔画図 続百鬼』担当妖怪の読解

(1)【講義】ミッション紹介

いよいよ「推し」妖怪のポスター作りを始めます。まずは、各グループの担当妖怪の発表です。もしかしたらみなさんそれぞれ好きな妖怪がいるかもしれません(?!)が、今回はすでに有名かつ出自・来歴が調べられる妖怪を『今昔画図 続百鬼』の方から五つ、すなわち橋姫、土蜘蛛、鵺《ぬえ》、酒呑童子《しゅてんどうじ》、玉藻前《たまものまえ》を選んでありますので、当たった妖怪を「推し」として、ⅰ担当妖怪について詳しく調査する↓ⅱ担当妖怪の魅力を探る・引き出す↓ⅲ現代人に妖怪の魅力が存分にアピールできるポスターを作る　以上三点のミッションを順におこなっていきます。

※ここで❹スライド：ワークシート1～5を共有スライドで配付する。それぞれのリンクを⓿講義スライドに示し、各自アクセスしてダウンロードするように指示する。

(2)担当妖怪を知る

まず、担当妖怪の様子を知るべく、鳥山石燕『今昔画図 続百鬼』から抽出された絵と説明を読んでみましょう。

①【個人ワーク】

ではまず、各自で担当妖怪の絵に付されている説明文を読んで訳をしてみましょう。

②【グループワーク】

個人ワークが終わったら、グループ内で確認、妖怪の特徴を把握しておきましょう。次回につながります。それぞれ5分ほど取ります。

5　ふりかえり

『今昔画図 続百鬼』の説明文の内容は理解できたでしょうか？　また、担当妖怪がどんな妖怪か、イメージがつきましたか？　さっそく、今日学んだネットリテラシーに気をつけながら、ネットにどんな情報が載っているかざっと見てみてもよいですよ。ただし、信用できる情報かどうか、グループできちんと検証してくださいね。

※説明文を理解できているか、時間があれば教員が確認してまわってもいい。また、このふりかえりは時間調整の意味合いもあるため、時間が余り気味であれば、たとえば「草薙剣《くさなぎのつるぎ》」のワードを入れて調べてみて、出てくる情報が信頼できるものかどうか確認していってみてもよい。

※授業内に担当妖怪についての説明文の内容が理解できていない場合は、課題としておくとよい。

▼授業の流れ

第2回　「推し」妖怪のポスター編集に使えるデータベースとその使い方を学ぼう

時間配分	講義・ワークの内容	配付物・準備するもの
5分	**1　導入** スライドを用いアウトラインを提示する。 ①ネットリテラシーについて→グループで確認後、指名して口頭で確認 ②担当妖怪→どんな妖怪かを簡単に説明する	**0**講義スライド
25分	**2　【講義】授業で使うデータベースの紹介と使い方** この単元で使うデータベースの紹介と使い方を学ぶ。ジャパンナレッジを詳細に見て、国際日本文化研究センター怪異・妖怪伝承データベース、同怪異・妖怪画像データベース、立命館大学浮世絵ポータルデータベース）を実際にデータベースを見て動かしながら説明する。	
50分	**3　担当妖怪のプロフィール作成** (1)【個人ワーク】 『今昔画図 続百鬼』の解説文、紹介されたデータベースを主に用いて、担当妖怪のプロフィールを作成する。プロフィール欄はワークシートの各担当妖怪のスライドからダウンロードして作成する（10分）。	共有クラウド上に **4**スライド：ワークシート1〜5のスライドを作成し、それぞれのリンクを

	(2)【グループワーク】 (1)をもとに、グループで妖怪のプロフィールを作成する（30分）。 (3)【発表】 完成したプロフィールと参考文献のスライドを共有して発表する（10分～）。	❶講義スライドに挙げておく。
10分	**4　ふりかえり** ①紹介されたデータベースの特徴についてのふりかえり。 ②次時のポスター作りに向けて、グループ内での検討。	

▼授業の詳細

1 導入

まずは前時のふりかえりとして、ネットリテラシーについて確認します。思い出すために、近くの人と前回学んだことについて話し合ってみましょう。その後、指名されたら、ネットを使う際に注意すべきことについてひとり一つ、答えましょう。ついで、各グループで今日の役割分担を決め、発表担当者が自分たちの担当妖怪がどんな妖怪なのか、簡単にみなに説明しましょう。

2【講義】授業で使うデータベースの紹介と使い方

前回はとくに指定せず、さまざまなネットの情報を見てきましたが、今日は、「推し」妖怪のポスターを編集する際、とくに有用なデータベースをいくつか紹介します。実際に一緒にどのように使えばいいか、見ていきましょう。

まずは、ジャパンナレッジLibという国内最大級の辞書・事典のデータベースから見ていきましょう。契約の必要なデータベースですが、多くの学校・研究機関が契約をしており、所属学生・教職員・研究員が使えるようになっています。このデータベースの最大の魅力は、信頼できる内容が記される大きな辞事典を一度に横断検索でき、さらに詳細な内容も検索・確認することができる点です（より詳しい特長は、サイト内「ジャパンナレッジLibとは」の部分をご覧ください https://japanknowledge.com/library/aboutlib.html）。さまざまな辞事典を組み合わせて広く・深く調査できるのです。二〇二四年一一月現在、八〇以上の辞事典、叢書、雑誌が検索できるようになっており、契約によってはプラスαの文献検索も可能です（古典関係であれば、たとえば正続群書類従、新編国歌大観、角川古語大辞典など）。

※ 0講義スライド「3　ジャパンナレッジを用いた検索方法」「ジャパンナレッジの一番の特長」を提示する。

このデータベースは今回のミッションのうち、「Ⅰ担当妖怪について詳しく調査する」を実施する際にもっとも重要な情報源となるでしょう。すでに使ったことのある方もいると思いますが、ここでは実際に検索しながら使ってみましょう。使うには、「Gakunin（学認）」など、みなさんの所属の所定の方法に従ってログインする必要があります。

「猫又」という妖怪がいます。石燕の『画図百鬼夜行』にも描かれていますが、どんな妖怪なのか、辞書・事典の記述を確認してみたいと思います。

※教員がジャパンナレッジの操作に慣れている場合は、実際に動かしながら説明したほうがわかりやすい。ここでは、0講義スライド7～17ページに適宜必要事項を記したものを提示している。

スライドを使いながら説明します。まず、ジャパンナレッジの最初の画面に「基本検索」という項目があります。左側は「見出し」になっています。そこに「猫又」と入力してみましょう。すると、九件ヒットします。ただし、四件目以降は「猫又山」やことわざのように、「猫又」の語が入っている関連項目で、上の三件が「猫又」自体の説明ということがわかります。そのなかで、まず見るべきは三番目に挙がっている『日本国語大辞典』（小学館）です。『日本国語大辞典』は「総項目数五〇万、用例総数一〇〇万を誇るわが国最大規模の国語辞典」（コンテンツ説明より）です。この辞書の特徴は、語義説明の後に挙げる用例が、基本的に初出であることです。基本的に、というのは漢籍、国書、仏典に仮名やヲコト点、返り点などの符号を付して訓読を示した資料（訓点資料）は抜けているからです。つまり、語義とともに用例を確認すると、だいたいいつ頃から使われている語なのかがわかり、どの文献に現れているのかもわかるのです。

では、『日本国語大辞典』をクリックして、本文を見てみましょう。見出し項目はひらがなで「ねこまた」とあり、

【猫股・猫又】と表記されているわけです。表記が複数示されているわけです。そこで、ひらがなでもう一度基本検索をかけてみると、三九件ヒットしました。ただし、「ねこまたぎ」のように、「ねこまた」の語が一部に入っていてヒットしたものもありますね。ヒットしたのを見ると、語義調査で見るべき書物のうち「猫又」でヒットしなかったのは『古事類苑』『全文全訳古語辞典』（小学館）ですが、『古事類苑』はやや特殊な百科辞書なので、最後に説明することとしましょう。なお、「基本検索」で、「見出し」のところを「全文」とすると、見出し以外に「猫又」という語の出てくるものがすべてヒットしますが、語義を調べたいときにはヒット数が多すぎかと思います。全文で検索するのは、どこにその語が使われているかを知りたいときがよいでしょう。

次に、「詳細（個別）検索」をしてみたいと思います。こちらは、詳細検索のコンテンツを選択して検索するもので、あらかじめ調べたいコンテンツが決まっているときに便利な検索です。ひとつのコンテンツを深く、くまなく検索することができるからです。今回はたとえば、「ねこまた」の話が載っていることがわかっている『徒然草』の原文・訳文を読みたい場合――『徒然草』に用例があることがわかっています――、次の手順でクリックしていきます。

> 詳細（個別）検索　↓詳細検索のコンテンツを選ぶ　↓「すべてのコンテンツ」▼をクリック
> ↓日本古典文学全集[1]を選ぶ　↓左側の作品名から『徒然草』を選ぶ　↓検索語を入れる
> ＊全集では「古典本文」「現代語訳」「頭注」「すべて」と検索の範囲を選ぶことができます。

ただし、日本古典文学全集内を検索するときにはちょっとしたコツが必要です。そのコツとは、検索語の表記のバリエーションを考えるということです。この全集を検索するときは、その文章の表記通りに検索語を入れないとヒットしません。実は、日本古典文学全集『徒然草』の場合、「ねこまた」「猫又」「猫股」と入力してもヒットしませんでした。「猫また」という表記であらわされているからです！　この場合、「ねこまた」でヒットしない段階で、「猫」を入れて検索するのがもっとも効率的でしょう。さて、『徒然草』の該当箇所がヒットしたのでクリックしてみますと、なんと、本のPDFが見られるのです。すごいですよね。「現代語訳」をクリックすると、現代語訳がテキスト表示されコピーもできて便利です。また、下の＜／＞で次頁、前頁へと移動でき、拡大して読むこともできます。

「絞り込み検索」機能もあります。調べる対象をしぼって検索できるので、対象がしぼれていれば、漠然と調べるより効率的です。「検索コンテンツ」から百科事典、日本語、歴史・地名などコンテンツをしぼったり、いくつかのコンテンツを指定したりもできます。信頼できる内容が記されている大きな辞事典を、一瞬で横断検索（基本検索）でき、詳細な内容も検索・確認（詳細検索）できる。それを組み合わせて使えるデータベースとして、ジャパンナレッジはとても有益なデータベースです。ぜひ、他の授業でレポートを書いたり調べ物をしたりするときにも活用し、自分なりに調べやすい方法を見つけていってくださいね。

さて、今回はポスター作りですから、担当妖怪の由緒正しい、いい画像がほしいところです。〝妖怪の画像を探す〟というミッションが決まっていますから、今回はそれにふさわしい、二つのデータベースをご紹介したいと思います。まず一つめは国際日本文化研究センターの「怪異・妖怪画像データベース」（https://www.nichibun.

注（1）なお、ジャパンナレッジでは「日本古典文学全集」という表記ではあるが、正確には「新編日本古典文学全集」（一九九四年〜二〇〇二年）全八八巻のシリーズのことであり、「日本古典文学全集」（一九七〇年〜七六年）全五一巻のシリーズ（旧全集）とは別である。ラインナップも異なるので、注意が必要。また、新編全集もすべての巻が収載されているわけではない。

ac.jp/ja/db/category/yokaigazou/）です。実際に動かしながら見てみましょう。スタートページの全文検索に「ねこまた」と入れてみると、三二件ヒットし、同時に画像も表示されます。画像をクリックすれば大きな画像で確認でき、その画像の出典や妖怪についての情報も得ることができますから、とても便利です。このデータベースでは、妖怪名がわかっている場合だけでなく、「すがた」「しぐさ」「かたち」「もちもの」「いろ」と言った属性で調べることもできます。たとえば「もちもの」で「提灯」を選んでみると、どんな妖怪が出てくるでしょうか。時間があったらやってみましょう。なお、国際日本文化研究センターには怪異・妖怪伝承データベースもあります。全国の民間伝承についての情報が得られるので、担当妖怪にどんな伝承・逸話のバリエーションがあるのかを知ることができます（https://www.nichibun.ac.jp/YoukaiDB/）。

二つめは立命館大学アートリサーチセンターが運営している「ＡＲＣ浮世絵・日本絵画ポータルデータベース」（https://www.dh-jac.net/db/nishikie/search_portal.php）です。細かく検索項目が指定できますが、まずクイック検索のキーワードに「ねこまた」と入れてみます。するとたくさんの浮世絵——錦絵ともいいます——が出てきます。ただ、画像をクリックして詳細説明を見ると、「ねこまた」が題名のなかに入っている歌舞伎の演目を描いた錦絵であることがわかりますので、「ねこまた」のポスター編集に関しては、こちらより国際日本文化研究センターの「怪異・妖怪画像データベース」の画像から選ぶのがよさそうですね。

※ 0 講義スライド18、19ページ参照。

3　担当妖怪のプロフィール作成

(1)【個人ワーク】

それでは、実際に第1回の「4　『今昔画図続百鬼』担当妖怪の読解」で確認した『今昔画図続百鬼』の解説文、いま紹介したデータベースを主に用いつつ、第1回で学んだチェック方法を生かして信頼できるインターネットサイトを見つけ、それらも用いながら、まずは各自で担当の推し妖怪のプロフィールを作成する作業をしてみましょう。第1回でダウンロードした各担当妖怪のワークシートスライドのうち、プロフィールの欄を用います。

お手本のプロフィールを見てください［図1］。記入欄に従って出没場所や年齢（！）、特徴、特技などを書き込んでいくのですが、重要なのは出典とその参考文献を明記することです。プロフィール欄にも出典を書いてい

5　各自でプロフィールづくり：お手本「猫また」

一言でいうと どんな妖怪？	 『新板化物づくし』より引用	名前　猫また	推定年齢　788歳（明月記）
尻尾のつかめない奴		出没場所　京（明月記・徒然草） 奈良（明月記） 奥山（徒然草） 時間　不定	来歴（出身）　奥山 （徒然草89段）

文献からわかること

特徴 ・年かさの猫の化けたもの（徒然草） ・奥山にいる化け猫（徒然草） ・目は猫、体は犬（明月記） ・尾が二つに分かれている（画図百鬼夜行他の絵から）	特技 ・人を襲う（明月記、徒然草） ・身近な人に化ける（画図百鬼夜行解説中の諸国百物語より）
関連するもの・人物 ・何阿弥陀仏（連歌法師・徒然草） ・手ぬぐい（しん板化物尽し・新板化物づくし） ・三味線（化物尽絵巻）	噂・伝承 ・富山県、黒部峡谷の猫又山には、一角に猫の躍り場と称する個所があって、昔、人を食殺した怪猫「猫又」が追手を逃れてここで踊っていたのを、加賀藩の鉄砲方が仕留めたという伝説がある。（日本歴史地名大系）
その他 ・化け猫との違いが実は曖昧	

20

プロフィール参考文献一覧

- 『明月記』天福元年（1233）8月2日条※……JapanKnowledge『日本国語大辞典』の用例
  https://japanknowledge.com/lib/display/?lid=20020340b34duO0D5xRY
  （最終閲覧日2024/11/12）
  ※推定年齢については、実は『明月記』同日条を読むと、猫またが二条天皇の治世時に現れ、人々が「猫膀病」になったという記述がある。二条天皇の治世は保元三年（1158）～永万元年（1165）なので、猫またの推定年齢は実は856歳以上である。本が見られればより正確な情報が得られる例。
- 『徒然草』89段……JapanKnowledge内、（新編）日本古典文学全集による
  https://japanknowledge.com/lib/display/?lid=80110V00440151&scale=0.5522&top=0px&left=274px&angle=0&mode=0　（最終閲覧日2024/11/12）
- 『御伽物語』巻四――一「ねこまたといふ事」……JapanKnowledge内、（新編）日本古典文学全集による
  https://japanknowledge.com/lib/display/?lid=80110V00640549&scale=0.25&top=-30px&left=290px&angle=0&mode=0（最終閲覧日2024/11/12）
- 一恵齋芳幾『新板化物づくし』……日本国際文化研究センター怪異妖怪画像データベースより
  https://www.nichibun.ac.jp/YoukaiGazouCard/U426_nichibunken_0142_0002_0000.html
  （最終閲覧日2024/11/12）

プロフィール参考文献一覧続き

- **北斎季親『化物尽絵巻』**
  ……日本国際文化研究センター怪異妖怪画像データベースより
  https://www.nichibun.ac.jp/YoukaiGazouCard/U426_nichibunken_0052_0015_0000.html
  （最終閲覧日2024/11/12）
- **芳盛『しん板化物尽し』**
  ……日本国際文化研究センター怪異妖怪画像データベースより
  https://www.nichibun.ac.jp/YoukaiGazouCard/U426_nichibunken_0073_0035_0000.html
  （最終閲覧日2024/11/12）

図1　プロフィール

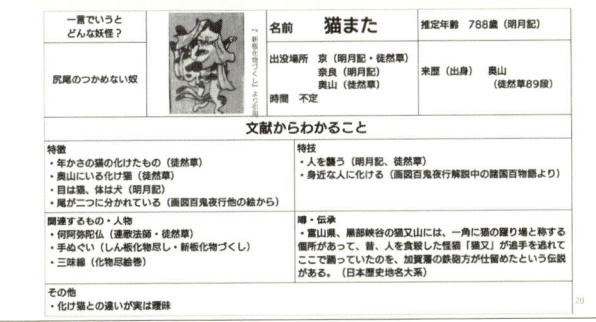

ますが、見ていただきたいのはプロフィールの参考文献を書くシートです。すべての情報をインターネットから取ってきますから、情報の出典だけではなく、それをどのサイト・データベースで取得したか、URLを明記し、最終閲覧の年月日を必ず書くようにしてください。プロフィール欄画像、ポスター画像の出どころの情報もです。なぜ最終閲覧年月日を書くのだと思いますか?

※時間がありそうなら数名を指名して聞いてもよい。

第1回の講義で見たように、ネットの情報は日々更新されていきます。同じサイトの同じ閲覧箇所でも、実は更新されている可能性があります。だからこそ、いつ見たのかをきちんと記さないといけないのです。では、10分を目安に、プロフィール作成に取りかかってください。全部埋められなくてもかまいません。

(2)【グループワーク】

(1)をもとに、30分ほどかけて、グループで妖怪のプロフィールを作成していきましょう。グループワークをうまくおこなうにはいくつかのポイントがあります。

※ 0 講義スライド20~22ページを提示してお手本のプロフィールを説明した後、グループワーク中は以下のことが書いてある 0 講義スライド「6　グループワークのコツ」を掲示しておく。

・積極的にコミュニケーションをとりましょう。そのためには司会・書記(スライドに書き込む係)をグループ内で決めるとよいでしょう。
・調査をふまえ、根拠に基づいて意見を言い合いましょう。情報の正しさもチェックしあいましょう。
・取捨選択する必要が出てきたら、どれがよいか検討して決めましょう。
・意見の否定は人格否定ではありませんので、積極的に意見を戦わせましょう。

このプロフィールをふまえてポスター編集の作業をおこなっていきますので、担当妖怪がどんな妖怪なのか、できるだけ情報を集めておけるといいでしょう。

(3)【発表】

完成したプロフィールと参考文献のスライドを共有しながら、どんな妖怪なのかをみなさんに発表してもらいましょう。妖怪名と「一言でいうとどんな妖怪？」部分は必ず説明し、また特徴的なことをかいつまんで発表していただければと思います。一グループ2分をめどにお願いします。

※適宜、一言コメントがつけられるとよい（一言でいうと、についてや、調査の精度など）。

4 ふりかえり

今日ご紹介したデータベースは、プロフィールを作成するためにかなり使用したのではないかと思いますが、それぞれには特徴がありましたね。ジャパンナレッジLibは、信頼できる内容が記されている大きな辞事典を一瞬で横断検索（基本検索）でき、詳細な内容も検索・確認（詳細検索）できる。それを組み合わせて使える日本最大の辞書・事典データベースでした。また、画像を取得する際に有用なデータベースもふたつ、お示ししました。その他にも信頼できるサイトであれば、どんどん使ってみてくださいね。

残りの時間は、次回のポスター編集に向けて、グループ内での検討にあてててください。プロフィールをもとに、どのようなコンセプトのポスターにするかをまず決めていくのが大事です。ポスターですから、担当妖怪の〝特性〟を絡めた何らかの宣伝や告知をするように考えるとコンセプトがまとまりやすいと思いますよ。ブレインストーミングをしながら、アイデアをできるだけ全員で出しあいましょう。

※ポスターのコンセプトについての意見を集約するに至らなかった場合、なかなかアイデアが浮かばなかった場合は、次回の事前課題として、各自ポスターのコンセプトを考えておく、または出ていたどの意見がよいかを考えておくように指示するとよい。次回は、共同制作のポスター編集にできるだけ時間をあてたい。

▼授業の流れ

第3回 「推し」妖怪のポスターを完成させよう

時間配分	講義・ワークの内容	配付物・準備するもの
5分	**1 導入** スライドを用いアウトラインを提示する。 ①前時のふりかえり――使えるデータベースの確認 ②各グループで担当妖怪プロフィールの確認	0講義スライド
45分	**2 【グループワーク】妖怪のポスター作り** 前時に作ったプロフィール、各自が課題で考えてきた構想をもとに、テーマを決め、担当妖怪の特徴・魅力をアピールするポスターをクラウドのスライド上で作成する。	共有クラウド上に 4スライド：ワークシート1~5のスライドのリンクを 0講義スライドに挙げておく。
30分	**3 作成したポスターについての発表とフィードバック** ※グループの数によって必要時間は変動する。 (1)―1【発表】 完成したポスターと参考文献のスライドをオンライン共有し、妖怪のどういう魅力に重点を置いたか等、ポスターについて発表する（一グループ3分）。	5コメントシート

	(1)―2【個人ワーク】 一グループあたり2分をめどに、聞き手はコメントシートにコメントを記入。 (2)【グループワーク・発表】 各グループのポスターの印象的な点、よかった点について話し合い、グループ毎に一言発表。	
10分	**4 まとめとふりかえり** (1)**【講義】単元全体のふりかえり――生成AIで妖怪のポスターを作ってみると……** (2)**【講義】使ってみよう！ いろいろなデータベース** JapanSearch、ColBase など大きなデータベースから、個別のデータベース国文学研究資料館国書データベース、早稲田大学古典籍総合データベースなど。	ふりかえりシート

▼授業の詳細

1　導入

まずは前回のふりかえりとして、各グループの担当妖怪名と、前回作成したプロフィールの「一言でいうとどんな妖怪？」を全員に口頭で紹介しましょう。3分かからない程度で今日の発表担当の方、お願いします。

※授業開始時にグループ内の役割分担を決めるよう促すこと。また、グループ数によって時間は前後してよい。

次に、前回紹介した、ポスター編集に有用なデータベースが何だったか思い出しましょう。

※指名して聞く。ただし、時間がなさそうなら教員が言ってしまってもよい。

ジャパンナレッジLib、および画像検索に用いるふたつのデータベースですね。

2【グループワーク】妖怪のポスター作り

いよいよ、ポスター編集です。第2回に作ったプロフィール、各自が課題で考えてきた構想をもとに、テーマを決め、担当妖怪の特徴・魅力をアピールするポスターを作りましょう。作成時間は45分、作成場所は、クラウドのスライド上です。全員で協力して効率よく進めないとポスター完成に至らないので、司会・書記・発表の分担をまず決めましょう。司会担当の方は、全員が意見を出しやすいように発言を促してください。書記の方は、クラウドのスライドに絵を載せたり、意見で出てきたキャッチコピー――アピールの文句を書き込んだりしましょう。デザインは全員で意見を出しつつ工夫しましょう。デザインの得意な方がいたら、その方と一緒にやってもいいでしょう。発表の方は完成後にも活躍していただきますが、他のみなさんと一緒に素材を探し、アイデアを出し、完成に向けて率先して協力してくださいね。

一応、作成例も見ておきましょう［図1］。「ねこまた」の身体的特徴、出没場所、「猫」であることを生かした「ねこまたカフェ」のポスターです。これよりうんといいポスターを作ってくださいね。

※ **0** 講義スライド24、25ページを提示する。ポスター作成中は全体を見て、完成に至っていないグループが多い場合は時間延長も考えるとよい。ただし、最長8分程度のプラスで収めないと、続くワークに響いてしまう可能性がある。

3 作成したポスターについての発表とフィードバック

(1)―1【発表】

いよいよ、完成したポスター発表の時間です！ 発表の担当者は、ポスターのスライドをまず提示し、次にプロフィール・参考文献のスライドをオンライン共有し、担当妖怪のどういう魅力をアピールするべく制作したのか、制作のポイントについて発表してください。一グループ3分以内です。

(1)―2【個人ワーク】

※ **5** コメントシートを配布する。

一グループあたり2分をめどに、

ポスター参考文献一覧

●『怪物画本』
……日本国際文化研究センター怪異妖怪画像データベースより
https://www.nichibun.ac.jp/YoukaiGazouCard/U426_nichibunken_0051_0033_0000.html（最終閲覧日2024/11/15）

（使用はしていないが構想の参考にしたもの）
●北斎季親『化物尽絵巻』
……日本国際文化研究センター怪異妖怪画像データベースより
https://www.nichibun.ac.jp/YoukaiGazouCard/U426_nichibunken_0052_0015_0000.html（最終閲覧日2024/11/15）

図1　ポスター例

聞き手はコメントシートに感想や意見を記入しましょう。最初に妖怪名、担当グループの名前を書き、そのポスターのよかった点、印象に残った点を書いてください。

※グループの数によって発表に必要な時間は変動する。また、こうした発表の折には、時間を守ることも大事なので、できれば3分が可視化できるタイマーなどで発表者に残り時間を示すとよい。あまり否定的な意見は出さないようにと声がけするのもよい。

(2)【グループワーク・発表】

発表終了後、各ポスターの印象的な点、よかった点について話し合い、グループごとに一言発表してください。司会・書記・発表の分担はポスター制作時の割り当てと同じです。話し合い5分、発表1分でおこないましょう。

※個人ワーク同様に、時間を可視化するタイマー等で、常に時間を意識して話し合いをするように促すとよい。

4 まとめとふりかえり

(1)【講義】単元全体のふりかえり――生成ＡＩで妖怪のポスターを作ってみると……

みなさんの制作したポスターは、信頼できるデータベースやサイトを用いて情報を調べて作られていました。では、そうしたことを一切せず、自由に作るとどういうことになるでしょうか。試しに、生成ＡＩを使って、「ねこまた」の特徴を尋ね、さらに「ねこまたのポスターを作って」「特徴をアピールするキャッチコピーも添えて」「江戸時代以前の根拠のある画像を参考に」などの命令を入れて作ってみました（ChatGPT を使用し、二〇二四年一一月一六日に作成）。その図がこれです［図2］。キャッチコピーは「分かれた尾が語る千年の謎」でした。他の画像を取り込む技術がないので、鳥山石燕の絵を参考にして新たに作成したというものですが、結果、摩訶不思議な雰囲気のポスターができあがってしまいました。妖怪であること、尾が二股にわかれていること、鳥山石燕の『画図百鬼夜行』の絵を参考にしたことなどはわかりますが、キャッチコピーも何ら具体的ではありませんし、手ぬぐい等のアイテムや出没場所、人を襲うなどの「ねこまた」の特徴は生かされていません。また、参考文献もまったく示されていないことがおわかりになるでしょう。

※ **0** 講義スライド26ページ「chat GPTによる「猫また」のポスター」を提示。

今回学んだことは、いま現在も将来にも役立つかもしれませんよ。もし、ゲームやアニメ、マンガのキャラクターを作り出したり創作したりする趣味がある場合、あるいはそういう職業に就いた場合、アイデアの宝庫である古典から発想を得ることがあるかもしれません。実際、モンスターストライクや妖怪ウォッチといったゲームやアニメにも「ねこまた」がいますし、他にも古典的妖怪をモチーフにしたキャラクターがいますね。そういったキャラクターを創作する場合も、適当なウェブを参照するのではなく、根拠のわかるデータベースを引くことによって、そのキャラ設定に説得力を持たせることができるのです。

(2)【講義】使ってみよう！ いろいろなデータベース

みなさんすでに実感されていると思いますが、古典文学を学ぶうえで有用なデータベースやサイトは、この単元でご紹介したものだけではありません。文学作品と深い関わりのある古典籍・美術・歴史に関係する文化財を見たいと思ったら、ジャパンサーチ①やColBase（国立文化財機構所蔵品統合検索システム）②など、横断的に検索のできるデータベースにキーワードを入れて調べてみるのがよいでしょう。具体的に知りたい

7 ChatGPTによる「猫また」のポスター
TORIYAMA SEKIEN
ポスターのキャッチコピーは
「分かれた尾が語る千年の謎」
2024年11月16日作成
26

図2 AI作成ポスター

古典文学関係のことが決まっているならば、国立国会図書館デジタルコレクション（近代の文献や挿絵も豊富）、国文学研究資料館国書データベース、各大学のデジタルアーカイブやデータベースといった個別のデータベースを検索するのもよいでしょう。また、第2回の「ねこまた」検索の時に少しお話ししましたが、ジャパンナレッジには、『古事類苑《こじるいえん》』という「明治・大正年間に編纂されたわが国最大の百科史料事典」（コンテンツ説明より）が収載されており、誰でも使うことができます。『古事類苑』は一八七九（明治一二）年に文部省で編纂が開始され、その後神宮司庁が事業を継続、一九一四（大正三）年に完成した事典で、歴代の制度・文物・社会百般の事項を三〇部門に分類し、各事項についてその起源・内容・変遷を、奈良時代から平安時代にかけて編纂された「六国《りっこく》史《し》」から江戸時代終焉の一八六七（慶応三）年までの基本的な文献から、当該箇所を原文のまま採取して列挙したものです。五十音索引の見出語は六万四二四六項目、総目録の見出語は四万三五四項目、洋装本にして五一冊六万七〇〇〇ページにも及ぶ、それはそれは大部な事典です。これで調べればかなりさまざまなことがわかりますが、難点が三つほどあります。まず一つめは「原文のまま」なので読みにくい点、二つめは、挙がっている文献がどういう性質の書物か説明がないのでさらに調べないと理解しにくい点、三つめはその作品の本文の出どころが示されていない（どの本の本文によっているかが不明）ので、本文が正しいかわからない点です。ですので、『古事類苑』で調べたい事柄が載っている文献を見つけ、さらにその文献の性質を調べ、そのものにあたる必要が出てきます。そのあたりは少し高度かもしれませんね。

　古典文学関係の資料は、日本国内にあるだけではありません。世界各地に存在します。そこで、ぜひ、日本関係の大規模コレクションを持っているボストン美術館（Museum of Fine Arts, Boston）や大英博物館（The British Museum）などのデジタルアーカイブものぞいてみましょう。ヨーロッパには諸機関共同の横断検索プラットフォーム（Europeana）もあります。このように、文化財のデジタル公開（オープンデータ化）の流れは加速しています。そこには、文化財は公共の財産であるという考え方が浸透してきていることも関係しています。かつては個人で所有し限られた範囲でしか公開されなかったコレクションも、調査を歓迎する土壌ができつつあるのです。

なお、インターネットの画像利用には、利用条件の確認が必須です。公開する場合は、（学習・研究目的のような非営利の場合ならば）許可なしで転載・公開できるか、必要な許可申請手続きを取れば利用できるかをしっかり確認しましょう。国際的には「クリエイティブ・コモンズ」[3]という方法でわかりやすく表示することが増えています。いずれの場合も、作者・作品・所蔵元を明記しましょう。

注（1）ジャパンサーチ：日本全国の幅広い分野のデジタルアーカイブと連携し、多様なコンテンツをまとめて検索・閲覧・活用できるプラットフォーム。デジタルアーカイブ推進に関する検討会の方針のもと、美術館・博物館・公文書館・大学・研究機関・自治体などさまざまな機関の協力により、国立国会図書館がシステムを運用している。二〇二四年一一月現在、二六〇のデータベースと連携し、30,727,788件のデータを収録している。

注（2）ColBase（国立文化財機構所蔵品統合検索システム）：国立文化財機構の四つの国立博物館（東京国立博物館、京都国立博物館、奈良国立博物館、九州国立博物館）と二つの研究所（東京文化財研究所、奈良文化財研究所）の所蔵品、および皇居三の丸尚蔵館の収蔵品を、横断的に検索できるサービス。

注（3）クリエイティブ・コモンズは、クリエイティブ・コモンズ・ライセンス（CCライセンス）を提供している国際的非営利組織とそのプロジェクトの総称。CCライセンスとはインターネット時代のための新しい著作権ルールで、作品を公開する作者が「この条件を守れば私の作品を自由に使って構いません」という意思表示をするためのツールである。CCライセンスを利用することで、作者は著作権を保持したまま作品を自由に流通させることができ、受け手はライセンス条件の範囲内で再配付やリミックスなどをすることができる。https://creativecommons.jp/licenses/

ネットには情報があふれています。この単元で学んだことを生かして、デジタルアーカイブやデータベースを上手に使いこなして、古典文学により親しんでいただければうれしいですし、よりよい情報の使い手になっていただければと思います。最後に、これから配るふりかえりシートを記入してください。お疲れさまでした！

※各自でＡＩによる自動生成のポスターを作ってみるのもおもしろいだろう。いかに出典が大事かがわかるからである。また、この単元に示された以外の、古典文学研究に有用なデータベースを探してみるのも一案である。文学研究には歴史的な背景を知る必要があるため、たとえば歴史関係のデータベースにどのようなものがあるか、各大学の図書館のデータベースがどのようになっているか、などを調査してみてもよいだろう。

本単元の意義――参加者の声をとおして

この単元はこれまでの単元とは異なり、ほとんどの講義、ワークがオンライン、パソコン上でおこなわれるものである。それは、これがコロナ禍真っただ中の二〇二一年春におこなわれたワークショップをもとにしたものだからである。このときは、初対面の大学生、高校生、社会人のみなさんが完全オンラインのなか、ポスター作りを体験した。

まず、妖怪というテーマについては、「妖怪という、なかなか詳しく知ることのない一方でなじみやすいテーマだったので楽しく取り組めた（高校生）」、「最初に自分たちが知っている妖怪を挙げていったことによって、妖怪というものをまず認識することができたため、身近なものとは言わずとも、難しいものと捉えることなく発表準備に取り掛かることができました（大学生）」というように、身近ではないがなじみやすいテーマだったという声が寄せられた。なかには、「【妖怪】という題材がとてもいいなと思いました。古典のなかにもたくさん登場すると同時に、ゲームやアニメも含めネットの世界との親和性も高く、とても現代的なものでもあるからです

（高校教員）」という、まさに妖怪をテーマにした意図を言い当てた方もいた。

次に、データベース紹介の講義については、「初めて知ったデータベースの使用法がたくさんありよい知識になった（大学生）」、「データベースの使い方のレクチャーも大変詳しく説明してくださったので戸惑うことなく妖怪について詳しく検索でき、まとめることができました（大学生）」、「データベースを駆使して、十分に調べられるお題だったと思います。ポスターを作るというビジュアル目標があることで、情報を調べる際の指針となりました（大学生）」というように、信頼できるデータベースを目的に応じて使いこなすことができるようになった実感を得られているようだった。

また、「推し」妖怪のポスターをオンライン上で共同編集するということについては、「自分の担当になった妖怪に対して「推したい！」という気持ちが湧くので、一生懸命調べる気になりますね。自分たちの妖怪のいいところ？　知られざる一面？　を知ってほしいという思いが、ポスターにも発表にもよく表れていました（高校教員）」と、「推し」妖怪のポスターを作ることそのものへの感想が寄せられた他、共同編集については、「他大学生や高校生、社会人の方など、さまざまな所属の方々と話し合うことで、多角的な視点が得られて刺激的な体験となった。また、オンラインだからこそ多くのデータベースを駆使して協力しながら活動することで、一体感を持って楽しくよりよいプロフィール・ポスター作成ができた（大学生）」、「初対面の人との共同作業で緊張もしましたが、よいものが作れて満足しました。自分にはない視点や、斬新な意見を取り入れることは、一人ではできないことなので、いい経験になりました（大学生）」「グループワークで他の方々と意見を共有し、一つのものを完成させることができてとても楽しかった（大学生）」といった、共同作業から得られる多角的な視点、コミュニケーションや意見共有の大切さなどに言及する感想も目立った。

オンライン学習というと、とかく孤独な作業のように思いがちだが、オンラインでもデータベースを駆使し、共同で作業しながらポスターだって編集できるのである。ぜひ、周りの人と一緒に、何かおもしろいものをオンライン上で製作してみよう。もちろん、その際には信頼できるデータベース、出典をきちんと示すことを忘れずに。

▼もっと知りたい・学びたい人のために

・水木しげる『妖怪ビジュアル大図鑑』（講談社ポケット百科シリーズ　二〇一八）「超精密」な、妖怪たち三〇〇体以上が大集合したオールカラーの図鑑。「妖怪の人気者」「人間のような姿で描かれた妖怪」「動物のような姿で描かれた妖怪」「人間と動物を合わせた姿で描かれた妖怪」「器物にとり憑いた妖怪」「火炎の妖怪」「自然物の姿で描かれた妖怪」という分類で妖怪を描く。

・『鳥山石燕　画図百鬼夜行全画集』（角川文庫ソフィア文庫　二〇〇五）鳥山石燕の妖怪画集全点「画図百鬼夜行」「今昔画図続百鬼」「今昔百鬼拾遺」「百器徒然袋」を、コンパクトな一冊に収録する決定版。

・楊暁捷、小松和彦、荒木浩編集『デジタル人文学のすすめ』（勉誠出版　二〇一三）国文学・歴史学におけるデジタルアーカイブやデータベース、電子図書館など「デジタル人文学」の環境を、実際の現場から捉え直し、人文学の未来を考えるよりどころを示した一冊。

（吉野朋美）

参加者の緊張をほぐすには――アイスブレイク集

▼アイスブレイクの目的

アイスブレイクは、参加者の緊張をほぐし、和やかな雰囲気を作り出すことを目的としています。たとえばワークショップのように、基本的に初対面の人と一緒に参加するイベントにおいては、円滑なコミュニケーションを生み出すための重要なステップとなります。ともに学ぶ人のことを知って互いの距離を縮めなければ、グループワークは成り立ちません。そこで、たとえばバースデー・チェーンやネーム・チェーン（誕生日や名前の順番に並ぶことで、参加者全員でひとつの輪を作るアイスブレイク）などのように、お互いの情報を少しずつ開示しながらコミュニケーションを取り合うことで、緊張ほぐしつつ、自己紹介の役割も果たすものなどがしばしば行われています。私たちの研究会でも、各回のワークショップの冒頭では、まずこれらのアイスブレイクで参加者同士の交流を図ってきました。

▼アイスブレイクの具体例

ただし、この本を手に取ってくださった方の多くは、すでにそれらの自己紹介のフェイズが終わっている大学等の授業の場を想定されていることでしょう。そこでこの項では、今お話ししたような一般的なアイスブレイクに関しては省略し、より授業内容と結びついたアイスブレイクをご紹介したいと思います（ここで紹介できなかったアイスブレイクの基本理念や具体的なやり方などについては、今村光章『アイスブレイク入門　こころをほぐす出会いのレッスン』〈解放出版社、二〇〇九〉、『クラス全員がひとつになる　学級ゲーム＆アクティビティ１００』〈ナツメ社、二〇一三〉などがおすすめです）。

①「リレーでつくる　インスタント物語」

私たちの授業では常に、授業の最後において、何かしら自分のオリジナルな作品を創造してもらうことを基本としています。それにともない、アイスブレイクにおいても、言葉を思いつき、それを相手に渡して紡いでいくタイプのものを多く用意してきました。たとえば「リレーでつくる　インスタント物語」というアイスブレイクでは、参加者がリレー形式で一文ずつ文章をつなげていき、一つの物語を作るというものです。その際、「①むかしむかし……」「②毎日毎日……」「③ところがある日……」「④そのせいで……」「⑤そしてついに……」「⑥それ以来……」などという枠組みをあらかじめ示しておくと、続く文章を考えやすくなります。自分が始めた物語が思いもよらぬ展開になったり、あるいはそれまでの話の流れをうまく拾ってまとめ上げたりと、学生たちはグループによる物語創造の楽しさに触れることができます。今、楽しさと書きましたが、あくまでアイスブレイクですから、物語の完成度などは二の次で、あくまで緊張をほぐして、グループの人たちに自分の言葉を伝えることへの抵抗感を薄めることが何より大事です。したがって、アイスブレイクの始まる前に、二つのポイントを伝えると良いでしょう。一つは「考えこまず、言っちゃうこと」、もう一つは「何より、とにかく楽しむこと」、この二点です。

②「偽本つくり、はじめます！」

もう一つ、別のアイスブレイクも紹介しましょう。「偽本つくり、はじめます！」では、誰もが知っている昔ばなしや小説のタイトルを一文字変えて、別の作品にしてしまおう、というものです。たとえば、『吾輩は猫である』を一文字変えて、『吾輩はエコである』『吾輩は猫毛ある』とか、「うさぎとカメ」を一文字変えて「うさぎとカバ」「うさぎもカメ」にするなど、ちょっと頭を柔らかくすることで、まったく別の物語世界を作れる楽しさがあります。さらにこのアレンジバージョンで、作品のタイトルに数文字を加えてみる、というのもおもしろいでしょう。たとえば「みにくいアヒルの子」を「からみにくいアヒルの子」とか「見えにくいアヒルの子」にしてみるなど。いかがでしょう、お題によっては、今挙げたもの以上に想像力を発揮する余地のある題名もあると思いますので、みなさんぜひアレンジしてみてください。

③絵を用いたアイスブレイク

また、この本の中でも絵巻や見立絵本を用いた授業の実践例を紹介しましたが、絵を用いたアイスブレイクも一つご紹介しましょう。まず教員が一枚の絵を用意し、各グループの代表だけを前に集めてその絵を見せます。代表の学生はグループに戻った後、言葉だけで情報を伝え、グループの残りのメンバーがその絵を再現するというアイスブレイクです。代表が絵を描いて伝えるのはＮＧ、あくまで言葉だけで伝えることでその難しさを体験してもらいます。また残りのメンバーも、何をどう尋ねればうまく絵の情報を引き出せるか、試行錯誤してもらい、その過程でコミュニケーションを深めてもらうことが目的です。絵のチョイスも重要で、あまりに簡単なものだとおもしろくありませんし、絵として高度なものだと、たとえ言葉でうまく伝えられても技術的に再現できないパターンもあり、それもまた目的に適いません。できれば、授業の内容に合致する絵を選択できると、おもしろさが増すと思います。たとえば第6章の授業で実践したワークショップでは、テーマであった竜の物語にちなんで、「リュウグウノツカイ」の絵にチャレンジしてもらいました。

④オンライン授業のアイスブレイク

オンライン授業においても、アイスブレイクは重要です。対面授業のとき以上に参加者同士の距離が遠いオンライン上においては、どうしても発言することを躊躇しがちです。また、1時間以上パソコンやスマホの画面を見つめ続けるため、身体もこわばり、集中力も欠けてしまいます。授業への積極的な参加を促すためにも、授業中にアイスブレイクを適宜組み込むとよいでしょう。その際、できれば身体を動かす必要のあるものにするのがおすすめです。たとえば、以前のワークショップでは、「1分以内に、今、あなたの周りにある「桜色」のものを持ってきてください」というゲームをやってみました。それまで椅子に座り続けていた参加者が、部屋中を探し回ることで心身ともにリフレッシュできたことに加え、提示された回答もぬいぐるみや文房具、お菓子等々、実に多様性にあふれていて盛り上がりました。

ちなみに、「桜色」という指定は、当日がたまたま東京の桜の開花日だったことをふまえてのものでした。その日の出来事、季節、話題などとあえて重ね合わせることで、アイスブレイクはさらに楽しいものになると思います。そういえば、古典文学においても、雪が積もったり急な雨になったりといったその日の気象条件をふまえることが、和歌を詠む上での一つのテクニックでした。古典文学を教え学ぶ授業だからこそ、アイスブレイクも、先人たちのアイディアにならってみるのがおもしろいかもしれません。

（中野貴文）

アクティブラーニングのためのQ＆A

Q1 古典文学の授業にアクティブラーニングを導入する際、大切なことを教えてください。

A 古典文学にかぎりませんが、本書で提案するようなグループでの活動を伴うアクティブラーニングをおこなうときには、①授業の前に心と体をほぐすアイスブレイク、②適切な問いで構成されたワークシートの設計、③安心安全な場、④学びのふりかえりの四点が大切です。①アイスブレイクは参加者の緊張をほぐしてコミュニケーションを円滑にしたり、発想を柔軟にしたりする役割があります。②ワークシートは、教材に関する知識や理解を確認し、参加者の発想を広げ、グループでの活動がスムーズになるよう設計します。正解がひとつではない良質な問いを設定できると、参加者の学びが深まります。本書には、すべての授業にワークシートが付属していますので参考にしてください。③安心安全な場については、活動をはじめる前に、「メンバー全員の話をよく聞くこと、相手の考えを否定しないこと、根拠に基づいて話すこと」というルールを周知しておくと、話しやすい場の雰囲気ができていきます。第2章第2回で紹介したディベートのルール（70ページ）も参考になるでしょう。

Q2　アイスブレイクはかならず必要ですか？

A　複数回にわたる授業で参加者同士が親しくなっている場合は省略してかまいませんが、はじめて顔を合わせるとき、新しいグループを作るときは、アイスブレイクをおこなうとその後の活動が円滑になります。アイスブレイクをおこなうかどうかで、場の雰囲気や参加者の関係性が変わりますので、とくに初回の授業で取り入れることをおすすめします。アイスブレイクについては「参加者の緊張をほぐすには――アイスブレイク集」（279ページ）をご参照ください。

Q3　アクティブラーニングに消極的な参加者がいたら、どうしますか？

A　授業の初回に「古典文学を深く理解するのにアクティブラーニングが有効であること」、「グループでの活動を通して社会に出てからも役立つ力を経験的に学ぶことができること」を説明します。授業のシラバスにアクティブラーニングをおこなうことを記載しておき、できるだけミスマッチがないようにするのも大切です。古典文学をアクティブラーニングでおこなう意義については「はじめに」（7ページ）もご一読ください。

Q4　グループ活動をうまく進めるには、どうしたらよいですか？

A　グループの人数は三、四人がおすすめです。司会・書記・発表など、あらかじめ役割を設定しておき、その担当を決めておくと活動がスムーズになります。グループを新しくつくったときには必ず自己紹介をおこないます。名前、学科、出身地、この授業を履修した理由などからはじめます。名前の呼び方で親密さが変わりますので、「自分が呼ばれたい名前」を決め、その名前で呼び合うとよいでしょう。食べ物や動物、場所など、好きなものなどをテーマにして、お互いの「共通点探し」をする活動もおすすめです。話しながら共通点を見つけることで自己開示が促され、親近感が増し、その後のコミュニケーションがうまくいきます。

Q5 グループを作るコツがあれば教えてください。

A 友人同士と初対面の人では温度差があるため、できるだけ偏らないよう留意します。仲の良い友人同士は近くに座っていることが多いので、たとえば、友人四人グループが五つある場合、それぞれに四人に1から4のグループ番号を当て、友人四人が別々のグループになるよう配慮します。参加者から友人と同じグループになりたいという声があがった場合は、初対面の人とグループ活動をおこなうと、話す力、聴く力、伝える力などのジェネリックスキル（専門性にかかわらない、汎用的な思考力やコミュニケーション力）をより伸ばせることを説明します。グループ分けについてはコラム「学生をグループに分けるには」（222ページ）で詳しく説明していますので、ご参照ください。活動が複数回の授業にわたる場合は、あらかじめ参加者の学年や学科などを考慮し、教員側でグループ分けしておくことをおすすめします。

Q6　おすすめの活動はありますか？

A　知識構成型ジグソー法をアレンジした活動がおすすめです。本書の授業でも多く取り入れていますが、そのわかりやすい例が第3章第1回や第4章第2回です。知識構成型ジグソー法は認知科学者の三宅なほみさんと教育デザイン研究所CoREFにより開発されたグループによる学習法です。グループのメンバーの関わり合いを通して、一人一人学びを深めるところに特徴があります。まず、ステップ0として単元での問いを設定します。次のステップ1は自分のわかっていることを意識化するもので、その問いについて一人で思いつく答えを書きます。ステップ2はエキスパート活動で、同じ資料を読み合うグループを作り、その内容や意味を話し合い、グループで理解を深めます。ステップ3はジグソー活動で交換・統合します。違う資料を読んだ人が一人ずついる新しいグループに組み替え、エキスパート活動でわかった内容を説明し合います。各自がエキスパート活動で詳しくなったものを持ち寄り、ジグソーパズルのように組み合わせて全体を理解します。ステップ4はクロストークで発表し、表現を見つけます。最初に設定した問いの答えが出たら、その根拠も合わせて発表します。詳しい説明は教育環境デザイン研究所のWebサイトをご覧ください。

Q7　複数回にわたって同じメンバーで活動をおこなう場合、欠席者が出ると困るのですが……。

A　欠席者が出ても活動ができるように、グループの人数を四人程度にすることをおすすめします。ただし五人以上になると、ただ聞いているだけの参加者も出てきてしまうので留意が必要です。複数回にわたるグループでの活動は難易度が高いため、慣れるまでは一回で終わる活動を中心におこなうのがよいでしょう。

Q8

参加者の発言や発表内容についてコメントするとき、方向性がまちがっていなければ褒められますが、まるで違う場合、どう対応したらいいでしょうか。

A

アクティブラーニング型の授業では教員のファシリテーターとしての力が問われます。どのような答えや発表でも、まずは自分たちの力でがんばって考えたことを認めてあげましょう。そのうえで、それをどのように導いたのかを確認し、それをふまえてコメントすれば、クラス全体として学びが深まるでしょう。

Q9

一〇〇人以上の一般教養や必修科目の授業にもアクティブラーニングを取り入れることはできますか？ 効果的な方法があれば知りたいです。

A

大人数の授業でグループ活動を伴うアクティブラーニングをおこなうのは容易ではないため、クラス全体で投票をおこなったり、Q＆Aを共有する時間を増やしたり、隣の人と理解を確認したり意見交換する程度の軽いワークを中心におこなったりするのがよいでしょう。授業で双方向のコミュニケーションをおこなうためのサービスにSlidoがあります。一〇〇人まで無料で使え、匿名でもコメントを書き込めて授業が盛り上がります。

Q10 **ふりかえりをしても同じような意見になりがちです。ふりかえりを有意義なものにするには、どうしたらよいでしょうか?**

A ふりかえりの際に漠然と感想をたずねると、表面的な内容に偏りやすいものです。本書のもととなったワークショップでは「ORID」という手法にもとづく「ふりかえりシート」を活用しています。このシートは授業という経験を自らの成長につなげる四つの質問で構成されているため、その内容を共有すれば、ふりかえりの時間が豊かになるでしょう。ORIDについては「本書の特徴と使い方」(13ページ)を参照してください。また、授業の最初に、批判的な思考力を養う重要性を強調し、質問を考えながら授業に参加することを促すのも有効です。ふりかえりシートには質問や意見を記入する欄も設けました。「ふりかえりシート」は14ページでダウンロードできますので、ぜひご活用ください。

Q11 **大学の授業でアクティブラーニングなんかやる意味があるの? 演習だけで十分アクティブなんじゃないの? などと言われることがあります。古典文学の授業でアクティブラーニングをおこなう意義を教えてください。**

A 従来の一斉講義の授業はもちろん、演習形式の授業でも、参加者の学びへの意欲や理解度に格差があります。そのためクラス全体が前向きに学ぶ雰囲気になりにくいことは少なくありません。この問題のすべてがアクティブラーニングで解決するわけではありませんが、参加者の共同作業と創造行為を通じて古典文学への理解を深める本書の授業スタイルは、参加者の意欲と関心を高め、主体的に学ぶ姿勢をつくりだすことができます。

その際に重要なのは、授業を通して知識が有効に活用される点です。アクティブラーニングはアウトプットが主体だと思われがちですが、そうではありません。適切なアウトプットには十分なインプットが必要です。作品を創造する行為を通じて、そのインプットがより確かなものになることを、私たちはワークショップや授業で実際に経験してきました。

さらに、Q6のAで紹介した知識構成型ジグソー法などの共同作業を通じて、「学ぶ過程を学ぶ」ことや「学び方が可視化される」ことも大きな利点としてあげられます。

近年、非認知能力の育成が注目されていますが、この能力を高めるには、参加者自身が身体や感情を動かし、他者と関わることが大切だといわれています。企業でもアクティブラーニング型の研修が多く実施されています。どんな業種であれ、未知の課題に直面したとき、それについて調べて自分のものとし、クリエイティブなものを生み出す力が必要とされています。その点で、アクティブラーニングによる学び方を知ること自体、これから社会で活躍する学生にとって意義あるものといえるでしょう。大学の授業でグループワークに慣れている学生は、就職活動のグループワークでも主体的に動くことができます。

最後に、本書で提案する授業は、なんといっても「楽しい」です。学びの楽しさを伝えることは何より重要です。くわえて、古典文学をよむことが現代の諸問題にも通じるということは本書の各章でたびたび述べてきました。大学で学ぶというのは、専門分野の能力を上げ、知識を増やすだけにとどまらないはずです。その点においても、アクティブラーニングを積極的に取り入れてもらえればと思います。

（平野多恵）

おわりに

本書のもととなったのは、二〇一九年から日本学術振興会の科学研究費補助金「高大連携による古典文学の探究型授業の教材作成と教育モデル構築の実践的研究」（課題番号19K00530　代表：吉野朋美）の助成を受け、執筆者メンバーで活動してきた日本文学アクティブラーニング研究会の活動です。研究会自体は二〇一三年、意見交換の場として個々のアクティブラーニング型の授業実践を報告するところから始まり、二〇一五年からは、安心・安全な場づくりをモットーとしながら高校生と大学生、大学院生、高校・大学の教員、社会人がともに学びあうワークショップの開催を年に一度のペースで実施し、古典文学の探究的な学びを創造性につなげる教材の開発をめざしてきました。その活動内容は論文や本研究会の公式ウェブサイト（https://nihonbungakual.wixsite.com/koten）で公開しています（下記ＱＲコードでアクセスできます）。

各回のワークショップには高校生から社会人まで三〇名前後が参加して熱心にワークに取り組んでくださり、改善につながる感想も寄せてくださいました。参加してくださったみなさんに厚く御礼申し上げます。みなさんのワーク中の夢中で楽しそうな顔、見事な創作がなければ、教材として本にすることまでは考えなかったでしょう。

また、二〇一六年からは、ドラマ教育・教職教育を専門とする青木幸子氏（元昭和女子大学准教授、現山口県立西京高校教員）が二〇二二年度まで科研の研究分担者としてもご参加くださり、また二〇一九年からは、研究協力者として、溝上慎一氏（桐蔭学園理事長・桐蔭横浜大学教授）、渡部泰明氏（国文学研究資料館館長）、桐蔭学園高等学校教員の佐藤透氏（現桐蔭横浜大学特任教授）、関谷吉史氏、相模女子大学附属高校の水谷彩氏・高池亜友美氏、ハルオ・シラネ氏（コロンビア大学教授）、鈴木敏幸氏（大日本印刷）・菅野美香氏（丸善雄松堂）のご参加をお願いし、さまざまなかたちでワークショップを支えていただき、貴重な意見を頂戴しました。ご協力に厚く感謝申し上げます。

古典は嫌い、難しい、役に立たない――高校や大学の授業の現場からよく聞こえてくるこんな声をそのままにして、教養として学びなさいとか、受験に必要な科目だから学んで当然、というスタンスでこのまま古典を教え続けても意味はないでしょう。古典は読めればおもしろいですし、今を生き抜く知恵やヒントがあちこちにあります。長年にわたり培われてきた日本文化の持つ発想法を古典から学ぶことで、日常普遍的に社会が抱えている問題を相対化する視座が得られ、ブレークスルーにつながることもあるでしょう。古典を学んでよかった、おもしろかった、役立った、という声が聞こえるよう、これからもメンバー一同、教材研究や授業のよりよい方法を模索し、努力を重ねていきたいと思います。

最後に、科研の活動になる前から興味を持ってほぼすべてのワークショップに参加してくださり、出版の労までお取りくださった文学通信の西内友美さんに、心より御礼申し上げます。私たちの無茶なお願いをすばらしいかたちにしてくださって、感謝しかありません。

（吉野朋美）

研究会の活動記録

【ワークショップ】

第1回「和歌を演じる――伊勢物語」

二〇一五年三月二七日、於法政大学、二七名参加

ファシリテーター　中野貴文

アイスブレイク担当　平野多恵

第2回「絵と文の相互作用――江戸の「見立て」を楽しむ」

二〇一六年八月一〇日、於成蹊大学、三三名参加

ファシリテーター　小林ふみ子、佐藤至子

アイスブレイク担当　青木幸子

第3回「和歌解釈の多様性――歌占巫子養成講座」

二〇一七年九月一七日、於駒澤大学、三二名参加

ファシリテーター　平野多恵、吉野朋美

アイスブレイク担当　中野貴文

第4回「歌の表記と修辞――今日からあなたも万葉歌人」

二〇一八年八月七日、於法政大学、三一名参加

ファシリテーター　兼岡理恵、中嶋真也

アイスブレイク担当　小林ふみ子

第5回「剣の謎にイドむ――剣クロニクルの編纂」

二〇一九年八月七日、於法政大学、三八名参加

ファシリテーター　兼岡理恵、平野多恵

アイスブレイク担当　中野貴文

第6回「妖怪総選挙！――オンラインデータベースの活用」

二〇二一年三月二一日、Zoom 開催、二四名参加

ファシリテーター　小林ふみ子、吉野朋美

アイスブレイク担当　青木幸子

第7回「当世徒然草――パロディをつくる」

二〇二二年三月二〇日、Zoom 開催、二八名参加

ファシリテーター　佐藤至子、中野貴文

アイスブレイク担当　青木幸子

第8回「すれ違い劇場」

二〇二三年三月二八日、於法政大学、二六名参加

ファシリテーター　中嶋真也、佐藤至子、平野多恵、中野貴文、吉野朋美

アイスブレイク担当　青木幸子

【特別開催ワークショップ】

「あらまし読み」ワークショップ

二〇二一年二月二五日、Zoom開催、講師：牧恵子

「あらまし読み」は、はじめて読む本に対しておこなう準備読書の方法。開発者の牧恵子さんを講師に迎え、本の表紙や帯から、目次、序章、自分の好きな章へと、ワークシートを記入しながら本を読み、本と人との対話を楽しむワークショップを開催。

【シンポジウム】

どうする?!「国語」の探究型学習
――高校の探究と大学の研究をつなぐ――

二〇二三年七月三〇日、於成蹊大学・zoom開催

オープニング（平野多恵）

●第1部　シンポジウム（ハイブリッド開催）

どうする?!「国語」の探究型学習
――高校の探究と大学の研究をつなぐ

発表者・題目

・吉野朋美「高・大・社会人連携による古典文学ワークショップの試み」
・大橋崇行（成蹊大学准教授）「文学国語の可能性「書くこと」と「読むこと」をつなげる」
・仲島ひとみ（国際基督教大学高校教諭）「論理国語で何しよう?」
・高永爛（全北大学校准教授）「韓国の大学における日本古典文学教育とEdu-tech利用」
・山田和人（同志社大学名誉教授／コテキリの会）「くずし字学習とアクティブラーニング」

◇コメント

佐藤透（桐蔭学園高校教諭）
森大徳（筑波大学附属駒場高校教諭）

●第2部　意見交換会「どうする?!探究型学習」

クロージング（中野貴文）

執筆者一覧（執筆順）

吉野朋美　YOSHINO Tomomi（はじめに、本書の特徴と使い方、第 8 章、おわりに）
中央大学文学部教授。専門は日本中世文学。
近著に『和歌文学大系　中世歌合集』（共著、明治書院 、2024 年 5 月）

中野貴文　NAKANO Takafumi（第 1 章、コラム、アイスブレイク集）
学習院大学文学部教授。専門は日本中世文学。
近著に『ビジュアルでつかむ！ 古典文学の作家たち 兼好法師と徒然草』（監修、ほるぷ出版、2023 年 3 月）

平野多恵　HIRANO Tae（第 2 章、第 7 章、コラム、Q & A）
成蹊大学文学部教授。専門は日本中世文学。
近著に『くずし字がわかる あべのせいめい歌占——三十一文字で知る神さまのお告げ』（単著、柏書房、2024 年 12 月）

佐藤至子　SATO Yukiko（第 3 章、第 7 章）
東京大学大学院人文社会系研究科教授。専門は日本近世文学。
近著に『蔦屋重三郎の時代　狂歌・戯作・浮世絵の 12 人』（単著、KADOKAWA、2024 年 11 月）

小林ふみ子　KOBAYASHI Fumiko（第 4 章、コラム）
法政大学文学部教授。専門は日本近世文学。
近著に『大田南畝　江戸に狂歌の花咲かす』（単著、KADOKAWA、2024 年 9 月）

中嶋真也　NAKAJIMA Shinya（第 5 章、第 7 章、コラム）
学習院大学文学部教授。専門は日本古代文学。
近著に『大学生のための文学トレーニング 古典編』（共著、三省堂、2013 年 10 月）

兼岡理恵　KANEOKA Rie（第 6 章、コラム）
千葉大学大学院人文科学研究院教授。専門は日本古代文学。
近著に『地方史誌から世界史へ : 比較地方史誌学の射程』（共著、勉誠出版、2023 年 3 月）

著 者

日本文学アクティブラーニング研究会
吉野朋美
中野貴文
平野多恵
佐藤至子
小林ふみ子
中嶋真也
兼岡理恵

古典を学んでよかった！と思える探究型授業のつくりかた
「文学」「国語」のためのアクティブラーニング

2025（令和 7）年 3 月 31 日　第 1 版第 1 刷発行

ISBN978-4-86766-083-6 C0095

発行所　株式会社 **文学通信**
〒 113-0022 東京都文京区千駄木 2-31-3 サンウッド文京千駄木フラッツ 1 階 101
電話 03-5939-9027 Fax 03-5939-9094
メール info@bungaku-report.com ウェブ https://bungaku-report.com

発行人　岡田圭介
印刷・製本　モリモト印刷

※乱丁・落丁本はお取り替えいたしますので、ご一報ください。書影は自由にお使いください。

ご意見・ご感想はこちらからも送れます。上記のQRコードを読み取ってください。